マクロ経済分析の地平

A Horizon of Macroeconomic Analyses

岡田義昭 著

成 文 堂

はしがき

　米ドルが"とてつもない特権"（Exorbitant Privilege）を有しているとして，基軸通貨として君臨する米ドルの本質を喝破したのは，国際金融の泰斗，バリー・アイケングリーンであった。近年，米ドル一極支配の弊害がますます顕著となった。アジアを初めとする新興国通貨は，いわゆる（N-1）問題で N 番目の責務を負う米国の国益を優先したとも言えるような経済金融政策や通貨戦略に絶えず振り回されている。日本円とて例外ではない。政策協調という美名のもと，米国政権の意に反してまで自国の経済論理を通すことを自ずと抑制する（もしくは，抑制しているように見える）。また，新たに台頭した人民元は，そうした米ドルに対峙して政治外交のみならず経済外交での大国的覇権確立をも目論むかのように現存の国際通貨体制に対し問い直しを迫っている。かかる状況下で，単一基軸通貨に収斂するのでもなく，また多数国通貨が力に任せ群雄割拠するのでもなく，ユーロが米ドルと双曲的な立ち位置を確保しつつ，健全で協調的で且つ秩序ある開かれた米欧アジアの"三極体制"を樹立することが焦眉の急の課題となって来た。

　ところで，こうした国際通貨アーキテクチャーを規範的（normative）に論ずるには国際通貨金融分野の現状を徹底的に検証する作業が不可欠である。制度によって経済活動は一義的に拘束されると同時に，逆に経済活動によって制度は一つの均衡から他の均衡へと推移して行くからである。そこで本書では，今日，国際通貨金融分野で多くの人々の耳目を集めつつある重要トピックスのうち，経済政策の主柱の一つである金融政策の有効性，日米欧における不完全競争労働市場の含意，グローバル化が進む東アジア新興市場での通貨金融の鳴動，ユーロ圏の最適政策スキームなどを採り上げ，開放マクロ経済学もしくは国際マクロ経済学の標準的分析ツールを基に，広範囲に亘る理論的・実証的分析を試みた。こうした一連の作業の下，現実経済が提起する錯綜した多面的且つ多元的事象の背後に在る理（ことわり）に関し，透徹した論理で抉剔することを志向した。かくしてこれら普遍性・一般性を

ii　　はしがき

もって厳密に論証を加えた検討結果を踏まえ，次の世代にまで係る新たな国際通貨金融体制構築の議論に繋がって行くことができれば望外の幸せである。

　本書が完成に至るまでには，愛知学院大学商学部の伝統的に研究を重んずる環境と，そしてまた各種研究会・ワークショップを通じた参加者との討論に負うところが大であった。ここに深く感謝申し上げたい。なお本書出版に対しては，成文堂代表取締役社長・阿部成一氏のご高配にまたまた与った。厳しい出版事情の下，この種学術図書の上梓に深い理解を示された同氏に併せて深謝申し上げる次第である。加えて，同社編集部・篠崎雄彦氏にはこれまでと同様に煩雑な編集作業の労を取って頂いた。心から謝意を表するものである。

　　2016 年 10 月

岡 田 義 昭

目　　次　iii

目　　次

はしがき

序　本書の課題と構成・概要……………………………………………*1*
　　1　本書の課題 …………………………………………………… *1*
　　2　本書の構成とその概要 ………………………………………*4*

第1章　金融政策の為替レートへの伝達メカニズム……………*8*
　　1　はじめに ………………………………………………………*8*
　　2　理論モデル ……………………………………………………*11*
　　3　対数線形化とカリブレーション ……………………………*27*
　　4　結　び …………………………………………………………*30*

第2章　非伝統的金融緩和政策の有効性………………………*34*
　　1　はじめに ………………………………………………………*34*
　　2　理論モデル ……………………………………………………*40*
　　3　カリブレーション ……………………………………………*45*
　　4　結　び …………………………………………………………*52*

第3章　デフレ期における日本の金融政策……………………*53*
　　1　はじめに ………………………………………………………*53*
　　2　デフレ期における金融政策…………………………………*57*
　　3　基本モデル ……………………………………………………*62*
　　4　マルコフ・スイッチング回帰式……………………………*71*
　　5　結　び …………………………………………………………*87*
　　補論1　マルコフ・スイッチング回帰モデル ………………*88*

iv　目　　次

　　補論 2　最適金融政策の導出法……………………………………… *91*

第 4 章　不完全競争労働市場と賃金の硬直性……………… *94*
　　1　はじめに ……………………………………………………… *94*
　　2　各国労働市場 ………………………………………………… *96*
　　3　理論モデル …………………………………………………… *99*
　　4　対数線形化とカリブレーション ………………………… *112*
　　5　実証分析 ……………………………………………………… *118*
　　6　結　び………………………………………………………… *125*
　　補論　対数線形化 ……………………………………………… *126*

第 5 章　東アジア経済の通貨金融分析………………………… *136*
　　1　はじめに ……………………………………………………… *136*
　　2　分析の枠組み ………………………………………………… *139*
　　3　実証分析 ……………………………………………………… *146*
　　4　結　び………………………………………………………… *167*
　　補論　開放経済動学的一般均衡モデル …………………… *169*

第 6 章　東アジア経済圏の国際通貨制度……………………… *178*
　　1　はじめに ……………………………………………………… *178*
　　2　理論モデル …………………………………………………… *183*
　　3　対数線形化とカリブレーション ………………………… *200*
　　4　回帰式の推計 ………………………………………………… *206*
　　5　東アジア経済圏の国際通貨制度 ………………………… *218*
　　6　結　び………………………………………………………… *221*
　　補論　マルコフ連鎖モンテカルロ法によるベイズ推定法 …… *222*
　　添付図（BI-MCMC 推計：標本経路・事後確率密度関数）… *227*

第 7 章　東アジア新興市場への国際資本流入………………… *232*
　　1　はじめに ……………………………………………………… *232*

目　　次　v

  2　理論モデルと実証分析 ……………………………………… 235
  3　結　　び ……………………………………………………… 245
  補論　カルマンフィルタリング ……………………………… 249

第8章　ユーロ圏と最適政策スキーム ……………………… 252
  1　はじめに ……………………………………………………… 252
  2　理論モデル …………………………………………………… 256
  3　経済厚生と財政金融政策 …………………………………… 266
  4　結　　び ……………………………………………………… 275
  補論　導出証明 ………………………………………………… 276

参考文献 …………………………………………………………… 285
論文初出一覧 ……………………………………………………… 296

事項索引 …………………………………………………………… 297
人名索引 …………………………………………………………… 300

序　本書の課題と構成・概要

1　本書の課題

1　グローバル経済の現況

　近年，情報通信技術の革命的進歩により，市場の規制緩和・取引自由化と相俟って，市場間の結合度が飛躍的に高まった。その結果，世界の経済取引は短時間のうちに大量且つ地球的規模で行われるようになった。かくして，世界経済のグローバル化は急速に進展し，その結果，従来には見られなかった様々な問題が現実経済から提起された。とりわけ 1990 年代に入ると，市場を震撼させるような出来事が噴出した。欧州通貨制度（EMS）危機，メキシコ通貨危機，東アジア通貨危機などに加え，2000 年代には米国発世界金融危機，欧州財政金融危機，長期不況とデフレに悩む“失われた 20 年”の日本，英国の欧州連合（EU）離脱など枚挙に暇がない。

　加えて，今や米ドル一極支配の弊害がますます指摘され始めた。アジアを初めとする新興国通貨はいわゆる（$N-1$）問題[1]の脅威に晒され，N 番目の責務を軽んずる米国の経済金融動向に絶えず振り回されているとの不満だ。一般に N カ国からなる世界において，すべての国が国際収支や為替レートの目標を同時に且つ整合的に達成することは原理的に不可能である。したがって，N 番目の国は，自らは国際収支目標や為替レート目標を持たず，残りの $N-1$ カ国が採用する国際収支政策と為替レート政策の帰結を「受動的」に受け入れることが必要となる。さらに N 番目の国は，自国通貨価値を制御しつつ $N-1$ カ国に安定した名目アンカーを提供するなど，国際通貨

---

1)　Eichengreen（1995）.

システムの健全性・頑強性を確保するために重要な責務を負う。かくして，N番目の国の政策には$N-1$カ国の経済状況に配慮した自制と節度が自ずと求められることになるのである。しかしながら，近年，N番目の位置にある米国は，"法外な特権"を濫用して独善的で自国の国益に沿った身勝手とも言える政策を展開し，米国経済の動向それ自身が$N-1$カ国経済に深刻な影響を及ぼしつつあるとの受け止め方が一般的だ。例えば，リーマン・ショック以降，長引く国内不況からの脱出のために米連邦準備制度理事会（FRB）は政策金利であるフェデラルファンド・レートを長期に亘ってゼロ水準まで引き下げ，且つ量的緩和（QE）政策によって大量の流動性を形振り構わず供給した。当初は米国発世界金融危機時におけるドルの"最後の貸し手"としてそれらFRBの政策は頷首された。だが，そうした金融政策が応急措置的枠組みを超えて長期化し，且つ量的・質的にも拡大すると，結果的に大幅なドル安・他通貨増価を招来した。とりわけ多くの新興国は，程度の軽重はあっても輸出数量減に伴う貿易収支の悪化や景気後退などの痛手を蒙ることとなった。また，外貨獲得力が弱まったことから対外債務残高（ネットベース）は拡大し，対外ポジションは著しく悪化した[2]。その後2014年1月に至り，FRBは国内景気の回復基調に呼応して量的緩和策に基づく流動性の供給額を漸次縮小する方向（tapering）へ転じた。その結果，米ドルは一転して実効為替レートベースで増価した。同時に新興国からは大幅な投資資金の引き上げ（＝純資本流出）が起こり，ドルの巻き戻しないしは逆流現象が顕著となった[3]。新興国はまたまた深刻な経済的打撃に見舞われた。力と利益と理念が複雑に絡み合う国際社会の負の側面と言える[4]。

　さらに今日，中国人民元の台頭は，そうした米ドルに対峙して政治外交のみならず経済外交での大国的覇権確立をも目論むかのように現存の国際通貨

---

2) IMF (2015c).
3) 2015年における新興国からの資本純流出規模は過去最高の約7500億ドルに達したとされる（Institute of International Finance, URL：www.iif.com/publications/capital-inflows）。
4) 高坂は，「力の体系」「利益の体系」「理念の体系」という観点から国際政治ないしは国際関係を把握しようとした（高坂 (1966)）。国際政治・国際関係のみならず，国際金融もまた，安定した国際金融秩序の維持という"理念"の下，現実には各国ともそれぞれの国"力"を背景に，"利害"の衝突・相剋が最も先鋭的に露呈する場と言える。

体制に対し問い直しを迫っている。単極の時代から"多極化の時代"（the multipolar age）[5]に向けて新たな国際通貨制度への挑戦だ。中国経済は今や国内では厳しい状況下にある。これまでの中国経済は，改革開放政策導入後今日までの30年間で平均10%の経済成長率を謳歌し，二桁成長の勢いをもって東アジア経済を牽引してきた。しかしながら，近年，中国はルイスの転換点に差し掛かったことや人口ボーナスがピークアウトしたこと，そしてまた非効率で古い体質の残存する国有企業問題などもあって「中所得国の罠」が懸念され始めた。すなわち，中国経済の構造的変化が着目されるに至ったのだ。それだからこそ，新常態（new normal）下の中国経済は，一帯一路構想の推進やアジアインフラ投資銀行の設立，国際通貨基金・特別引出権（SDR）構成通貨への人民元採用要求に見られるごとく，外に向けた国威発揚的行動と併せて持続可能な成長の途を内外に亘って模索している[6]。

翻って欧州はどうか。英国は2016年6月，国民投票により欧州連合（EU）からの離脱を決めた。「英なきEU」の再構築が今やイギリスを除く欧州27カ国の今後の最重要問題となった。さらに欧州・ユーロ圏にとり，「ポスト・ユーロ危機」の今日，不況，デフレーション，中核国・周縁国問題など新たな慢性型の危機に陥っている[7]。したがって様々な問題を抱えるユーロ圏に対して制度改革を成功させ構造的脆弱さを解決することもまた喫緊の政策課題となっている。欧州にとって"二重の試練"の克服と言える。

2 開放マクロ経済学

こうした多元的・多面的で錯綜した問題に何らかの解決策を提供すべく，経済学は長年に亘って人類の叡智が育んで来た豊穣な知的財産を駆使しつつ，①分析目的に照らして有意味な理論モデルの構築と，それら理論モデルの透徹した論理に基づく普遍性・一般性をもった思考実験，②統計的・実証的分析による理論的帰結の妥当性検証，③現実的に有効な政策命題の導出，なる一連の作業を展開した。その結果，最近に至り，動学的（確率的）一般

---

5) 田中（明）（2009）p.98。

6) 関（2015）。

7) 田中（素）（2016），田中（素）他（2014），Giddens（2013）。

4 　序　本書の課題と構成・概要

均衡モデルを基底に据えた"新"開放マクロ経済学（New Open Economy Macroeconomics; NOEM）ないしは開放経済動学的一般均衡理論が新たな開放マクロ経済学もしくは国際マクロ経済学の標準的分析ツールという地位を獲得した[8]。新開放マクロ経済学は，個別経済主体の最適化行動というミクロ的基礎付けを有し，独占的競争関係と諸価格の粘着性をベースに，より現実経済のパフォーマンスに即した動学理論を組み立て得る。と同時に，予想の役割を明確に定式化してフォワード・ルッキング的な要素を兼ね備えるなどの特色を備え，さらには家計の効用関数に立脚した経済厚生的な規範的政策評価も可能としている。

3　本書のねらい

　そこで本書において，こうした動学的一般均衡モデルないしは新開放マクロ経済学をベースに，上述した現下のグローバル経済分野で多くの人々の関心を集めつつある重要トピックスのうち，金融政策の為替レートへの伝達メカニズム，非伝統的金融政策の有効性，デフレ期における日本の金融政策，不完全競争労働市場と賃金の硬直性，東アジア経済の通貨金融分析，東アジア経済圏の国際通貨制度，東アジア新興市場への国際資本流入，ユーロ圏の最適政策スキーム，などに関して論理とエビデンスに基づく理論的・実証的検討を試みた。

2　本書の構成とその概要

　第1章において，政府・通貨当局にとって主要な政策変数である金利水準が物価と景気変動の安定という政策目標に照らして変更されたとき，それが

---

8)　Obstfeld/Rogoff（1995）論文がこの分野の嚆矢となった。黎明期のサーベイ論文としては大谷（2001），Lane（1999），Sarno（2001）を参照。本理論モデルは，その後，多くの彫琢を経て今日では新開放マクロ経済学（New Open Economy Macroeconomics; NOEM）として標準化ないしは教科書化されている。例えば，Gali（2015），Romer（2012），Walsh（2010），Wickens（2008）を参照。また，理論・実証各方面でもその基本型が広範囲に応用され，とりわけ政策分野では日米欧はじめ多くの国々で現実経済への経済政策判断・評価に対して有効に活用されている（各国通貨当局・中央銀行ウェブサイト参照）。

どのような因果関係により為替レートや GDP，消費，雇用，賃金，物価など経済全般に影響を及ぼすか，その総体的なトランスミッション・メカニズムを動学的一般均衡モデルの枠組みに基づいて検討した。加えて，設定した理論モデルに対するカリブレーションにより，本モデル体系は我々の経験に照らして現実の経済の運行に良く合致したものと結論付けることができた。これにより，経済のグローバル化・開放化，情報化，自由化が大きく進展する今日，そのダイナミックな運行の仔細を把握することが容易となる。

　第2章では，非伝統的金融政策の有効性を検証すべく，先ずマネーストックの変化に対する貨幣の流通速度やインフレ率との動学的関係を明示的に取り込んだミクロ的基礎を有する理論モデルを構築した。次いでそれら理論モデルに対し，経済の定常状態からの近傍乖離に関する対数線形近似式を導き，さらにそれら近似式を基にカリブレーションを行った。その結果，マネーストックの増加は流通速度へは負の影響を及ぼし，したがってインフレ率への反応は緩慢となり，且つ生産活動も鈍くなることが見て取れる。以上の理論的含意は，政策金利をゼロ水準にまで引き下げ，さらに大幅な量的緩和策を実施したにもかかわらず，長期的な景気低迷とデフレ現象からの脱却に対し捗々しい成果を挙げることができなかった 1990 年代から 2000 年代にかけての世界の主要国の事例と整合的である。

　第3章では，デフレ期における日本の金融政策に関する実証分析を行った。その際，新 IS-LM 体系の理論的枠組みに対し，マルコフ・スイッチング・モデルを適用することによってゼロ金利下限制約下のテイラー・ルール型金融政策反応式に関する「非線形性」を陽表的に取り扱った。そのことにより，長引く景気低迷とデフレーションからの脱出を企図して非正統的ないしは非伝統的な金融政策の導入にまで踏み込んだ 1990 年代後半から 2000 年代における日本経済の動きを一般均衡論的視点に立って検証することができた。

　第4章では，労働市場の不完全競争性を前提とした動学的一般均衡理論の枠組みを基に，日米欧各国労働市場の理論的・実証的分析を試みた。その結果，欧州では労働市場に対し改革が進められる一方で各種規制・慣行の残影が未だ存続するゆえ，賃金設定に強い硬直性が見られること，他方，米国で

は企業間・産業間の自由な労働移動に伴う弾力的な労働需給調整メカニズムにより，賃金水準の硬直性は極めて弱いこと，さらに日本では，近年，長期雇用・年功賃金・企業別組合という日本型雇用慣行が漸次弱まるにつれ「内部労働市場」から一部「外部労働市場」への移行が進んだ結果，賃金水準は弾力的に決定されつつあること，などが実際の数値によって明らかとなった。

第5章では，東アジア経済の域内金融統合と外為市場介入に関する動向分析を行った。そこでは，まず開放経済動学的一般均衡モデルを基に回帰式を定式化した。ついで東アジア主要国の時系列データを用いてパネル回帰分析ならびに国別時系列回帰分析を行った。その結果，主要 ASEAN 域内の金融結合度は，1985 年の米ドル高是正のためのプラザ合意以降，期を追うごとに確実に高まっていることが計算結果から明確となった。また，為替市場介入に対し，1997 年の東アジア通貨危機以前は，主要 ASEAN の多くで事実上の米ドル・ペッグ制のもと不胎化政策が採られていたが，通貨危機以降は管理フロート・完全フロート制下で概ね「風に逆らう」(leaning against the wind) 式のオペレーションなどにより非不胎化政策が採られていることが有意に検証された。

第6章では，同じく東アジア経済圏における国際通貨制度ないしは国際金融アーキテクチャーを論じた。一般にそうした問題を議論する際に重要なことは，"ceteris paribus" として為替レートそれ自体を部分均衡的に捉えるのではなく，他のマクロ経済変数の動向＝経済ファンダメンタルズと "整合的" か否かということを視野に入れながら一般均衡的に議論する必要がある。そこで本章において，動学的一般均衡モデルに基づいた新開放マクロ経済理論ないしは新 *IS-LM* 体系の下で，東アジア主要国の時系列統計データを用いて為替レートと主要マクロ経済変数との整合性を実証的に検証し，東アジアにおける域内通貨取引の制度的枠組み作りを検討した。

第7章では，東アジア新興市場への国際資本流入動向を分析すべく，将来の予想為替レート変数を明示的に取り入れた小国開放経済下でのカバーなし金利平価式を定式化し，これを基に状態空間モデルを構築してカルマンフィルター・アルゴリズムによりモデルの状態変数ならびに各パラメーターの最尤

推計を行った。その結果，事前情報のみに依拠したところの逐次的予想為替レート変動率を組み入れた状態空間モデルの最良推計値が，主要アセアン5カ国（e.g. シンガポール，マレーシア，インドネシア，タイ，フィリピン）に対して有意に導くことができた。

　最後に第8章では，共通通貨同盟（common currency union; CCU）に属する国々の経済活動を描写するために，開放経済動学的一般均衡モデルを分析の枠組みとして設定し，それを基に思考実験を行った。その結果，通貨同盟内で富の移転が財政によって行われ同盟国間の経済格差が減ずるならば，中央銀行の金融政策は通貨同盟の生産・消費を拡大させつつ経済厚生を一層高めることが分った。ユーロ圏における各国財政の集権的で一元的に管理される再配分機能を組み込むことの重要性がここに確認できる。すなわち，こうした根源的な制度の見直しこそが有効需要を高め，今日ユーロ圏においてポスト・ユーロ危機で新たに深刻さを増した慢性型の危機とも言うべき不況，デフレーション，中核国・周縁国問題などの解決にも繋がってくるのである。国民投票によりイギリスが欧州連合（EU）からの離脱を決め，「英なきEU」の再構築が欧州の最重要問題となったいま，様々な問題を抱えるユーロ圏に対して制度改革を成功させ構造的脆弱さを克服することもまた喫緊の政策課題と言える。

　以上が第1章から第8章に至る本書の構成とその概要である。

第1章　金融政策の為替レートへの伝達メカニズム

1　はじめに

1　変動相場制

　近年，経済のグローバル化・開放化，情報化，自由化は相互に絡み合って大きく進展した。とりわけ，外国為替相場，すなわち"為替レート"の動きは，戦後の国際通貨体制を支えたブレトン・ウッズ体制が崩壊し，1973年初めより変動相場制に移行するなかで，「制度なき制度」の下，乱高下や過剰反応，バブル，ペソ問題，ミス・アラインメントなどによりマクロ経済に時には深刻な打撃を与えることとなった。したがって，大幅な為替レート変動が生じた場合は経済活動に様々な影響を及ぼすことから，為替レートの変動メカニズムを解明することは，今日まで枢要な研究課題となってきた。

　今日，為替レートの変動を説明する考え方としては一般的には以下のようなものがある。

　まず，時間軸を短期的，すなわち，秒分，時，日，週，ないしはせいぜい月単位の経済活動に限定してみる。そして，為替レートを二国間の通貨の交換比率としてとらえ，各単位期間に完全競争的な金融市場体系の一部として決定されるものと考える。すなわち，多数の市場参加者に対し，市場から価格シグナルとして利子率や直物・先物為替レートがアナウンスされたとき，先物カバーを取らないアンカバー・ベースもしくは先物カバーを取ったカバー・ベースの「金利裁定」ないしは「金利平価」に則って各ポートフォリオからの収益最大化＝最適資産選択を市場参加者は図ると想定する。そうした主体的均衡条件を達成すべく各市場参加者は各国通貨建て金融資産の購入・売却を行い，それに伴って外国通貨建て金融資産の需給を均衡させるように

短期の為替レートは決定されると考えるのがポートフォリオ・バランス・モデルと称されるものである[1]。一般に為替レートに関しては，財サービス市場での為替レート変動に伴う財裁定取引に係わる調整速度に比して，同じく為替レート変動に伴う資産選択に係わる金融市場での調整速度のほうが大きい，換言すれば，後者の調整が前者に比して相対的に速く，瞬時になされると考え得る。したがって，財サービス市場で調整がなされる期間より短い期間を単位期間にとれば，金融市場体系の一部として部分均衡論的な取扱いをするこうした理論的枠組みは肯定される。

ただし，四半期ないしは半年から数年程度のタイム・スパンになると，財サービス産出量，消費，投資，雇用，経常収支，物価，賃金等，金融関連以外のマクロ経済変数も変化するから，こうした変数との相互関連性や財政・金融政策も視野に入れて分析モデルを構築する必要が出て来る。ケインジアン *IS・LM* 体系の開放化を図ったマンデル=フレミング・モデルないしはマンデル=フレミング=ドーンブッシュ・モデル[2]や，あるいは利用可能な情報を最大限活用してフォワード・ルッキングな最適化行動を採りつつ且つ経済主体の全般的なミクロ的基礎付けを有するところの開放経済動学的一般均衡モデルないしは新開放マクロ経済学[3]が，今日それら要請に応えて広範囲に活用されている。

さらに完全雇用における定常的経済成長下での趨勢的・傾向的為替レート変動を主たる分析対象とするような長期的期間では，購買力平価的考え方が為替レートの決定メカニズムには妥当する[4]。一般に，通貨はその国の財サービスに対する購買力を有することから，二国間の通貨の交換は購買力の交換を意味する。そして通貨の購買力は物価水準の逆数で示されることから，

---

1) ポートフォリオ・バランス・モデルに関しては，本書第7章ならびに岡田（2009）第1章参照。

2) マンデル=フレミング・モデルに関しては，Mundell（1963），Fleming（1962）参照。さらにマンデル=フレミング=ドーンブッシュ・モデルに関しては，Dornbush（1980）参照。

3) 新開放マクロモデルないしは開放経済動学的一般均衡モデルに関しては，Obstfeld/Rogoff（1995）論文が端緒を開き，その後，多くの人々によって一般化，体系化が施された。本モデルは今日では教科書化されてマクロ経済学の要諦を成している。例えば，Gali（2015），Romer（2012），Walsh（2010），Wickens（2008）を参照。

4) 購買力平価説に関しては岡田（2009）第2章参照。

10　第1章　金融政策の為替レートへの伝達メカニズム

いま，自国は小国で外国の物価水準を所与とすれば，自国通貨建て名目為替レートは長期的には外国の物価水準を基に自国の物価水準との比率で決まると考えることができる。そして，国際的な財裁定取引を通じ，為替レートで換算後の同一財サービスの価格は均等化する（i.e. 一物一価の法則成立）。それゆえ，ある財サービスの自国価格が自国通貨建て為替レートで換算した外国価格に比して高ければ当該財サービスは外国から輸入され，決済目的のために自国通貨は売られて外国通貨の需要が増える結果，為替レートは減価する。かくして為替レートで換算後の自国通貨建て外国財サービス価格は上昇するので，やがては自国価格＝自国通貨建て為替レート×外国価格となる水準で均衡すると考えられる（vice versa）。

　こうして，為替レートの変動メカニズムは，主要国通貨の変動相場制への移行後，今日まで約半世紀弱の期間を経て様々な角度から理論的に説明され，実証的に検証されることとなった[5]。

2　政策対応

　ところで，変動相場制に対して当初意図された「クリーン・フロート」的な政策対応は，やがて国際通貨制度としての変動相場制の有効性とその限界が明らかになるにつれ，主要国間で大きく方向転換する。すなわち，為替レートの変動がそのスピードと水準に関して著しい場合，政府・通貨当局には政策変数である金利水準の変更や外国為替市場への直接介入などにより変動幅と変動速度の安定化が強く求められることとなった。ただし，政府・通貨当局にとって主要な政策手段である金利水準を変更するとそれは様々な経済変数に関係してくることから，金利水準のコントロールと経済全体に対するそのトランスミッション・メカニズムを新たな理論体系の下で明らかにする作業は近年益々重要となってきている。

3　本章のねらい

　そこで本章では，企業，家計，銀行，政府・通貨当局の4部門から構成さ

---

5)　岡田（2011a）参照。

れる動学的一般均衡モデルの枠組みに基づいて、金利水準のコントロールがどのような因果関係により為替レートやGDP，消費，雇用，賃金，物価などの経済全般に影響が及んでくるか，その総体的なトランスミッション・メカニズムを検討する。

　まず続く第2節で本章の分析枠組みである金利政策と為替レートの関係を明示的に取り入れた動学的一般均衡モデルを定式化する。ついで第3節でそれら理論モデルに対し，定常状態からの近傍乖離に関する対数線形近似式を導く。その上でカリブレーションを行い，各構造パラメータを設定して構造ショックのインパルス応答を求めつつ主要マクロ経済変数の動学過程を描いてみる。

　以上のような分析結果を踏まえ，金融政策の為替レートへの一般均衡論的な伝達波及メカニズムを明らかにする。

2　理論モデル

1　モデルの素描

　我々の想定する経済は，企業，家計，銀行，政府・通貨当局の4部門から構成されるものとし，各部門に所属する多数の経済主体は同型的構造を有すると仮定する。

　各企業は可変的生産要素である労働を投入して1種類の財サービスを生産し，国内・国外（i.e. 輸出）へ販売する。また，企業は期首に銀行から運転資本に対して融資をうけ，期末に販売代金より元利金を返済する（Credit--in-Advance 条件式）。

　各銀行は，その業務として企業への貸出，家計からの要求払い預金受入れ，公開市場オペによる自国政府発行の国債買入れを行うと共に，中央銀行に保有する自行の当座預金勘定へ一定の預金準備率にしたがって預け入れを行い（i.e. 準備預金），また自国通貨建て銀行債券発行により対外資金を借り入れる。

　各家計は労働を企業に提供して賃金を受け取るとともに企業ならびに銀行から利益配分を配当として受け取り，さらに期をまたがる価値保蔵手段とし

て保有する債券ストックの利子所得を対価に自国ならびに外国の財サービスを購入・消費する。加えて，家計は現金ならびに要求払い銀行預金を保有し，これらによって財サービス取引に随伴するところの時間的・空間的移動費用や欲望の不一致から生ずる探索費用等を節減する。

　本経済における自国通貨建て名目為替レートの決定メカニズムは，単に貨幣の供給額や金利水準の変化による金融資産の国際間移動という短期的且つ部分均衡的なものではなく，家計，企業，銀行，政府・通貨当局という各部門の動学的一般均衡モデルのフレームワークに則った経済運行によって総体的に決定されるものと考える。

　各経済量の需給が出会う財サービス市場，労働市場，金融債券市場はともに財サービス価格，賃金率，各種利子率のシグナル機能を基に完全競争的状況下にあると仮定する。

　こうした枠組みに基づき，各価格シグナルが所与のとき，合理的予想形成の下，各家計は所得制約式を制約条件として将来に亘る効用を最大化する。また各企業は，自らの生産技術構造とキャッシュ・フローを制約条件として同じく将来に亘る費用の最小化を図る。さらに各銀行は，自行のキャッシュ・フロー式の下で次期予想利潤の期待値を最大とするように企業貸出量，預金量，国債購入量をそれぞれ決める。

　かくして，それら経済主体の主体的均衡によって一意的に定まった財サービス需給量，労働需給量，債券ストック需給量，企業貸出需給量，預金需給量，国債需給量が，それぞれの市場でクリアーされ市場均衡が達成される。また，政府・通貨当局は金利水準，通貨供給額，ならびに国債発行量を主要政策変数として物価や景気の安定化という政策目標を追求する。

　以下，これら動学的一般均衡モデルのスケッチをさらに厳密に定式化してみよう[6]。

---

　6)　本節で展開した理論モデルの構築にあたっては，Erceg/Henderson/Levin（1999），Christiano/Eichenbaum/Evans（2005），Smets/Wouters（2003），Hnatkovska/Lahiri/ Vegh（2013）（2016）に依拠した。その他，Gali（2015），Obstfeld/Rogoff（1996），Romer（2012），Walsh（2010），Wickens（2008）を参照した。

2 家 計

a 選 好

本経済の代表的家計は，t 期（$\forall t \in \{0,1,2,\cdots\}$）に対して次のような CRRA 型（相対的危険回避度一定タイプ）効用関数を持つものとする。

$$(1) \qquad U = E_0\left[\sum_{t=0}^{\infty} \beta^t u(c_t, x_t)\right]$$

$$u(c_t, x_t) = \frac{c_t^{1-\rho}}{1-\rho} - \frac{x_t^{1+\nu}}{1+\nu}$$

ただし　$\beta(\in(0,1))$：時間的割引率

$\qquad\qquad c_t$：財サービス消費量

$\qquad\qquad x_t$：労働供給時間

$\qquad\qquad \rho(>0)$, $\nu(>0)$：定数

$\qquad\qquad E[\cdot]$：期待値オペレータ

ρ は財サービス価格に対する異時点間の消費代替弾力性の逆数，すなわち，財サービス消費の相対的危険回避度を表し，ν は同様に実質賃金に対する異時点間労働供給時間の代替弾力性の逆数を表す。

財サービス消費量 c_t に関しては，自国財サービス c_{Ht} と外国財サービス（i.e. 輸入財サービス）c_{Ft} から構成される。ここで α を代表的家計の全消費量に占める外国財サービスの比率とすれば，財サービス消費総量 c_t は，自国財サービス c_{Ht} と外国財サービス c_{Ft} に対して

$$(2) \qquad c_t = \left(\frac{c_{Ht}}{1-\alpha}\right)^{1-\alpha}\left(\frac{c_{Ft}}{\alpha}\right)^{\alpha}$$

とコブ＝ダグラス型のフォーミュラで定義できる[7]。これに対する財サービス c_t の価格 P_t は，P_{Ht} を自国財サービス c_{Ht} の価格，P_{Ft} を外国財サービス

---

7)　内外の財サービス市場は完全競争的ゆえ，国際的な裁定取引により一物一価の法則が成り立つ。したがって，代表的家計における財サービス消費量 c_t に関する以下の式において，自国と外国の財サービス需要における代替の価格弾力性 η は 1 となることから，

$$c_t = \left[(1-\alpha)^{\frac{1}{\eta}}c_{Ht}^{\frac{\eta-1}{\eta}} + \alpha^{\frac{1}{\eta}}c_{Ft}^{\frac{\eta-1}{\eta}}\right]^{\frac{\eta}{\eta-1}}$$

に対し，$\eta \to 1$ として「ロピタルの定理」を適用すれば，所望の結果が得られる。また P_{Ht}, P_{Ft} が所与のとき，家計が (2) 式で示されるような実質財サービス消費量の制約式の下で，$\{c_{Ht}\}, \{c_{Ft}\}$ に対して各自の名目支出額 $P_{Ht}c_{Ht} + P_{Ft}c_{Ft}$ の最小化を図ったときに計算される総合的物価指標を P_t と定義すれば，これより (3) 式が求まる（岡田 (2013)）。

c_{Ft} の為替レートで換算後の自国通貨建て価格とすれば,

$$(3) \qquad P_t = (P_{Ht})^{1-\alpha}(P_{Ft})^{\alpha}$$

と表示できる。

財サービス市場は完全競争市場を仮定しているため,一物一価の法則が妥当すると考えられる。すなわち自国通貨建て為替レートで換算した後の外国財サービス(i.e. 輸入財サービス)価格は,国際的な裁定取引を通じ,一定期間後に自国財サービス価格と均等化する。したがって,(3)式で $P_t = P_{Ht} = P_{Ft}$ が成立する。

さらに代表的家計は,現金 H ならびに名目要求払い銀行預金 D を保有し,これによって財サービス取引に随伴するところの時間的・空間的移動費用や欲望の不一致から生ずる探索費用を節減する。したがってこの取引のための実質費用関数 s_t を

$$(4) \qquad s_t = \phi_1(h_t) + \phi_2(d_t)$$

$$h_t \equiv \frac{H_t}{P_t}, \; d_t \equiv \frac{D_t}{P_t}$$

$$\phi_1 \geq 0, \; \phi'_1 < 0, \; \phi''_1 > 0, \; \phi'_1(\overline{h}) = \phi_1(\overline{h}) = 0 \quad \forall h \in [0, \overline{h}]$$

$$\phi_2 \geq 0, \; \phi'_2 < 0, \; \phi''_2 > 0, \; \phi'_2(\overline{d}) = \phi_2(\overline{d}) = 0 \quad \forall d \in [0, \overline{d}]$$

と定義する。ただし P_t は上述した(3)式で計算される財サービス価格指標である。

b 予算制約式

代表的家計の t 期における予算制約式を,

$$(5) \qquad P_t b_{t+1} + D_t + H_t + P_t(c_t + s_t)$$
$$\leq P_t(Rb_t + w_t x_t - \tau_t + \omega_t^f + \omega_t^b) + (1 + i_t^d)D_{t-1} + H_{t-1}$$

で表す。

上述(5)式で b は代表的家計が保有するところの財サービス価格 P をニューメレールにとった国際的に取引される自国通貨建て実質債券であり,w は企業から家計に支払われる時間当たり実質賃金率,τ は家計の支払う実質一括個人税,ω^f, ω^b は各々企業ならびに銀行から家計に支払われる実質配当金,i^d は銀行預金の実質利子率である。また,$R(\equiv 1 + r)$ は債券ストックの

実質利子率（グロス・ベース）で期間中一定とする。

これら名目予算制約式は，$1+\pi_t \equiv \dfrac{P_t}{P_{t-1}}$ と置けばまた実質ベースで以下の
ごとく書ける。

(6) $\quad b_{t+1}+d_t+h_t+c_t+s_t$

$$\leq Rb_t+w_tx_t-\tau_t+\omega_t^f+\omega_t^b+\frac{1+i_t^d}{1+\pi_t}d_{t-1}+\frac{h_{t-1}}{1+\pi_t}$$

債券ストック b の名目利子率 i^b に関しては，$1+i_t^b=R(1+\pi_t)$ のごとく示さ
れる。

c 主体的均衡

代表的家計は，財サービス価格，債券利子率，債券ストック保有量，賃金
率，一括個人税，配当金，預金利子率，現金・預金残高（1期前）が所与の
とき，予算制約式の下で期待効用を最大とするように，今期の財サービス消
費量，労働供給時間，債券ストック保有量（次期），現金・預金残高をそれ
ぞれ決めるものとする。したがって，代表的家計の最適化行動は，合理的予
想の下，

(7) $\quad \max_{\{b_{t+1}\}\{c_t\}\{x_t\}\{d_t\}\{h_t\}}:U=E_0[\sum_{t=0}^{\infty}\beta^t u(c_t,x_t)]$

$$u(c_t,x_t)=\frac{c_t^{1-\rho}}{1-\rho}-\frac{x_t^{1+\nu}}{1+\nu}$$

s.t. $\quad b_{t+1}+d_t+h_t+c_t+s_t$

$$\leq Rb_t+w_tx_t-\tau_t+\omega_t^f+\omega_t^b+\frac{1+i_t^d}{1+\pi_t}d_{t-1}+\frac{h_{t-1}}{1+\pi_t}$$

given $\quad P_{t-1},P_t,R,b_t,w_t,\tau_t,\omega_t^f,\omega_t^b,i_t^d,d_{t-1},h_{t-1}$

$\forall t \in \{1,2,\cdots\}$

なる制約条件付き最大化問題を解くことで得られる。そこでまず代表的家計
の動学的ラグランジュ関数を，

(8) $\quad \mathcal{L}=E_0\sum_{t=0}^{\infty}\beta^t\{\left[\dfrac{c_t^{1-\rho}}{1-\rho}-\dfrac{x_t^{1+\nu}}{1+\nu}\right]$

$$+\lambda_t\left[Rb_t+w_tx_t-\tau_t+\omega_t^f+\omega_t^b+\frac{1+i_t^d}{1+\pi_t}d_{t-1}\right.$$

16 第1章 金融政策の為替レートへの伝達メカニズム

$$+\frac{h_{t-1}}{1+\pi_t}-b_{t+1}-d_t-h_t-c_t-s_t\Big]\Big\}$$

と置く。(8)式に「Kuhn-Tucker の定理」[8]を適用して1階の必要条件を求めると，以下のようなt期における各家計の主体的均衡条件を得る。

(9) $\qquad \partial c_t : c_t^{-\rho}=\lambda_t$

(10) $\qquad \partial x_t : w_t x_t^{-\nu}=\dfrac{1}{\lambda_t}$

(11) $\qquad \partial b_{t+1} : \lambda_t=\beta E_t\Big[\big(\dfrac{1+i_{t+1}^b}{1+\pi_{t+1}}\big)\lambda_{t+1}\Big]$

(12) $\qquad \partial h_t : \lambda_t(1+\phi_1'(h_t))=\beta E_t\Big[\big(\dfrac{1}{1+\pi_{t+1}}\big)\lambda_{t+1}\Big]$

(13) $\qquad \partial d_t : \lambda_t(1+\phi_2'(d_t))=\beta E_t\Big[\big(\dfrac{1+i_{t+1}^d}{1+\pi_{t+1}}\big)\lambda_{t+1}\Big]$

(14) $\qquad E_t\Bigg[\lim_{T\to\infty}\dfrac{b_{T+t+1}+h_{T+t}}{\Pi_{s=t+1}^{T+t}(\frac{1+i_s^b}{1+\pi_s})}\Bigg]=0$ $\qquad$ (no-Ponzi-game 条件式[9])

である[10]。

　これら条件式を整理すれば以下のような3本の消費オイラー方程式ならびに1本の消費・余暇トレードオフ条件式が求まる。

(15) $\qquad c_t^{-\rho}=\beta E_t\Big[\big(\dfrac{1+i_{t+1}^b}{1+\pi_{t+1}}\big)c_{t+1}^{-\rho}\Big]$ $\qquad\qquad$ …消費オイラー方程式

---

8) Kuhn/Tucker (1951).

9) d_t は要求払い銀行預金，すなわち普通預金や当座預金のごとく預金者の要求に応じて適時払い渡される"短期性"の銀行預金ゆえ，期を跨って価値保蔵機能を有する b_{t+1} や h_t とは異なり，

$E_t[\lim_{T\to\infty}\Pi_{s=t+1}^{T+t}(1+\pi_s)d_{T+t}]=0$

である。したがって d_t に関しては no-Ponzi-game 条件式は課せられない。

10) 1階の必要条件は (9)～(14) に加え，さらに

$\lambda_t\geq 0$

$\lambda_t\Big[Rb_t+w_tx_t-\tau_t+\omega_t^f+\omega_t^b+\dfrac{1+i_t^d}{1+\pi_t}d_{t-1}+\dfrac{h_{t-1}}{1+\pi_t}-b_{t+1}-d_t-h_t-c_t-s_t\Big]=0$

が付加される。

$$(15a) \qquad c_t^{-\rho}(1+\phi_1'(h_t)) = \beta E_t\left[\left(\frac{1}{1+\pi_{t+1}}\right)c_{t+1}^{-\rho}\right]$$

$$(15b) \qquad c_t^{-\rho}(1+\phi_2'(d_t)) = \beta E_t\left[\left(\frac{1+i_{t+1}^d}{1+\pi_{t+1}}\right)c_{t+1}^{-\rho}\right]$$

$$(16) \qquad c_t^{\rho} = w_t x_t^{-\nu} \qquad \qquad \cdots 消費・余暇トレードオフ条件式$$

3 企 業

a 生産技術

　代表的企業は，可変的生産要素である労働を投入して1種類の財サービス y を生産し，国内ならびに国外（i.e. 輸出）の市場において販売する。したがって，代表的企業の t 期における生産関数 F は，$A_t(>0)$ を技術水準（i.e. 全要素生産性ないしはソロー残差）とし，l を労働需要時間とすれば，

$$(17) \qquad y_t = F(A_t, l_t) = A_t l_t$$
$$\text{ただし，} A_t = (A_{t-1})^{\varphi}(\overline{A})^{1-\varphi}\exp(\varepsilon_t^A), \quad \varepsilon_t^A \sim i.i.d.(0, \sigma_A^2) \ \& \ \varphi \in [0,1]$$
$$\forall t \in \{0,1,2,\cdots\}$$

で表せる。ここで y_t のうち y_{Ht} は国内市場向けに販売され，y_{Ht}^* は外国市場向けに販売（i.e. 輸出）される（i.e. $y_t \equiv y_{Ht} + y_{Ht}^*$）。

b 生産活動と Credit-in-Advance 条件式

　企業は一般に，原材料や労働など可変的生産要素を一定の生産計画に基づき期首に調達し，既設の機械設備等固定的生産要素とともにその時点で利用可能な技術水準によって両者を組み合わせることにより期中に生産を行う。ただし，生産物は期末に完成するので期首の支払額は銀行から一定の利子率で借り入れ，生産物売却後の次期にそれら元利金を売上代金から返済する。可変的生産要素の一つである労働に関しても，期首における雇用契約締結の際，その契約履行の保証として企業から労働者に賃金支払い総額の一定額が前払され，期末に残額が支払われると考える。したがって，これら賃金の前払い額に対しては銀行からの借入金が当てられるものとする（Credit-in-Advance 条件式）。かくして代表的企業の t 期（$\forall t \in \{0,1,2,\cdots\}$）における名目銀行借入額 N_t は

18 　第1章　金融政策の為替レートへの伝達メカニズム

(18) 　　　$N_t = \phi P_t w_t l_t$ 　　　　　　　　　　…Credit-in-Advance 条件式

　　　　　$\phi \in (0,1]$：定数

なる式で定義される。

c　企業キャッシュ・フロー

　代表的企業の t 期（$\forall t \in \{0,1,2,\cdots\}$）における名目キャッシュ・フローは，それゆえ

(19) 　　　$P_t(b_{t+1}^f + \omega_t^f) = P_t(Rb_t^f + y_t - w_t l_t) + N_t - (1+i_t^n)N_{t-1}$

で示される。ここで b^f は代表的企業が保有するところの財サービス価格 P をニューメレールにとった国際的に取引される実質債券であり，これら債券に対して実質利子率 $r (\Leftrightarrow 1+r=R)$ が支払われる。また i^n は企業が期首に銀行から運転資本に対して融資を受けた借入金 N に対する銀行貸出（⇔ 企業借入）利子率である。

　したがって，$n_t \equiv \dfrac{N_t}{P_t}$ と置けば，実質キャッシュ・フローが

(20) 　　　$b_{t+1}^f + \omega_t^f = Rb_t^f + y_t - w_t l_t + n_t - (\dfrac{1+i_t^n}{1+\pi_t})n_{t-1}$

として求まる。さらに

(21) 　　　$a_{t+1}^f \equiv b_{t+1}^f - \dfrac{1+i_{t+1}^n}{R(1+\pi_{t+1})}n_t$ 　　　$(\Leftrightarrow Ra_{t+1}^f \equiv Rb_{t+1}^f - \dfrac{1+i_{t+1}^n}{1+\pi_{t+1}}n_t)$

と定義すれば，(20)式に Credit-in-Advance 条件式を組み込むことにより，

(22) 　　　$a_{t+1}^f + \omega_t^f = Ra_t^f + y_t - w_t l_t \left[1 + \phi \left\{ \dfrac{(1+i_t^n) - R(1+\pi_{t+1})}{R(1+\pi_{t+1})} \right\} \right]$

なる実質キャッシュ・フローが得られる。上述(22)式中

(23) 　　　$\phi w_t l_t \left\{ \dfrac{(1+i_t^n) - R(1+\pi_{t+1})}{R(1+\pi_{t+1})} \right\} = \left(\dfrac{i_t^n - i_{t+1}^b}{1+i_{t+1}^b} \right)n_t$

の項は，Credit-in-Advance 条件のための企業の追加コストを表している。

d 最適化行動

代表的企業は，財サービス価格，債券ストック保有量，実質債券利子率，賃金率，銀行借入量，銀行借入利子率が所与のとき，生産関数ならびに実質キャッシュ・フローに係る制約条件の下で実質費用の期待値を最小とするように，今期の労働時間需要量と次期の債券ストック保有量をそれぞれ決めるものとする。したがって，代表的企業の最適化行動は，合理的予想の下，以下のような制約条件付き最小化問題によって定式化することができる[11]。

$$(24) \quad \min_{\{l_t\}\{b_{t+1}\}} : V = E_0 \left[\sum_{t=0}^{\infty} \beta^t w_t l_t \left\{ 1 + \phi \left(\frac{(1+i_t^n) - R(1+\pi_{t+1})}{R(1+\pi_{t+1})} \right) \right\} \right]$$

$$\text{s.t. } y_t = A_t l_t$$

$$a_{t+1}^f + \omega_t^f \leq R a_t^f + y_t$$

$$a_{t+1}^f = b_{t+1}^f - \frac{1+i_{t+1}^n}{R(1+\pi_{t+1})} \phi w_t l_t \quad (\forall \phi \in (0,1])$$

$$1 + i_{t+1}^b = R(1+\pi_{t+1})$$

$$\text{given } P_{t-1}, P_t, w_t, R, i_t^n, i_{t+1}^n, b_t^f, n_{t-1}, A_t$$

$$\forall t \in \{0,1,2,\cdots\}$$

そこでまず代表的企業の動学的ラグランジュ関数を，

$$(25) \quad \mathcal{L} = E_0 \sum_{t=0}^{\infty} \beta^t \{ w_t l_t \left[1 + \phi \left\{ \frac{(1+i_t^n) - R(1+\pi_{t+1})}{R(1+\pi_{t+1})} \right\} \right]$$

$$+ \lambda_t [a_{t+1}^f + \omega_t^f - R a_t^f - A_t l_t] \}$$

と置く。(25)式に「Kuhn-Tucker の定理」[12]を適用して1階の必要条件を求めると，3番目の制約条件式において $\partial b_{t+1}^f = \partial a_{t+1}^f$ となることに留意すれば，以下のような t 期における代表的企業の主体的均衡条件を得る[13]。

---

11) 代表的企業の時間的割引率 β は，代表的企業の最終所有者たる代表的家計と同一のものと仮定する。

12) Kuhn/Tucker (1951).

13) 1階の必要条件は (26)〜(28) に加え，さらに

$$\lambda_t \geq 0$$

$$\lambda_t [a_{t+1}^f + \omega_t^f - R a_t^f - A_t l_t] = 0$$

が付加される。

20 　第1章　金融政策の為替レートへの伝達メカニズム

(26) 　　$\partial l_t : \dfrac{w_t}{A_t}\Omega_t = \lambda_t$ 　　　　　　　　　…実質限界費用式

　　　　ただし $\Omega_t \equiv \dfrac{1 - \phi(1 - \dfrac{1+i_{t+1}^n}{1+i_{t+1}^b})}{1 + \phi(\dfrac{1+i_{t+1}^n}{1+i_{t+1}^b})\dfrac{w_t}{A_t}}$

(27) 　　$\partial b_{t+1} : \lambda_t = \beta E_t\left[\left(\dfrac{1+i_{t+1}^b}{1+\pi_{t+1}}\right)\lambda_{t+1}\right]$ 　　…生産オイラー方程式

(28) 　　$E_t\left[\lim_{T \to \infty} \dfrac{b_{T+t+1}}{\prod_{s=t+1}^{T+t}(\dfrac{1+i_s^b}{1+\pi_s})}\right] = 0$ 　　…no-Ponzi-game 条件式

である。かくして代表的企業の実質限界費用は，(26)式より，通常のコスト（$=w_t/A_t$）に加え Credit-in-Advance 条件による追加コスト要素 Ω_t が加味された形となっていることが見て取れる。

4　銀　行

a　キャッシュ・フロー式

　代表的銀行は貸出額として N だけ企業に貸し付け，また自国政府が発行した国債を公開市場オペで Z だけ購入する。国債の購入は換言すればまた民間銀行の政府部門に対する貸出を意味する。他方，預金 D の一定割合 $\theta(>0)$ を預金準備率と定義し，中央銀行に保有する自行の当座預金勘定に θD だけ預け入れる（i.e. 準備預金残高）。さらに自国通貨建て実質銀行債券を b^b だけ発行することにより対外資金借入を行う。かくして，代表的銀行の t（$\in\{0,1,2,\cdots\}$）期における名目バランスシート式は，

(29) 　　$N_t + Z_t = (1-\theta)D_t + P_t b_{t+1}^b$

となる。これより，代表的銀行の名目キャッシュ・フロー式が

(30) 　　$N_t + Z_t - (1-\theta)D_t - P_t b_{t+1}^b + P_t q_t$
　　　　　$= (1+i_t^n)N_{t-1} + (1+i_t^g)Z_{t-1} - (1+i_t^d)D_{t-1} + \theta D_{t-1} - P_t R b_t^b - P_t \omega_t^b$

として求められる。ここで，i^g は国債の利子率であり，q は銀行債券 b^b の発行に伴う発行手続きやポートフォリオ管理に要する実質費用である。q は

さらに

(31) $q_t = q(b_{t+1}^b), \quad q \geq 0, q' > 0, q'' > 0$

なる非負関数で定義する。

かくして(30)式より

(32) $\omega_t^b = \left[\dfrac{R(1+\pi_t)-1}{1+\pi_t}\right]((1-\theta)d_{t-1}-n_{t-1}-z_{t-1})$

$\qquad\qquad + \dfrac{1}{1+\pi_t}(i_t^n n_{t-1} + i_t^g z_{t-1} - i_t^d d_{t-1}) - q_t$

なる代表的銀行の実質キャッシュ・フロー式が導ける。ただし，ここでは代表的銀行のバランスシート式 $b_{t+1}^b = n_t + z_t - (1-\theta)d_t$（$\Leftrightarrow N_t + Z_t = (1-\theta)D_t + P_t b_{t+1}^b$）を用いた。

b　最適化行動

代表的銀行は，t 期（$\forall t \in \{0,1,2,\cdots\}$）において，所与の預金準備率 $\theta(>0)$ や財サービス価格 P_t に加え，企業への貸出利子率 i_{t+1}^n，預金利子率 i_{t+1}^d，国債利子率 i_{t+1}^g，債券利子率 R の各利子率が金融債券市場からアナウンスされたとき，(32)式で示される実質キャッシュ・フロー式の下で次期予想利潤の期待値を最大とするように今期の企業貸出量 n_t，預金量 d_t，国債購入量 z_t をそれぞれ決めるものとする[14]。したがって，代表的銀行の最適化行動は，合理的予想の下，以下のような最大化問題によって定式化することができる[15]。

(33) $\max_{\{n_t\}\{d_t\}\{z_t\}} : J = E_t[\beta \omega_{t+1}^b]$

$\qquad \omega_{t+1}^b = \left[\dfrac{R(1+\pi_{t+1})-1}{1+\pi_{t+1}}\right]((1-\theta)d_t - n_t - z_t)$

---

14)　代表的銀行の今期における最適企業貸出量 n_t，最適預金量 d_t，最適国債購入量 z_t が決まれば，預金準備率 θ が所与のとき，次期の最適銀行債券発行量 b_{t+1}^b は代表的銀行のバランスシート式 $b_{t+1}^b = n_t + z_t - (1-\theta)d_t$ より事後的に決まる。

15)　代表的銀行の時間的割引率 β は，代表的企業と同様に代表的銀行の最終所有者たる代表的家計と同一のものと仮定する。

$$+\frac{1}{1+\pi_{t+1}}(i^n_{t+1}n_t+i^g_{t+1}z_t-i^d_{t+1}d_t)-q_{t+1}$$

given $P_t,R,i^n_{t+1},i^d_{t+1},i^g_{t+1},\theta$

$\forall\,t\in\{0,1,2,\cdots\}$

それゆえ代表的銀行の主体的均衡条件は以下のごとくとなる[16]。

(34)　　$\partial n_t: i^n_{t+1}=i^b_{t+1}$

(35)　　$\partial d_t: \dfrac{i^d_{t+1}}{1-\theta}=i^b_{t+1}$

(36)　　$\partial z_t: i^g_{t+1}=i^b_{t+1}$

すなわち，代表的銀行は各利子率が $\dfrac{i^d_{t+1}}{1-\theta}=i^b_{t+1}=i^n_{t+1}=i^g_{t+1}$ となるように今期の企業貸出量 n_t，預金量 d_t，国債購入量 z_t をそれぞれ各需要量に対応して決めれば，次期予想利潤に関する期待値が最大となっている[17]。

5　政府・通貨当局

a　財政収支

　政府・通貨当局は，ハイパワード・マネー M の供給，一括個人税（i.e.人頭税）による税収 τ ならびに国債 Z の新規発行額を基に，消費財サービス指標 c で表示された実質財政支出 g ならびに国債の利払いを行うものとし，且つ財政収支は毎期単年度で均衡が達成されるものとする。したがって，政府部門の t 期における財政収支式は，

(37)　　$(M_t-M_{t-1})+(Z_t-Z_{t-1})+P_t\tau_t=P_tg_t+i^g_tZ_{t-1}$

$\forall\,t\in\{1,2\cdots\}$

なる式で表せる。ただし，本章では財政支出の政策目標を各期所与と仮定す

---

16)　債券ストック b の名目利子率 i^b に関しては，$i^b_{t+1}=R(1+E_t[\pi_{t+1}])-1$ によって求められる。

17)　代表的銀行の各業務目的に鑑みて，企業貸出量，預金量，国債購入量に関してここでは「代替的」というよりは「独立的」な関係にあると想定することができる。したがって，各利子率を引数とするそれぞれの超過需要関数が正（負）のとき各利子率が上昇（下落）すれば，金融債券市場の模索過程は（局所）安定的，すなわち各均衡値の近傍から出発して必ずそれぞれの市場の均衡値に収束すると言える。また，金融債券市場がこのような均衡状態にあるとき，市場は完全競争を想定していることから，代表的銀行の次期超過利潤（または損失）に関する期待値はゼロとなる。

る。それゆえ各期の財政支出 g_t は一定値，すなわちゼロと置いて，一括個人税の一部は移転所得として家計に還元されるものとする。また，各期の一括個人税は所与の定数 $\tau_t = \tau(>0)$ と置く。

かくして，政府部門の実質財政収支式は，

$$(38) \qquad m_t - \frac{1}{1+\pi_t}m_{t-1} + z_t + \tau = \frac{1+i_t^g}{1+\pi_t}z_{t-1}$$

となる。

ここでさらに通貨供給増加率を μ とし，t 期における通貨発行額を

$$(39) \qquad \frac{M_t}{M_{t-1}} = 1+\mu_t, \quad M_0：所与$$

$$\forall\, t \in \{1,2\cdots\}$$

と定義する。

b 財政金融政策

以上から，政府・通貨当局は t 期における 3 種類の財政金融政策を有することが導ける。すなわち，$\forall\, t \in \{0,1,2\cdots\}$ に対し

（i） 金利水準操作：i_t^g
（ii） 通貨供給量操作：μ_t
（iii） 国債発行量操作：z_t

である。ただし，これら政策変数の"自由度"は 2 となる。すなわち，（i）～（iii）のいずれか 2 種類の政策が選択されると，実質財政収支式(38)式から他の 1 種類の政策は事後的に決まる。たとえば，t 期において金利水準 i_t^g をコントロールし，且つ通貨供給量増加率を μ_t に定めれば，財政収支を均衡させるような水準に国債発行量 z_t は決まることになる。

c 金利政策

政府・通貨当局が名目金利水準 i^g のコントロールを政策変数として採用するとき，具体的な政策対応関数としては次のようなオーソドックスなテイラー・ルール型を適用するものと想定する。

24　第1章　金融政策の為替レートへの伝達メカニズム

(40)　　　$1+i_t^g=(1+i_{t-1}^g)^{\chi_1}\left(\left(\frac{1+\pi_t}{1+\pi_t^0}\right)^{\chi_2}\left(\frac{y_t}{y_f}\right)^{\chi_3}\right)^{1-\chi_1}$

　　　　　$\forall t\in\{1,2,\cdots\}$

ただし $\chi_i(i=1,2,3)$ はパラメータであり，且つ $\chi_1\in(0,1)$ とする。かくして，政府・通貨当局は1期前の金利水準 i_{t-1}^g の動向を踏まえつつ，現行インフレ率 $\Pi_t\equiv\frac{P_t}{P_{t-1}}=1+\pi_t$ と目標インフレ率 $\Pi_t^0\equiv\frac{P_t^0}{P_{t-1}^0}=1+\pi_t^0$ との乖離や，y_f を実質潜在GDP（定数）としたときの実質GDPギャップ $\frac{y_t}{y_f}$ の現況にも対応して今期の政策金利を操作すると考える。

6　為替レートの決定メカニズム

a　貨幣需要関数

　既述のごとく，本経済における名目貨幣残高の供給額は通貨当局の発行する M であり，他方需要額は家計の保有する現金残高 H と銀行の準備預金残高 θD の和であった。家計の現金と要求払預金に関する(15a)式・(15b)式のような主体的均衡条件が満たされ，且つ家計の時間的割引率（＝主観的時間選好率）β が債券 b の実質利子率（グロス・ベース）$R(\equiv1+r)$ の逆数に等しいと仮定する[18]。したがって，債券 b の名目利子率に関する定義式 $1+i_{t+1}^b=R(1+\pi_{t+1})$ が妥当すれば，以下のような現金と要求払い預金に関する実質需要関数が導ける。

(41)　　　$h_t=(\phi_1')^{-1}(\frac{i_{t+1}^b}{1+i_{t+1}^b})$

(42)　　　$d_t=(\phi_2')^{-1}(\frac{i_{t+1}^b-(1-\theta)i_{t+1}^g}{1+i_{t+1}^b})$

上述2式の $(\phi_1')^{-1}$ ならびに $(\phi_2')^{-1}$ は，既述(4)式における実質費用関数 ϕ_1,ϕ_2 の第1次導関数に対する逆関数である。さらにこれら関数は，各引数に対して（狭義）減少関数となっていることが示される[19]。かくして，$t(\in\{0,1,2,\cdots\})$ 期における名目貨幣残高の需要関数 L は

---

18)　ここでは必ずしも定常状態を想定してないが，家計の消費に対する限界効用が毎期安定していれば，(i. e. $\lambda_t\approx\lambda_{t+1}$)(15)式より β は $R(\equiv1+r)$ の逆数に等しくなることが言える。

$$(43) \qquad H_t + \theta D_t = P_t(h_t + \theta d_t) = L(i^b_{t+1}, i^g_{t+1})$$

$$\frac{\partial L}{\partial i^b_{t+1}} < 0, \frac{\partial L}{\partial i^g_{t+1}} > 0$$

と表現される。

b 外国為替レート

ここで t 期における自国通貨建て名目為替レート EX_t ならびにその関数 Φ を

$$(44) \qquad EX_t = \Phi\left(\frac{M_t}{L(i^b_{t+1}, i^g_{t+1})}\right)$$

$$\Phi' > 0$$

$$\forall t \in \{0,1,2,\cdots\}$$

と定義する。したがって，自国通貨の供給額 M_t が増加すれば，自国通貨建て名目為替レート EX_t は減価する。他方，外国通貨の金利 i^b_{t+1} の下落ないしは自国通貨の政策金利 i^g_{t+1} の上昇により(43)式と併せて自国通貨の需要額が増加すれば，名目為替レート EX_t は増価することが分る。

c 為替レート決定メカニズム

政府部門の財政収支式(38)式と貨幣需給均衡式 $M_t = H_t + \theta D_t$ を組み合わせると

$$(45) \qquad E_{t-1}[h_t + \theta d_t + z_t + \tau] = \frac{1}{1+\pi_t}h_{t-1} + \frac{\theta}{1+\pi_t}d_{t-1} + \frac{1+i^g_t}{1+\pi_t}z_{t-1}$$

なる1階の定差方程式が求まる。したがって，政策変数たる国債の利子率 i^g_{t+1} が与えられると，各経済主体は上述定差方程式を解くことにより $E_t[\pi_{t+1}]$ が決まり，また債券 b の名目利子率に関する定義式 $1+i^b_{t+1} = R(1+\pi_{t+1})$ より i^b_{t+1} も決まる。自国通貨の供給額 M_t は政策変数 μ_t に

---

19) ϕ_1, ϕ_2 の第1次導関数は $\phi'_1 < 0, \phi'_2 < 0$ ゆえ，定義域 $s_1 \cup s_2$ ($\Leftrightarrow s_1 = \phi_1(h)$ ($\forall h \in [0, \overline{h}]$) $\& s_2 = \phi_2(d)(\forall d \subset [0, \overline{d}])$) の範囲内で必ず1対1対応の逆関数を有すると言える。またそれぞれの第2次導関数は $\phi''_1 > 0, \phi''_2 > 0$ と仮定したから，$-((\phi_1)^{-1})' < 0$ ならびに $-((\phi_2)^{-1})' < 0$ となることが言える。

26   第1章　金融政策の為替レートへの伝達メカニズム

よって与えられるから，かくして(44)式において，各経済主体の最適化行動
より決まる自国通貨の需要額と相俟って t 期の名目為替レート EX_t が導か
れる。

　このように，経済における為替レートの決定メカニズムは，単に貨幣の供
給額や金利水準の変化による金融資産の国際間移動という短期的且つ部分均
衡的なものではなく，むしろ，家計，企業，銀行，政府・通貨当局という各
部門の動学的一般均衡モデルの枠組みに則った経済運行によって総体的に決
定されることが，本第6項より見て取れる。

7　物　価

a　財サービス価格

　$t(\in\{0,1,2,\cdots\})$ 期の外国通貨建て外国財サービス価格を P_t^* とすれば，EX_t
を自国通貨建て名目為替レートとしたとき，自国通貨建て外国財サービス価
格は $EX_t\times P_t^*$ と表示できる。ここで価格体系は $P_t^*=1$ となるように毎期正
規化されていると想定すれば，P_{Ht} を自国財サービス価格としたとき，第2
項で我々は輸入比率（＝代表的家計の全消費量に占める外国財サービスの比率）
を α としたから，自国の財サービス総価格指標 P_t は

$$(46)\qquad P_t=(P_{Ht})^{1-\alpha}(EX_t)^{\alpha}$$

として求められる[20]。

　さらに自国財サービス価格 P_{Ht} は，代表的企業の主体的均衡条件である市
場価格＝限界費用なる関係を考慮すれば

$$(47)\qquad P_{Ht}=\frac{w_t}{A_t}\Omega_t$$

が導ける。

　上述(46)式において1期ずらせば，

---

20)　本節では財サービス市場は完全競争市場を仮定し，且つ国境をまたがる取引に関しては関
　　税や保険，運賃などの貿易コストを考慮していないことから，先に見たごとく，国際的な裁
　　定取引が行われた後は一物一価の法則が妥当すると考えられる。したがって，
　　$P_t=P_{Ht}=P_{Ft}=EX_tP_t^*$ となる。それゆえ，ここでは，為替レートが変動してから一定時間を
　　要する財裁定効果が終了するまでの適当な時間を想定する。

(48)　　$\dfrac{P_t}{P_{t-1}} = \left(\dfrac{P_{Ht}}{P_{H,t-1}}\right)^{1-\alpha}\left(\dfrac{EX_t}{EX_{t-1}}\right)^{\alpha}$

であるから，$\dfrac{P_t}{P_{t-1}} \equiv 1+\pi_t$, $\dfrac{P_{Ht}}{P_{H,t-1}} \equiv 1+\pi_{Ht}$, $\dfrac{EX_t}{EX_{t-1}} \equiv 1+e_t$ と置き，(48)式の両辺の対数をとれば，(48)式はまた

(49)　　$\pi_t = (1-\alpha)\pi_{Ht} + \alpha e_t$

と近似できる。

b フィリップス曲線式

物価動向に関しては，以下のようなフィリップス曲線式を導入することにより内生化を図る。ただし，本経済では財サービス市場は独占的競争下にないため，企業の自社製品価格設定に基づく予想価格へのミクロ的基礎付けを欠くことから，フィリップス曲線式へフォワード・ルッキング項目を導入する意味づけができない。したがって，ここではフォワード・ルッキング項目を捨象した以下のような伝統的なフィリップス曲線式を考える。

(50)　　$E_t\pi_{t+1} = \kappa_1\pi_t + \kappa_2 y_t$　（κ_1, κ_2：定数）

　　　　$\forall t \in \{0,1,2,\cdots\}$

ただし y は実質 GDP ギャップ増減率を表す。

8 資源配分

本経済の t 期におけるフローの資源配分条件式は，上述した各経済主体の制約式を組み合わせると，

(51)　　$y_t = c_t + s_t + q_t + (y_{Ht}^* - c_{Ft})$

　　　　$\forall t \in \{0,1,2,\cdots\}$

となる。カッコ内は経常収支を表している。

3　対数線形化とカリブレーション

1 対数線形化

前節で展開した非線形的で複雑な形状にある理論モデルに対し，本節にお

28   第1章　金融政策の為替レートへの伝達メカニズム

いて，より直感的な把握を可能にするところの経済体系における定常状態からの近傍乖離に関する対数"線形"近似式を求めてみる[21)22)]。以下で￣（バー）付き変数は定常変数を，＾（ハット）付き変数は定常状態からの対数線形乖離を表す。ただし，金利 i_t^g ならびにインフレ率 π_t に関しては単に定常状態からの線形乖離を表す。そして，経済は離散的時間の経過とともに $t \in \{0,1,2,\cdots\}$ と継起的ないしは逐次的に進行していくと想定する。

　その上で，それら定常状態からの近傍乖離に関する対数線形・線形近似式をもとにカリブレーションをおこない，主要マクロ経済変数の動学過程を理論モデルで"複製"してみる。

2　対数線形近似式

（Eq01）　$\hat{c}_t = E_t \hat{c}_{t+1} - \dfrac{1}{\rho}(\hat{i}_t{}^g - E_t \hat{\pi}_{t+1})$

（Eq02）　$E_t \hat{\pi}_{t+1} = \kappa_1((1-\alpha)(\hat{w}_t - \hat{a}_t) + \alpha \hat{e}_t) + \kappa_2 \hat{y}_t + \varepsilon_t^\pi$

（Eq03）　$\hat{w}_t = \rho \hat{c}_t + \nu \hat{l}_t$

（Eq04）　$\hat{e}_t = \eta_1 \hat{e}_{t-1} - \eta_2 \hat{i}_t{}^g + \varepsilon_t^{ex}$

（Eq05）　$\hat{y}_t = \hat{a}_t + \hat{l}_t$

（Eq06）　$\hat{i}_t{}^g = \chi_1 \hat{i}_{t-1}{}^g + (1-\chi_1)\{\chi_2(\hat{\pi}_t - \hat{\pi}_t^0) + \chi_3 \hat{y}_t\} + \varepsilon_t^i$

（Eq07）　$\hat{y}_t = \dfrac{\bar{c}}{\bar{y}} \hat{c}_t$

（Eq08）　$\hat{a}_t = \varphi \hat{a}_{t-1} + \varepsilon_t^A$

（Eq09）　$\varepsilon_t^\pi = \hat{\pi}_t - E_{t-1} \hat{\pi}_t$

（Eq10）　$\varepsilon_t^{ex} = \hat{e}_t - E_{t-1} \hat{e}_t$

（Eq11）　$\varepsilon_t^i = \hat{i}_t{}^g - E_{t-1} \hat{i}_t{}^g$

　　　　$\forall t \in \{1,2,\cdots\}$

定常状態からの近傍乖離の対数線形・線形近似式（Eq01）式～（Eq08）式に

---

21)　動学的一般均衡モデルの理論式に関する具体的な対数線形化計算については，岡田（2014a）第2章を参照。

22)　(17)式の技術水準 $A_t = (A_{t-1})^\varphi (\bar{A})^{1-\varphi} \exp(\varepsilon_t^A)$ において，我々は定常状態での技術水準ないしは労働生産性 $\bar{A}$ は1に基準化されていると仮定する。したがって，定常状態では技術進歩率はゼロとなり，それゆえ各変数から増加トレンドを除去して再定義する必要はなくなる。

対し，内生変数は$\widehat{y}_t,\widehat{c}_t,\widehat{w}_t,\widehat{l}_t,\widehat{i}_t^l,\widehat{e}_t,\widehat{\pi}_t,\widehat{a}_t$の8個となる[23]。また，構造ショックは，1階の自己回帰過程に従う$\widehat{a}_t$とホワイト・ノイズ過程に従う$\varepsilon_t^{\pi},\varepsilon_t^{ex},\varepsilon_t^{i}$の計4個である。加えてジャンプ変数は$\widehat{c}_t$ならびに$\widehat{\pi}_t$の2個であるから，それゆえ，モデル式で1より大きな固有値が2個あることが本方程式体系の一意的な均衡解を導くにあたっての条件である（i.e. Blanchard=Kahn の条件[24]）。

3　カリブレーション

　構造パラメータを第1表のごとく設定し[25]，さらに①為替レート，②インフレ率，③技術水準に関して1標準偏差だけプラスの構造ショックを与えると，第1図のような各経済変数のインパルス応答が得られる。

　まず為替レートショック，すなわち，自国通貨建て名目為替レートが減価すると，インフレ率は昂進し，政策金利水準が引き上げられることによって実質 GDP は下落する。併せて雇用量ならびに賃金率も低下する。

　つぎにインフレ率ショックが与えられると，政策金利は引き上げられるから自国通貨建て名目為替レートは増価し，それゆえ景気は悪化する。雇用量ならびに賃金率ともに下落する。

　技術ショックが与えられると，労働生産性効率は向上し雇用量は節約できる。賃金コストも引き下がる。加えてインフレ率は低下し，政策金利は引き下げられるから自国通貨建て名目為替レートは減価する。

　かくしてこれらカリブレーション結果から，第2節で展開した理論モデル体系は我々の経験に照らして現実の経済の運行に良く合致したものと結論付けることができる。

---

23)　理論式から対数線形近似式を導くにあたり，論理的妥当性を失わない限りにおいて簡略化した。例えば，家計が現預金を保有することにより節減できる財サービス取引費用s_t，銀行が債券を発行することに伴う手続きやポートフォリオ管理などの費用q_t，企業がCredit-in-Advance条件により実質限界費用に追加負担するΩ_tは便宜的に期を通じて一定と仮定した。また，外国の政策金利i_t^{g*}ならびに通貨供給増加率μ_tも，所与の外生変数ゆえ同様に$i_t^{g*}=i^{g*},\mu_t=\mu$と仮定した。加えて経常収支（$y_{Ft}^{*}-c_{Ft}$）は毎期均衡しているものとした。

24)　Blanchard/Kahn (1980). また，岡田 (2014a) 第1章補論2参照。

25)　本節における構造パラメータの設定に際しては，この分野における先行業績の推計値を参考にした。

第1表 構造パラメータ

パラメータ	値	説明
ρ	0.66	異時点間の消費代替弾力性の逆数
ν	2.10	異時点間労働供給の代替弾力性の逆数
κ_1	0.80	財サービス（自国財・輸入財）インフレ率係数
κ_2	1.20	実質 GDP ギャップ係数
η_1	0.30	1 期前の為替レートに対する係数
η_2	0.40	内外金利差に対する係数
χ_1	0.65	1 期前の金利に対する政策反応係数
χ_2	1.60	インフレ率目標値との乖離に対する政策反応係数
χ_3	0.10	実質 GDP ギャップに対する政策反応係数
$\bar{\pi}_t^0$	0.00	目標インフレ率（$\Leftrightarrow \Pi_t^0$：定数）
$\bar{c}/\bar{y}$	0.60	定常状態での平均消費性向
φ	0.85	全要素生産性の自己回帰過程係数
σ^A	0.005	全要素生産性の自己回帰過程標準偏差
σ^π	0.005	インフレ率ショックの標準偏差
σ^{ex}	0.005	為替レートショックの標準偏差
σ^i	0.005	金利ショックの標準偏差

4 結 び

　本章において，政府・通貨当局にとって主要な政策変数である金利水準が物価と景気変動の安定という政策目標に照らして変更されたとき，それがどのような因果関係により為替レートや GDP，消費，雇用，賃金，物価など経済全般に影響を及ぼすか，その総体的なトランスミッション・メカニズムを動学的一般均衡モデルの枠組みに基づいて検討した。

　まず，金利政策と為替レートの関係を明示的に取り入れた動学的一般均衡モデルを定式化し，ついでそれら理論モデルに対し，定常状態からの近傍乖離に関する対数線形・線形近似式を導いた。その上でカリブレーションを行い，各構造パラメータを設定して構造ショックのインパルス応答を求めつつ主要マクロ経済変数の動学過程を描いてみた。

　その結果，①為替レート，②インフレ率，③技術水準に関して 1 標準偏差

第1図 インパルス応答

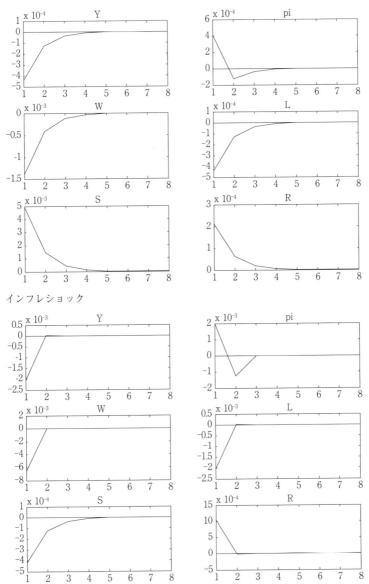

技術ショック

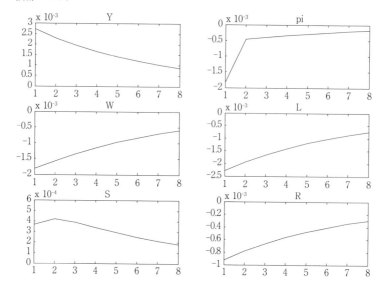

だけプラスの構造ショックを与えてインパルス応答を求めると，以下のような経済の運行が確認された。

（ⅰ）為替レートショック，すなわち，自国通貨建て名目為替レートが減価すると，インフレ率は昂進し，政策金利水準が引き上げられることによって実質 GDP は下落し，併せて雇用量ならびに賃金率も低下した。

（ⅱ）インフレ率ショックが与えられると，政策金利は引き上げられるから自国通貨建て名目為替レートは増価し，それゆえ景気は悪化し，雇用量ならびに賃金率ともに下落した。

（ⅲ）技術ショックが与えられると，労働生産性効率は向上し雇用量は節約できるから賃金コストも下落した。加えてインフレ率は低下し，政策金利は引き下げられるから自国通貨建て名目為替レートは減価した。

かくしてこれらカリブレーション結果から，本章で展開した理論モデル体系は我々の経験に照らして現実の経済の運行に良く合致したものと結論付けることができた。

通常の開放マクロ経済学では，金利水準と為替レートとの関係は，先物カバー無しないしは先物カバー付きの「金利平価式」ないしは「金利裁定式」に則った短期的・部分均衡論的取扱いが一般的である。それゆえ，本章のごとく，四半期ないしは半年から数年程度のタイム・スパンまで延長し，金融関連以外の実物経済に関するマクロ経済変数動向も加味しながらこうした変数との相互関連性やさらには財政・金融政策も視野に入れて一般均衡論的分析モデルを構築する作業は，経済のグローバル化・開放化，情報化，自由化が大きく進展する今日，そのダイナミックな経済運行を詳細に把握するうえでますます重要となってきている。

第2章　非伝統的金融緩和政策の有効性

1　はじめに

1　非伝統的金融政策

　1990年代から2000年代にかけ，日本を初め世界の主要国は長期的な景気低迷とデフレ現象に陥った。

　まず日本では1990年代初頭に資産価格のバブルが破裂したが，それ以降，長期に亘る深刻な不況に直面した。その間，日本銀行は，景気低迷とデフレーションからの脱出を図って政策金利である無担保翌日物コール・レートを下げ続け，1999年2月にはほぼゼロ水準まで引き下げた。加えて2001年3月には量的緩和政策を導入し，2006年3月まで潤沢な流動性を供給し続けた。その後も包括的金融緩和政策，量的・質的金融緩和政策とさらなる流動性供給の拡大を図った。かくして，日本銀行は，オーバーナイト金利の誘導を基本とする伝統的・正統的な金融政策から，流動性そのものを大幅に供給するところのより積極的な非正統的ないしは非伝統的な金融政策への採用に転じた[1]。

　他方，2008年に始まった信用バブル崩壊に伴う米国発世界金融危機は，欧米主要国に対しても日本と同様の非正統的ないしは非伝統的な金融政策の実施を迫った[2]。まず，米国連邦準備制度理事会は，政策金利であるフェデラルファンド・レートの引下げに加え，2008年以降3度に亘る量的緩和政策を実施した。英国では，2009年3月からイングランド銀行が英国債を買

---

1)　白川（2009）。
2)　以下，米国連邦準備制度理事会，イングランド銀行，欧州中央銀行の各ウェブサイトによる。

い取って資金を市場に供給する資産購入プログラムを採用し，政策金利の引下げをバックアップした．さらにユーロ圏では，欧州中央銀行が政策金利の引下げに加え，カバードボンド（債権担保付社債）購入や証券市場プログラムの実施，3年物リファイナンス・オペ等のみならず，2015年1月には月600億ユーロ規模でのペースにて各国国債を含むユーロ建て債券を購入する量的金融緩和策を決め[3]，景気への一層の梃入れやデフレ阻止を企図した．

かくして，世界主要国は，第1図～第3図で示されるごとく[4]，金融緩和策により政策金利を引き下げたにもかかわらずゼロ水準に張り付き，景気低迷が続くところのいわゆる「流動性の罠」に陥り，非伝統的な金融政策である大幅な量的緩和策を余儀なくされた．

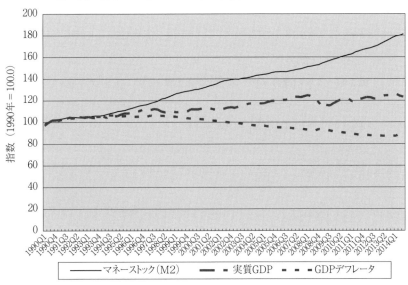

第1図　日本のマネーストックと実質GDP・GDPデフレータ

資料：IMF（2015a）*IFS*

---

3) Financial Times（電子版），January 22, 2015.
4) 第1図～第3図ならびに後掲の第4図では，IMF（2015）*IFS*の日米ユーロ圏に関する四半期データ（1990Q1～2014Q3）を用いた．なお，季節調整が施されてないデータに対しては原系列をセンサスX12-ARIMAによって季節調整した．

36　第2章　非伝統的金融緩和政策の有効性

第2図　米国のマネーストックと実質GDP・GDPデフレータ

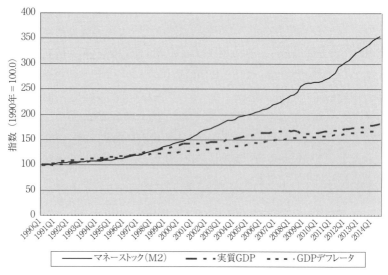

資料：IMF（2015a）*IFS*

第3図　ユーロ圏のマネーストックと実質GDP・GDPデフレータ

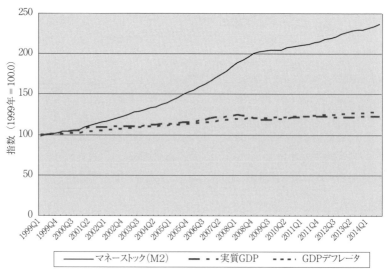

資料：IMF（2015a）*IFS*

2 理論的支持

ところで，一般にケインズ経済理論でも新古典派マクロ経済理論でもマネーストックを増やせば物価水準は上昇し，経済活動は活発化するとされる。例えば前者では[5]，貨幣の供給は，流動性選好説に基づく貨幣需要量との関係で利子率を決定し，資本の限界効率との関係において投資を決め，さらに消費性向に立脚した乗数理論により消費と所得を同時に決定する。したがって，貨幣の供給が増加すると，利子率は低下して投資を刺激し，有効需要は増加する。また，有効需要と生産物価格を貨幣賃金単位で測り，有効需要の変化に対する生産弾力性と価格弾力性の和をとるとほぼ1に近い値となることから[6]，有効需要の増加は物価の上昇を伴う。

他方，後者の実物的景気循環（RBC）モデルでは，多くの場合，マネーストック増は"貨幣の中立性"命題が妥当して実質経済変数にはほとんど影響を及ぼすことはない[7]。ただし，動学的一般均衡（DSGE）モデルでは，カルボ・タイプの確率的価格改定条件ないしはローテンバーグ・タイプの価格調整コストの仮定から導かれる価格変動の粘着性や，マンキュー・タイプのメニュー・コストの仮定から導かれる価格の硬直性等を考慮すると，名目貨幣の供給増は同時に実質貨幣の変化を伴うことから，時間の経過につれて物価を上昇させ，実質GDPを増加させることが論証される[8]。

かくして従来の理論モデルでは，いずれにしても大幅な金融緩和策にもか

---

5) Keynes (1936). さらに教科書的なケインジアン・モデルにおいても，例えば *IS - LM* モデルでは，マネーストック増は，他の条件にして等しければ *LM* 曲線を右下方にシフトさせ，実質利子率を引き下げることから，民間投資を刺激して実質生産量を拡大させる。また，同じく *AS - AD* モデルでは，マネーストックの増加は *AD* 曲線を右上方へシフトさせ，物価上昇・実質生産量増をもたらす（岡田 (2014b) 第6章・第7章）。

6) 有効需要ならびに生産物価格を貨幣賃金単位で測ったとき，e_p を有効需要の変化に対する生産物価格の変化の弾力性，e_w を有効需要の変化に対する貨幣賃金率の変化の弾力性，e_o を有効需要の変化に対する産出量の変化の弾力性とすれば，

$$e_p + e_o - e_o e_w = 1$$

となる（Keynes (1936) Chap. 20 & 21）。ここで $e_o e_w$ は極めて小さな値となるので，近似的に

$$e_p + e_o \approx 1$$

が言える。

7) Cooley/Hansen (1995), Freeman/Huffman (1991), King/Plosser (1984), Lucas, Jr. (1972).

38 第2章 非伝統的金融緩和政策の有効性

かわらず景気が低迷しデフレ傾向が続くという上述した現実事象に的確な回答を提供し得なかった。

3 流通速度

そこで一つの仮説として，貨幣の流通速度をキー変数とするいわゆる古典的な貨幣の交換方程式の考え方を適用してみる[9]。例えば，何らかの理由に基づいて貨幣の流通速度が遅くなるとすれば，大幅なマネーストックの増加にもかかわらず，インフレ率の上昇が緩慢となると同時に生産活動も鈍くなることが想定できる。実際，日米欧の統計データに基づいて貨幣の流通速度（名目GDP/マネーストック（M2））を各々計算してみると，第4図のごとくとなる。これより，とりわけ金融危機後には主要国の流通速度は低下傾向にあったことが窺える。

（第4図）

4 本章のねらい

本章において，上述状況に鑑みて，貨幣の流通速度を明示的に取り入れた理論モデルにより，マネーストック増にもかかわらず貨幣の流通速度が大幅に低下することに起因してインフレ率は緩慢（sluggish）となり，且つ実質生産活動も鈍くなることを検証する。先ず第2節では，主たる経済活動を担

---

8) 岡田（2014a）第1章。一般に動学的一般均衡モデルに貨幣を導入する場合には，マネー・イン・ザ・ユーティリティ・ファンクションの仮定やキャッシュ・イン・アドバンス制約式によるものなどがある。例えば，後者の形でのモデル分析に関しては，ditto（2015b），Krugman（1998）を参照。

9) 例えば，一定期間におけるフィッシャー・タイプ交換方程式は

$MV=PT$

M：貨幣供給量（年間，以下同様）

V：貨幣の流通速度

P：物価水準

T：取引総量（$\equiv \sum_i Q_i$（Q_i：個別取引量））

なる式で表わせる（Fisher（1911）Chap.2 and its Appendix）。但しこれは後のケンブリッジ学派による一定の因果関係を表わす現金残高方程式とは異なり，左辺と右辺とが単に等しくなるに過ぎないというやや機械的な関係を表現する式＝恒等式であることに留意する必要がある。

1 はじめに 39

第4図 日米ユーロ圏の貨幣の流通速度

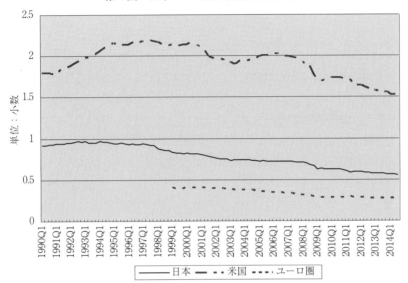

資料：IMF（2015a）*IFS* より計算

う家計部門と金融財政政策を実施する政府部門とから構成される経済において，財サービス市場と証券市場の二つの分離された市場を前提に，銀行口座と証券口座間の口座振替に一定の固定費用が掛かるとき，マネーストックの変化に対する貨幣の流通速度やインフレ率との動学的関係を明示的に取り込んだ理論モデルを構築する。次いで第3節において，それら理論モデルに対し，経済の定常状態からの近傍乖離に関する対数線形近似式を導く。さらにその上で，カリブレーションを行う。すなわち，まず構造パラメータを設定し，次いでマネーストック・ショックに対する貨幣の流通速度やインフレ率とのインパルス応答を求めることにより，金融政策と主要経済変数との相互依存関係の継起的ないしは逐次的な系列を明確にする。これら一連の作業を通じて，現実事象の背後にある経済メカニズムを考察する。

40 第2章 非伝統的金融緩和政策の有効性

2 理論モデル

本節において，マネーストックの変化に対する貨幣の流通速度やインフレ率との動学的関係を明示的に取り込んだ理論モデルを構築する[10]。

1 モデル環境の素描
a 家 計

我々の想定する経済では，家計 i は単位閉区間 [0,1] に連続的且つ稠密に分布する。そしてこの区間を N 等分，すなわち，$S_0=[0,s_1)$, $S_1=[s_1,s_2)$, $S_2=[s_2,s_3)$, $\cdots S_{N-1}=[s_{N-1},1]$ とし，各家計はこの区間のいずれかに属すると考える。すなわち，

$\quad$ (1) $\qquad i \in S_j (j=0,1,\cdots N-1)$

である。さらに，各家計は離散的時間 $t (\in \{0,1,2,\cdots\})$ の経過とともに，上述区間を順次移動していく。すなわち，$\forall i \in S_j (j=0,1,\cdots N-1)$ に対し，$t \to t+1$ のとき，

$\quad$ (2) $\qquad S_0 \to S_1, S_1 \to S_2, \cdots S_{N-1} \to S_0$

と考える。加えて経済は，これら離散的時間の経過に伴い，継起的ないしは逐次的に進行していく。

つぎに，経済は財サービス市場と証券市場の二つの異なる市場から構成される。前者では，銀行口座に預けられた通貨により財サービス売買が決済される。他方，後者では利付債券（e.g. 国債）が売買され，決済には証券口座内の通貨が当てられる。かくして家計 i は，いわゆる取引動機と予備的動機に基づく通貨の需要に関しては銀行口座を，投機的動機に基づく通貨需要に関しては証券口座を用いることになる[11]。さらにこれら二つの市場，したがって二つの口座は分離されており，例えば区間 S_0 に属する家計のみが双方の口座残高を調整できるものとする。それゆえ，$\forall i \in S_0$ の家計は 0 期に実

---

10) 本節で展開された理論モデルの構築に対しては，Chiu（2007），Alvarez/Atkeson/Edmond（2009）ならびに Sudo（2011）に依拠した。

2　理論モデル　*41*

質貨幣量 x_0 だけ口座振替を行い，その後，次に振替が可能となる期の1期前（i.e. $N-1$ 期）まで待ち，やがて期が変わってはじめて口座振替が再度可能となる（i.e. 口座振替機会のサイクル化）[12]。

　各家計は共通の生産技術構造を持ち，各期それぞれ1単位の労働を投入して実質財サービス量 $y_t(i)$ を生産する[13]。これら財サービスに対しては，市場において各家計は財サービスの売り手と買い手とに分かれる。したがって家計 $\forall i \in S_j\,(j=0,1,\cdots N-1)$ は，t 期において以下のような銀行口座に関するキャッシュ・イン・アドバンス制約式に直面する。

(3) 　　　　$P_t c_t(S_j) + Z_t(S_j) \leq M_t(S_j)$

　　　　　$M_t(S_j) = Z_{t-1}(S_{j-1}) + \gamma P_{t-1} y_{t-1} + I(i) P_t x_t$

　　　　ただし，P_t：一般物価水準

11）　取引動機とは，個人や企業が所得受領ないしは売り上げ収入と支出・費用支払いとの間に時間的間隔があるとき，その間を繋ぐために必要とする貨幣の保有である。予備的動機とは，不意の支出を必要とする偶発時に備えるとか，将来満期になる手形を決済するために必要とする現金の保有である。これら動機に基づく貨幣保有額は所得あるいは産出量に比例すると考えられる。ところで，債券の利子率を流動性を手放すことに対する報酬とすれば，将来支配する利子率について不確実性が存在したり，あるいは将来支配する利子率に対して個々人の予想が異なったりすると，利子を生まない貨幣で資産を保有することを求める。こうした貨幣の保有動機を投機的動機と称し，その保有額は利子率の水準に基づいて決まる（Keynes (1936) Chap.13 & 15）。

12）　通常，通貨に比して流動性の低い債券を現金化する取引には "取引摩擦"（transaction friction）が存在し，必ずしも取引は平滑ないしは即時的とは言えない。すなわち，証券市場で景気動向や市場概況を睨みながら時間とコストを掛けつつ一定の確率にしたがって買い手を「探索」（search）し，その結果として成功裡に相手を見出してはじめて自身が保有する金融資産を処分・現金化し得る。債券の購入に関してもまた同様である。加えて，証券口座と銀行口座間の口座振替には時間的手間に加えて手数料支払いも伴う。したがって，ここでは上述理由よりこうした口座振替機会のサイクル化に関する仮定を採用する。ところで，このような口座振替機会の "サイクル化" を初めてモデル化したのは，Baumol (1952) ならびに Tobin (1956) であった。彼等は金融取引（利子を生む資産を貨幣に換え，またはその逆を行う取引）に一定の固定費用が掛かることをもって，貨幣の最適転換量は取引量の平方根に比例し，利子率の平方根に反比例するという，いわゆる在庫理論の「平方根公式」に類似の結果を導いた。

13）　本理論モデルでは簡単化のために "yeoman farmer" タイプの家計を想定する。したがって，$\forall i \in [0,1]$ に対し，その生産量は

$$\int_{S_j} y_t(i)di = y_t\,(j=0,1,\cdots N-1)$$

で表わされる。

c_t：実質消費量

Z_t：t期末までに使われず次期に繰り越す名目通貨残高

M_t：銀行口座の名目通貨残高

γ：名目所得収入のうち銀行口座に預け入れられる比率（小数）

x_t：証券口座と銀行口座間で振り替えられる実質貨幣残高

$I(i)$：インデックス関数

$\quad I(i)=1,\quad$ if $i \in S_0$

$\qquad\quad =0,\quad$ otherwise

　同様にして家計 $\forall i \in S_j (j=0,1,\cdots N-1)$ は，t期においてさらに以下のような証券口座制約式に直面する。

(4)　　　$B_t(S_j)+A_t(S_j)+I(i)P_t x_t$

　　　　　$\leq (1+r_t)B_{t-1}(S_{j-1})+A_{t-1}(S_{j-1})+(1-\gamma)P_{t-1}y_{t-1}-P_t\tau_t$

　　　　ただし，B_t：名目利付債券保有額

　　　　　　　　A_t：証券口座に保有される名目通貨残高

　　　　　　　　r_t：債券利子率

　　　　　　　　τ_t：実質一括個人税[14]

b　政府部門

　政府部門の財政収支を

(5)　　　$P_t\tau_t+(M_t-M_{t-1})+(B_t-(1+r_t)B_{t-1})=P_t G_t$

と定式化する。当該政府当局にとって，一括個人税徴収 τ_t，通貨供給 M_t，国債発行 B_t が政策変数である。但し本章では主として金融の側面を取り扱うことから，ここでは便宜的に政府の歳出（＝G_t）はゼロと置き，歳入は全て家計に還付されると考える。また，政府の負債たる国債は，一括個人税ならびに公開市場操作に基づく通貨投入によって元利支払いがなされるものとする。さらに政策変数たるマネーストックの増加率を

_____

14)　各家計の納税・還付は全て証券口座からなされるものとする。

(6) $\quad \mu_t \equiv \dfrac{M_t}{M_{t-1}}$

と定義する。

c　市場均衡

　競争市場均衡を次のごとく定義する。すなわち，$\forall t \in \{0,1,2,\cdots\}$ に対して非負の財サービス価格ならびに債券利子率 P_t, r_t が市場から与えられると，初期条件 $\{B_{-1}, A_{-1}, Z_{-1}\}$ ならびに政府予算制約式を満たす政策変数系列 $\{\tau_t, M_t, B_t\}_{t=0}^{\infty}$ の下，次の第2項で見る家計の最適化行動が妥当し，且つ

(9) $\quad \dfrac{1}{N}\sum_{S_j=S_0}^{S_{N-1}} \int_{S_j} c_t(i)di = y_t$

(10) $\quad \dfrac{1}{N}\sum_{S_j=S_0}^{S_{N-1}} \int_{S_j} B_t(i)di = B_t$

(11) $\quad \dfrac{1}{N}\sum_{S_j=S_0}^{S_{N-1}} \int_{S_j} [M_t(i)+A_t(i)]di = M_t$

の3条件が妥当するような資源配分系列

(12) $\quad \{c_t(i), x_t, B_t(i), A_t(i), M_t(i), Z_t(i)\}_{t=0}^{\infty}$

$\qquad \forall i \in S_j, \ \forall j \in \{0,1,\cdots N-1\}$

である。

d　流通速度

　さらに集計的貨幣の流通速度を

(13) $\quad v_t = \dfrac{P_t \sum_{S_j=S_0}^{S_{N-1}} \int_{S_j} c_t(i)di}{NM_t} = \dfrac{P_t y_t}{M_t}$

と定義する。

2　家計の最適化行動

　家計 $i \in S_j (\forall j \in \{0,1,\cdots N-1\})$ の t 期における最適化行動を次のような制約条件付き最大化問題として定式化する。

44 第2章 非伝統的金融緩和政策の有効性

(14) $\quad \max_{\{c_t(S_j)\}\{B_t(S_j)\}\{Z_t(S_j)\}\{A_t(S_j)\}\{x_t(S_0)\}} : U_t(S_j) = E_t \sum_{k=t}^{\infty} \beta^{k-t} \dfrac{c_k(S_j)^{1-\rho}}{1-\rho}$

s.t. （ⅰ）$P_k c_k(S_j) + Z_k(S_j) \leq Z_{k-1}(S_{j-1}) + \gamma P_{k-1} y_{k-1} + I(i) P_k x_k$

（ⅱ）$B_k(S_j) + A_k(S_j) + I(i) P_k x_k$

$\qquad \leq (1+r_k) B_{k-1}(S_{j-1}) + A_{k-1}(S_{j-1}) + (1-\gamma) P_{k-1} y_{k-1} - P_k \tau_k$

（ⅲ）$0 \leq M_k(S_j)$

（ⅳ）$0 \leq Z_k(S_j)$

（ⅴ）$0 \leq A_k(S_j)$

given $P_k, P_{k-1}, Z_{k-1}(S_{j-1}), y_{k-1}, r_k, B_{k-1}(S_{j-1}), A_{k-1}(S_{j-1}), \tau_k$

$\forall t \in \{0,1,2,\cdots\}, \forall j \in \{0,1,\cdots N-1\}$,

かくして，これら(14)式に対する最適解のための1階の必要条件は，$\eta_k(S_j), \lambda_k(S_j), \lambda_k^M(S_j), \lambda_k^Z(S_j), \lambda_k^A(S_j)$ を上述各制約式（ⅰ）〜（ⅴ）に対する非負のラグランジュ乗数として動学的ラグランジュ方程式を導き，これに「Kuhn-Tucker 定理」[15] を適用することにより，以下のごとく求められる[16]。

(15) $\quad \partial x_t(S_0) : \eta_t(S_0) - \lambda_t(S_0) = 0$

$\partial c_t(S_j) : c_t(S_j)^{-\rho} - P_t \eta_t(S_j) + P_t \lambda_t^M(S_j) = 0$

$\partial B_t(S_j) : -\lambda_t(S_j) + \beta(1+r_t) E_t \lambda_{t+1}(S_{j+1}) = 0$

$\partial Z_t(S_j) : -\eta_t(S_j) + \lambda_t^Z(S_j) + \lambda_t^M(S_j) + \beta E_t \eta_{t+1}(S_{j+1}) = 0$

$\partial A_t(S_j) : -\lambda_t(S_j) + \lambda_t^A(S_j) + \beta E_t \lambda_{t+1}(S_{j+1}) = 0$

$\lambda_t^M(S_j) M_t(S_j) = \lambda_t^Z(S_j) Z_t(S_j) = \lambda_t^A(S_j) A_t(S_j) = 0$

$E_t \lim_{T \to \infty} \dfrac{B_{T+t-1}(S_j)}{\prod_{k=t}^{T+t}(1+r_k)} = 0$

ここで，均衡利子率を正（$r_t > 0$）と仮定すれば，家計は証券口座に現金がある限り利付債券を毎期購入するので，証券口座の通貨残高はゼロ（i.e. $A_t(S_j)=0$）となる。また，銀行口座におけるキャッシュ・イン・アドバンス制約式の通貨ならびに次期に繰り越される通貨は共に正（i.e. $M_t(S_j)>0$,

---

15) Kuhn/Tucker（1951）.

16) (15)式に加え，さらに非負のラグランジュ乗数 $\eta_k(S_j), \lambda_k(S_j), \lambda_k^M(S_j), \lambda_k^Z(S_j), \lambda_k^A(S_j)$（$\geq 0$）と各制約式との積がゼロとなることが必要である。

$Z_t(S_j) > 0$) と仮定すれば[17]，上述最大化条件式よりラグランジュ乗数 $\lambda_k^M(S_j), \lambda_k^Z(S_j)$ はゼロとなる。かくして，これより，価値保蔵機能を有する通貨の保有から導かれるところの消費オイラー方程式が，家計 $i\,(\in S_j)$ に対して

$$(16) \qquad c_t(S_j)^{-\rho} = E_t \beta \frac{P_t}{P_{t+1}} c_{t+1}(S_j)^{-\rho}$$

なる式で求められる。

3 外生変数

本理論体系の外生変数であるマネーストック増加率 μ_t ならびに財サービス生産量 y_t の遷移式に関しては，その対数値が1階の自己回帰過程（i.e. AR(1)）に従うものと考える。すなわち，

$$(17) \qquad \ln \mu_{t+1} = \alpha^\mu \ln \mu_t + \varepsilon_{t+1}^\mu$$
$$\ln y_{t+1} = \alpha^y \ln y_t + \varepsilon_{t+1}^y$$

但し，$\alpha^\mu, \alpha^y \in (0,1)$
$$\varepsilon_{t+1}^\mu \sim i.i.d. N(0, \sigma_\mu^2), \ \varepsilon_{t+1}^y \sim i.i.d. N(0, \sigma_y^2)$$

$\forall t \in \{0,1,2,\cdots\}$

である。ここで攪乱項 $\varepsilon_{t+1}^\mu, \varepsilon_{t+1}^y$ は，平均が共にゼロ，分散が各々 σ_μ^2, σ_y^2 の正規分布に従うホワイト・ノイズとする。

3　カリブレーション

本節において，前節で展開した理論モデルに対し，経済の定常状態からの近傍乖離に関する対数線形近似式を導く。但し以下で，バー付き変数は定常状態を，ハット付き変数はその定常状態からの対数線形乖離を表す。さらにその上で，カリブレーション[18]を行う。すなわち，まず構造パラメータを設

---

17) 家計の消費をゼロとしないためにも意味ある仮定と言える。但し S_{N-1} に属する家計 i は，次期には S_0 に移動して証券口座から銀行口座への通貨に関する口座振替 $P_t x_t (>0)$ が可能となるため，たとえ消費を正（$c_t(S_0) > 0$）と仮定しても依然として $Z_{t-1}(S_{N-1}) = 0$ となる可能性のあることには留意しておく必要がある。

46　第2章　非伝統的金融緩和政策の有効性

定し，次いでマネーストック・ショックに対する貨幣の流通速度やインフレ率とのインパルス応答を求めることにより，金融政策と主要経済変数との相互依存関係に関する経済の動学過程を理論モデルで再現してみる。

1　対数線形化

a　定常状態

まず，定常状態ではすべての実質変数は不変ゆえ，実質貨幣残高 $m_t \equiv \dfrac{M_t}{P_t}$ に対し，$\pi_t \equiv \dfrac{P_t}{P_{t-1}}$ と置けば，$\dfrac{m_t}{m_{t-1}} = \dfrac{M_t}{M_{t-1}} \dfrac{P_{t-1}}{P_t} = \dfrac{\mu_t}{\pi_t}$ より，内生変数としてのインフレ率と外生変数たるマネーストック増加率との定常状態での関係式

$$(18) \qquad \bar{\pi} = \bar{\mu}$$

を得る。

次に，定常状態でのキャッシュ・イン・アドバンス制約式に関しては，次期に繰り越す銀行口座内の実質残高を $z_t \equiv \dfrac{Z_t}{P_t}$ と置いて

$$(19) \qquad \bar{c}(S_0) + \bar{z}(S_1) = \frac{\bar{z}(S_0) + \gamma \bar{y}}{\bar{\pi}} + \bar{x}$$

$$\bar{c}(S_j) + \bar{z}(S_{j+1}) = \frac{\bar{z}(S_j) + \gamma \bar{y}}{\bar{\pi}} \qquad (j = 1, 2, \cdots N-2)$$

$$\bar{c}(S_{N-1}) + \bar{z}(S_N) = \frac{\bar{z}(S_{N-1}) + \gamma \bar{y}}{\bar{\pi}}$$

が求まる。但し，ここで $\bar{z}(S_0) = \bar{z}(S_N) = 0$ ならびに $\bar{z}(S_j) > 0 \, (j = 1, 2, \cdots N-1)$ である。

さらに，S_0 の家計の定常状態での銀行口座と証券口座の口座間振替 $\bar{x}$ に関しては，上述(19)式を用いれば，$\sum_{S_j=S_0}^{S_{N-1}} \bar{c}(S_j) = N\bar{y}$ を考慮することにより，

$$(20) \qquad \bar{x} = \sum_{S_j=S_1}^{S_{N-1}} \bar{z}(S_j) - \frac{1}{\bar{\pi}} \sum_{S_j=S_1}^{S_{N-1}} \bar{z}(S_j) + N\bar{y} - \frac{\gamma}{\bar{\pi}} N\bar{y}$$

$$= \left(1 - \frac{1}{\bar{\pi}}\right) \sum_{S_j=S_1}^{S_{N-1}} \bar{z}(S_j) + \left(1 - \frac{\gamma}{\bar{\pi}}\right) N\bar{y}$$

---

18)　本カリブレーションの対数線形化ならびにインパルス応答計算の Matlab コードに関しては，Alvarez/Atkeson/Edmond（2008）を参照した。

を得る。

消費オイラー方程式に関しては，定常状態では

$$(21) \qquad \bar{c}(S_j)^{-\rho} = \left(\frac{\beta}{\bar{\pi}}\right) \bar{c}(S_{j+1})^{-\rho} \qquad (j=0,1,\cdots N-2)$$

となる。

かくして，定常状態での未知変数はN個の$\bar{c}(S_j)$，$N-1$個の$\bar{z}(S_j)$，それに1個の$\bar{x}$を加えた計$2N$個となる。他方，方程式は(19)式〜(21)式を合わせて$2N$本から構成される。それゆえ，パラメータ値$\{\bar{\mu},\bar{y},\beta,\gamma,\rho\}$を与えれば，上述定常変数の値がここに一意的に求まる。

b 対数線形近似式

各家計の銀行勘定制約式を足し合わせ，さらに市場の需給均衡条件を考慮すれば，$m_t = \frac{1}{N}\sum_{S_j=S_0}^{S_{N-1}} z_t(S_j) + y_t$ となるゆえ，t期のインフレ率は，

$$(22) \qquad \pi_t = \frac{m_{t-1}}{m_t}\mu_t = \left(\frac{\frac{1}{N}\sum_{S_j=S_0}^{S_{N-1}} z_{t-1}(S_j) + y_{t-1}}{\frac{1}{N}\sum_{S_j=S_0}^{S_{N-1}} z_t(S_j) + y_t}\right)\mu_t$$

なる式で表わされる。かくして，インフレ率の定常状態からの近傍乖離に対する対数線形近似式は，先の定常変数値を用いることにより，

$$(23) \qquad \hat{\pi}_t = \hat{\mu}_t - \frac{1}{N}\sum_{S_j=S_0}^{S_{N-1}} \frac{\bar{z}(S_j)}{\bar{\pi}}\{\hat{z}_t(S_j) - \hat{z}_{t-1}(S_j)\} - \frac{\bar{y}}{\bar{\pi}}(y_t - y_{t-1})$$

なる式によって表わされる。

同様にして，キャッシュ・イン・アドバンス制約式の定常状態からの近傍乖離に対する対数線形近似式は，同じく先の定常変数値を用いることにより，

$$(24) \qquad \bar{c}(S_0)\hat{c}_t(S_0) + \bar{z}(S_1)\hat{z}_t(S_1) = \gamma\frac{\bar{y}}{\bar{\pi}}(\hat{y}_{t-1} - \hat{\pi}_t) + \bar{x}\hat{x}_t$$

$$\bar{c}(S_j)\hat{c}_t(S_j) + \bar{z}(S_{j+1})\hat{z}_t(S_{j+1}) = \frac{\bar{z}(S_j)}{\bar{\pi}}\{\hat{z}_{t-1}(S_j) - \hat{\pi}_t\} + \gamma\frac{\bar{y}}{\bar{\pi}}(\hat{y}_{t-1} - \hat{\pi}_t)$$

$$(j=1,2,\cdots N-2)$$

$$\bar{c}(S_{N-1})\hat{c}_t(S_{N-1}) = \frac{\bar{z}(S_{N-1})}{\bar{\pi}}\{\hat{z}_{t-1}(S_{N-1}) - \hat{\pi}_t\} + \gamma\frac{\bar{y}}{\bar{\pi}}(\hat{y}_{t-1} - \hat{\pi}_t)$$

48　第2章　非伝統的金融緩和政策の有効性

によって求まる[19]。

さらに，S_0 の家計の銀行口座と証券口座の口座間振替に関する近似式は，

$$(25)\quad \bar{x}\hat{x}_t=\left(1-\frac{1}{\bar{\pi}}\right)\sum_{S_j=S_0}^{S_{N-1}}\bar{z}(S_j)\hat{z}_t(S_j)+\frac{1}{\bar{\pi}}\sum_{S_j=S_0}^{S_{N-1}}\bar{z}(S_j)\hat{\pi}_t$$

$$+N\bar{y}\hat{y}_t-\frac{\gamma N\bar{y}}{\bar{\pi}}(\hat{y}_{t-1}-\hat{\pi}_t)$$

となる。

消費オイラー方程式に関しては，同様の手続きにより

$$(26)\quad \rho\hat{c}_t(S_j)=\rho E_t[\hat{c}_{t+1}(S_{j+1})-\hat{\pi}_{t+1}]\quad (j=0,1,\cdots N-2)$$

なる式を導くことができる。

以上から，貨幣の流通速度 v_t の定常状態からの近傍乖離に対する対数線形近似式が以下のごとく定義できる。すなわち，定常状態の実質貨幣残高は $\bar{m}=\frac{1}{N}\sum_{S_j=S_0}^{S_{N-1}}\bar{z}(S_j)+\bar{y}$ であることより，

$$(27)\quad \hat{v}_t=\hat{y}_t-\hat{m}_t$$

$$=\hat{y}_t-\frac{1}{N}\sum_{S_j=S_0}^{S_{N-1}}\frac{\bar{z}(S_j)}{\bar{m}}\hat{z}_t(S_j)-\frac{\bar{y}}{\bar{m}}\hat{y}_t=\left(1-\frac{\bar{y}}{\bar{m}}\right)\hat{y}_t-\frac{1}{N}\sum_{S_j=S_0}^{S_{N-1}}\frac{\bar{z}(S_j)}{\bar{m}}\hat{z}_t(S_j)$$

となる。

最後に外生変数たるマネーストック増加率 μ_t ならびに財サービス生産量 y_t の遷移式に関しては，定常状態では共に $\bar{\mu}_{t+1}=\bar{\mu}_t$, $\bar{y}_{t+1}=\bar{y}_t$ であることから，定常状態からの近傍乖離に対する対数線形近似式として，

$$(28)\quad \hat{\mu}_{t+1}=\alpha^{\mu}\hat{\mu}_t+\varepsilon_{t+1}^{\mu}$$

$$\hat{y}_{t+1}=\alpha^y\hat{y}_t+\varepsilon_{t+1}^{y}$$

$$\text{但し，}\quad \alpha^{\mu},\alpha^y\in(0,1)$$

$$\varepsilon_{t+1}^{\mu}\sim i.i.d.N(0,\sigma_{\mu}^2),\ \varepsilon_{t+1}^{y}\sim i.i.d.N(0,\sigma_y^2)$$

を得る。

---

19)　キャッシュ・イン・アドバンス制約式の遷移式における初期値 $\bar{c}(S_0)\hat{c}_t(S_0)$ に対しては，外生変数である財サービス生産量 y_t を用いて

$$\bar{c}(S_0)\hat{c}_t(S_0)=\frac{1}{N}\sum_{S_j=S_0}^{S_{N-1}}\bar{c}(S_j)\hat{c}_t(S_j)=\bar{y}\hat{y}_t$$

なる関係式によって固定することができる。

2 構造パラメータとインパルス応答

a 構造パラメータの設定

ここで金融政策と主要経済変数との相互依存関係に関する動学過程をカリブレートするために，第1表のような構造パラメータを設定する[20]。

b マネーストック・ショックのインパルス応答

かくして，マネーストック・ショックに対する貨幣の流通速度ならびにインフレ率のインパルス応答を求めると，第5図〜第7図が得られる。

第5図は，ベンチマークとして家計は12ヶ月ごとに1回のサイクルで，証券口座と銀行口座間の口座振替を行うものとした（N=12（ヶ月））。第6図は，家計の取引動機・予備的動機に基づく通貨の需要が強く，証券口座から銀行口座への口座振替の頻度が高まると想定した（N=6（ヶ月））。第7図は，逆に家計の通貨需要は弱く，したがって両口座間の口座振替機会は24ヶ月に1回程度の緩慢なサイクルになると仮定した（N=24（ヶ月））。

c 評価

我々が前節で構築した多期間キャッシュ・イン・アドバンス制約モデルでは，家計は今期の消費支出と次期繰越額に対し，支払いに要するキャッシュ

第1表　構造パラメータ

パラメータ	値	説明
β	0.99	時間的割引率（年率）
ρ	1.25	異時点間の消費代替弾力性の逆数
γ	0.80	名目所得収入のうち銀行口座に預け入れられる比率
$y-shock$	0.01	実質所得（y）ショック（年率）
α^y	0.95	実質所得ショックの自己回帰係数
σ_y	0.013	実質所得ショックの標準偏差
$\mu-shock$	1.01	マネーストック・ショック（年率）
α^μ	0.00	マネーストック・ショックの自己回帰係数
σ_μ	1.00	マネーストック・ショックの標準偏差

---

20) 構造パラメータの設定に際しては，Alvarez/Atkeson/Edmond（2008）（2009）ならびにSudo（2011））を参照した。

50 第2章 非伝統的金融緩和政策の有効性

第5図 マネーストック・ショックのインパルス応答（*N* =12）

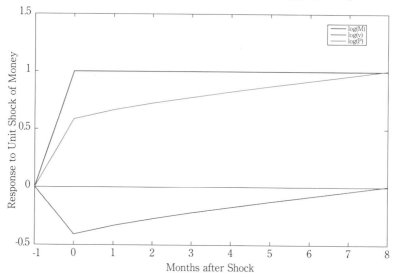

第6図 マネーストック・ショックのインパルス応答（*N* =6）

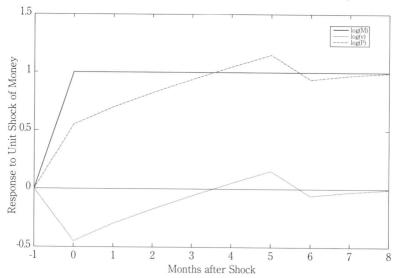

第7図 マネーストック・ショックのインパルス応答（N＝24）

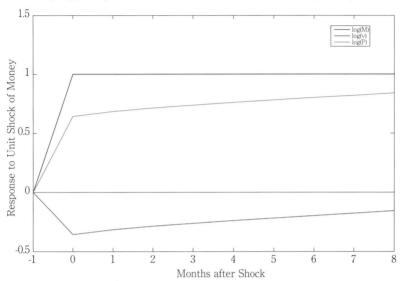

を予め前もって銀行口座に準備するが、それは、前期の所得と前期末までの繰越残高に加え、口座振替費用を前提に一定のサイクルをもって証券口座と銀行口座の残高を調整した金額である。ここで Chiu（2007）ならびに Khan/Thomas（2007）に倣い、分離された銀行口座と証券口座間の口座間振替サイクル・パラメータ N を内生変数として扱う。例えば、現在ならびに将来に亘って好況を予想する家計は、貨幣需要の取引動機・予備的動機に基づき、銀行口座に保有すべき現金残高を増やそうとするから、証券口座へのアクセス頻度は高まることが想定される。したがって、振替サイクル・パラメータ N は小さくなる。他方、不況を予想する家計にとっては現金残高需要は減り、口座振替費用もあって証券口座へアクセスするサイクルは長くなり、したがって N は大きくなることが考えられる[21]。

マネーストック・ショックの流通速度とインフレ率に対する上述のインパルス応答結果を見ると、一般にマネーストックの増加は流通速度へは負の影響を及ぼし、したがってインフレ率への反応は緩慢となることが見て取れ

52　第2章　非伝統的金融緩和政策の有効性

る。但し，好況時は財サービス取引の活発化により手許に用意しておく現金残高が増え，それゆえ貨幣の流通速度は一時的に遅くなるもののその後急速に速まると判断される。経済活動水準は上昇し，加えてインフレ昂進も強まる傾向にある。他方，不況期には通貨需要も弱まり，したがってベンチマーク結果に比して一層貨幣の流通速度は遅く，インフレ昂進もさらに弱まることが窺える。

4　結　び

　本章において，先ず主たる経済活動を担う家計部門と金融財政政策を実施する政府部門とから構成される経済において，財サービス市場と証券市場の二つの分離された市場を前提に，マネーストックの変化に対する貨幣の流通速度やインフレ率との動学的関係を明示的に取り込んだミクロ的基礎を有する理論モデルを構築した。次いでそれら理論モデルに対し，経済の定常状態からの近傍乖離に関する対数線形近似式を導き，さらにそれら近似式を基にカリブレーションを行った。すなわち，構造パラメータを設定したうえでマネーストック・ショックに対する貨幣の流通速度やインフレ率とのインパルス応答を求めることにより，金融政策と主要経済変数との相互依存関係の継起的ないしは逐次的な系列を明確にした。その結果，マネーストックの増加は流通速度へは負の影響を及ぼし，したがってインフレ率への反応は緩慢となり，且つ生産活動も鈍くなることが見て取れる。

　以上の理論的含意は，政策金利をゼロ水準にまで引き下げ，さらに大幅な量的緩和策を実施して潤沢な流動性を市場に供給し続けたにもかかわらず，長期的な景気低迷とデフレ傾向からの脱却に対し捗々しい成果を挙げることができなかった1990年代から2000年代にかけての世界の主要国の事例と整合的である。

---

　21)　Sudo (2011) は，Chiu (2007)，Khan/Thomas (2007) ないしは本章などのごとく，流通速度の変化要因を口座間振替サイクル・パラメータ N に求めるのではなく，例えば N は外生変数として固定しつつ (i.e. 36ヶ月)，むしろ信用収縮などにより信用取引が困難となって通貨を銀行口座に保有する必要性が一層高まることの結果としている。

第3章 デフレ期における日本の金融政策

1 はじめに

1 テイラー・ルール

　近年，各国通貨当局の金融政策は，名目貨幣供給額をコントロールする政策から名目金利水準を政策金利としてオペレーションにより一定水準に誘導する政策に転じてきている。たとえば，米国では連邦準備制度理事会（FRB）がフェデラルファンド・レートを政策金利として金融政策を実行している。また，日本では中央銀行である日本銀行が1990年代半ば以降，コール・レート（無担保・翌日物）を政策金利とし，民間金融機関が日本銀行に開設している当座預金への需給に働きかけることにより（金融調節），一定水準に誘導している[1]。さらに欧州ではユーロ圏の発足以降，欧州中央銀行（ECB）がユーロ短期レポ債券の買いオペ最低応札金利を一定水準に誘導することにより物価安定の維持という政策目的の実現を目指している[2]。

　こうした動きのなかで，J.B. Taylorが1993年の論文[3]で提唱した政策金利の反応式が「テイラー・ルール」としてマクロ経済学で一般化した。すなわち，テイラー・ルールとは名目政策金利がインフレ率とGDPギャップとの"線形関係"で表現されるというものである。ところで，社会的厚生関数，したがって社会的損失関数をインフレ率とGDPギャップの目標値の二乗の加重平均で定式化した場合，通貨当局にとっての最適解はテイラー・ルールによって表現され得ることが一般化する一因であった[4]。こうしたnor-

---

1) 日本銀行ウェブサイト。
2) 欧州中央銀行ウェブサイトならびにマーストリヒト条約 Article 105 (1)。
3) Taylor (1993).

54　第3章　デフレ期における日本の金融政策

mative approach の研究に加え，positive approach の分野における研究結果によってもテイラー・ルールの支持基盤が固まった。すなわち，近年，多くの主要国が名目金利水準を中央銀行の政策変数として採用することとなったが，金融政策分野の実証研究を積み重ねた結果，テイラー・ルール型金融政策反応式の適合度が一定の条件のもとで極めて高いことをしてさらなる一般化を加速させることに繋がった。

2　非伝統的金融政策

　ところで，1990年代以降，日本やその他の主要国は長期的な経済低迷とデフレ現象に陥った。日本経済は1990年代初頭に資産価格バブルが破裂したが，それ以降，長期に亘る深刻な景気低迷に直面した。その間，日本の中央銀行である日本銀行は，景気低迷とデフレーションからの脱出を企図して，政策金利である無担保・翌日物コール・レートを下げ続け，1999年2月にはほぼゼロ水準まで引き下げる「ゼロ金利政策」を採用するに至った。加えて2001年3月には「量的緩和政策」を導入し，2006年3月まで流動性を潤沢に供給し続けた。さらには，政策の時間軸効果を狙ったフォワード・ガイダンスを採用し，人々の将来予想に働き掛けた。かくして，"流動性の罠"のもとでは，日本経済に対して政策金利のコントロールによる伝統的・正統的な金融政策によって有効性を発揮することがもはや不十分となったことから，日本銀行は非正統的ないしは非伝統的な金融政策を採用することとなった。

　日本経済のバブル崩壊後におけるこれら長期経済不況・デフレ現象に加え，2000年代後半になると，米国におけるサブプライム住宅ローンの不良債権化問題に端を発した世界的金融危機・同時不況がさらに深刻さを倍加した。かくして世界の主要中央銀行は，①政策金利の引き下げに加え，②潤沢な資金供給と金融調節手段の整備・強化と多様化，③買入れ対象資産の拡大，④個別金融機関等に対する流動性支援など，非伝統的金融政策を採用し，金融危機・同時不況からの脱出を図った[5]。

---

4)　岡田（2014a）第1章。

3 テイラー・ルールの非線形性

こうした各国のマクロ経済事象は，従来の新古典派マクロ経済理論なかんずく新 *IS-LM* モデルに修正を迫るものであった。すなわち，新 *IS-LM* モデルを構成する動学的 *IS* 曲線式や新ケインジアン・フィリップス曲線式に加え，さらに体系に組み込まれたテイラー・ルール型政策金利反応式は，通常"線形関係"を前提として定式化される。しかしながら，政策金利水準にゼロ下限制約がかかると，同反応式は"非線形式"となるが，これら非線形関係を定式化して論理的整合性を保持するためには理論面・実証面で種々工夫を要することになる。たとえば，①名目金利の非負制約条件式の設定，②時変パラメータの推計，③レジーム・スイッチングの導入，などがその代表的なものである。①では，一般に動学的 *IS* 曲線式や新ケインジアン・フィリップス曲線式などの制約条件式にさらに名目金利の非負条件式を加えて，目的関数である二次形式の社会的損失関数に対して最小化をはかるものである[6]。これら拡張された制約条件付き最小化問題を解くと，名目金利の非負制約が加わった最適金融政策反応関数は，制約無しの反応関数とは異なる形状を示す結果が導かれる。すなわち，金利水準やインフレ率が低くなるほど迅速な金利引下げが必要とされるのであり，換言すれば，金利水準やインフレ率の低下が見込まれたとき，流動性の罠に陥らないよう早くから必要な手立てを講じておく（pre-emptive）ことが政策的に最適（i.e. 社会的厚生が最大）となるというものである。②では，新 *IS-LM* モデルを構成する方程式の各パラメータを時変的・可変的に取り扱ったり，あるいは非線形式そのものによる推計などによってテイラー・ルール式の線形・非線形問題をクリアーしている。すなわち，モデルの推計に関してベクトル自己回帰モデル（VAR）を採用する場合，各パラメータを一次のランダムウォークとしてマルコフ連鎖モンテカルロ法（MCMC）によるベイズ推定法で推計し，変数間

---

5) 2007 年 8 月以降に主要国の中央銀行（BOJ, FED, ECB, BOE, カナダ銀行, スイス国民銀行, リスクバンク）が実施した非伝統的金融政策の詳細に関しては, 日本銀行企画局（2009）を参照。

6) Benhabib et al.（2002），Eggertsson/Woodford（2003），Jung et al.（2005），Kato/Nishiyama（2005）．

の時変的関係変化を許容するところの TVP（time-varying parameter）-VAR を適用する方法[7]や，さらにはカルマン・フィルターの適用によって状態空間モデルを推計するかわりに，自己組織化状態空間モデルに粒子フィルター（モンテカルロ・フィルター）を用いて非線形式を可変パラメータ推計するものなどがある[8]。カルマン・フィルターの最尤推計では状態空間モデル（＝観測・遷移方程式）が線形で且つ攪乱項が正規分布であることを前提とするのに対し，粒子フィルターの推計では非線形式・非正規分布・非定常状態空間モデルであるような関係式を取り扱うことができる。最後に③では，マクロ経済環境の変化とともに，それが金融政策に与える影響を明示的にモデルの推計に取り込む。具体的には，マルコフ推移確率によるレジームの転換に応じて金融政策を規定する一部のパラメータの推計値を変更するものであり（＝マルコフ・スイッチング・モデル），これによりテイラー・ルール式に関する非線形関係の最尤推定量を求める[9]。

4 本章のねらい

本章で日本経済に関する回帰分析を行うにあたって，動学的一般均衡（DSGE）モデルをベースとした新 *IS-LM* モデルに対し，上述③のマルコフ・スイッチング・モデルを適用することによってゼロ金利下限制約下のテイラー・ルール式に関する非線形性を陽表的に取り扱う。それによって，長引く景気低迷とデフレーションからの脱出を企図して非正統的ないしは非伝統的な金融政策が導入された 1990 年代後半から 2000 年代の日本経済の動きを，単に金融市場に限定した部分均衡論的分析ではなく一般均衡論的視点に立って検証する。

---

7) 白塚他（2010），Kimura et al.（2003），Nakajima et al.（2008），Nakajima（2011）.

8) Yano（2009），Yano et al.（2010）.

9) Davig/Doh（2008），ditto/Leeper（2007），Farmer/Zha/Waggoner（2009）（2011），Fujiwara（2006），Liu/Waggoner/Zha（2011）.

2 デフレ期における金融政策

　本節において，次節以降の理論的・計量的分析に先立ち，デフレ期における非伝統的金融政策の実態を概観しておこう。

1 経済低迷・デフレ事象と非正統的金融政策

　1990年代以降，日本やその他の主要国は長期的な経済低迷とデフレ事象に陥った。日本経済は1990年代初頭に資産価格バブルが破裂したが，それ以降，長期に亘る深刻な不況に直面した。その間，日本の中央銀行である日本銀行は，景気低迷とデフレーションからの脱出に対応すべく，政策金利であるコール・レート（＝銀行間無担保・翌日物金利）を下げ続け，1999年2月にはほぼゼロ水準まで引き下げる「ゼロ金利政策」を採用するに至った。加えて2001年3月には「量的緩和政策」を導入し，2006年3月まで潤沢な流動性を供給し続けた。さらには，政策の時間軸効果を狙ったフォワード・ガイダンスを採用し，人々の将来予想に働き掛けた。かくして，“流動性の罠”のもとでは，日本経済に対して政策金利のコントロールによる伝統的・正統的な金融政策によって有効性を発揮することがもはや不十分となったことから，日本銀行は非正統的ないしは非伝統的な金融政策の採用を決めた。

　ここで非正統的・非伝統的金融政策とは，①中央銀行のバランスシート構成を維持しつつ規模を拡大させる「狭義の量的緩和」と，②バランスシートの規模を一定に保ちつつ正統的資産を非正統的資産に組み替えその構成を変える「狭義の信用緩和」から成るとする。そして，「（広義の）量的緩和」とは，経済に及んだショックに対処するため，上述のような中央銀行バランスシートの資産・負債サイド両面を最大限活用する非正統的・非伝統的政策手段のパッケージとしている[10]。また，2000年代前半から半ば過ぎまで日本銀行が採用したこうした一連の金融政策の特色を，白川日本銀行総裁（当時）はつぎのようにまとめている。①インターバンク市場の無担保オーバー

10）　白塚（2010）p.38。

58 第3章 デフレ期における日本の金融政策

ナイト金利（i.e. コール・レート）をほぼゼロ水準まで低下させたこと，②長期国債の買入れ増額など，さまざまなオペレーション手段を用いて潤沢な超過準備を供給したこと，③潤沢な流動性を円滑に供給するため，オペレーションの期間を長期化したこと，④日銀の購入資産には，リスク資産である資産担保証券（ABS）や資産担保コマーシャルペーパー（ABCP）を含むなど，信用緩和（credit easing）にも資する政策を採用したこと，⑤政策の時間軸効果をねらって，ゼロ金利政策や量的緩和政策を継続するというコミットメントを行ったこと，⑥金融システムの安定性を確保するため，金融機関の株式保有に伴う市場リスクを軽減すべく金融機関の保有する株式の買入れまで踏み込んだこと，としている[11]。

　これら非伝統的金融政策は具体的には以下のごとくである[12]。

2　量的緩和政策：日本の事例

　日本銀行は，1999 年 2 月には「ゼロ金利政策」を採用したが，2001 年 3 月に至り，金融市場調節の操作目標を正統的・伝統的なインターバンク市場無担保・翌日物金利（i.e. コール・レート）から日銀当座預金残高に変更した。そして，これら残高目標値に対する所要準備額を 5 兆円程度とした。かくして，日本銀行にとって非正統的・非伝統的な金融政策である「量的緩和政策」が始まった。それまで同準備額は 4 兆円強であったことから，これは25％増ということで極めて大きな金額であると言えよう。その後，経済情勢の悪化に対応して逐次その額は引き上げられ，2004 年 1 月に 30〜35 兆円程度に達して以降，量的緩和政策を終了する 2006 年 3 月までこの水準に据え置かれた。この間，同政策による潤沢な資金供給を反映して，コール・レートは 0.001％ にまで低下し，1999〜2000 年のゼロ金利政策時における0.02〜0.03％ を大きく下回った。加えて，こうした日銀当座預金残高の目標値を円滑に達成するため，日本銀行は，長期国債の購入額を当初の月額 4 千億円から徐々に引き上げ，2002 年 10 月以降はおよそ 3 倍の月額 1 兆 2 千

---

11)　白川（2009）pp.22-23。
12)　以下の説明は鵜飼（2006），翁（2011）第 7 章，白川（2008）第 18 章による。

億円とした。2005 年末時点では，日本銀行は日銀当座預金と銀行券の合計で 117 兆円のベースマネーを負債として計上（＝資金供給）し，一方で長期国債の保有額は 63 兆円にまで増額させた。また，日本銀行はこれら緩和政策に加えて，2002 年 10 月から 2003 年 9 月までの間，金融機関保有の株式買入れを決め，銀行などの株式保有に伴う市場リスク軽減をもって金融システムの安定化を図った。さらには 2003 年 7 月から 2006 年 3 月までの間には，資産担保証券（e.g. ABS，ABCP 等）の買入れを実施した。これは資産担保証券市場の活性化と発展を促し，また金融機関を通じた信用仲介機能を高めることによって金融緩和に関する政策波及プロセスを強化することを目的とした。

　日本銀行は，2003 年 10 月の時点で，上述した資金の市中への潤沢な供給を消費者物価指数（除く生鮮食品）の前年同月比上昇率が安定してゼロ％以上となるまで“継続する”とのコミットメントを表明した。しかるに，2005 年 11 月以降，総務省「消費者物価指数」（全国）の生鮮食品を除く総合の前年同月比がそれまでのマイナスからプラスに転じ，2006 年 3 月初めに明らかとなった 1 月の同指数では前年同月比 0.5％の大幅上昇（季節調整済前月比でも 0.3％の上昇）となった。かくして 2006 年 3 月に至り，日本銀行は，消費者物価は先行きプラス基調が定着していくと見て，量的緩和政策に係わるコミットメントの条件が満たされたとの景気判断を下した。それゆえ，日本銀行はここで 5 年にわたる同政策を解除し，金融政策の操作目標をコール・レートに切り替えて同レートが概ねゼロ水準で推移するように経済を誘導することとした。

3　量的緩和政策：他主要国の事例

　上述した日本の事例に加え，米国のサブプライム住宅ローン破綻に端を発した今般のグローバルな金融危機に直面し，世界の主要中央銀行もさまざまな政策に取り組んだ。たとえば，米国連邦準備制度，欧州中央銀行，イングランド銀行，カナダ銀行，スイス国民銀行，スウェーデン・リクスバンクなどの政策対応を見ると以下のごとくである[13]。

60　第3章　デフレ期における日本の金融政策

a　政策金利の引き下げ

　いずれの中央銀行も政策金利を1%以下の低水準まで引き下げ，実体経済における深刻な不況からの脱出を図ろうとした。加えて，いくつかの中央銀行では，"時間軸効果"をねらって，ターム物金利など長めの金利を低位安定化させるべく政策金利の先行きに関する低水準維持というコミットメントを表明した。

b　潤沢な資金供給と金融調節手段の整備・拡充

　各中央銀行は，さまざまな手段を行使して短期金融市場に対し潤沢な資金供給を行い，もって市場の安定化を企図した。たとえば，①資金供給手段の拡充（e.g. オペの頻度・規模の引き上げ，オペ期間の長期化，適格担保・取引相手方の拡大等），②新たな資金吸収手段の導入（e.g. 中央銀行による債務証書の発行等），③スタンディング・ファシリティの整備（e.g. 貸出ファシリティの貸出期間延長，超過準備に対する付利制度導入等）などの金融調節手段が講じられた。

c　買入れ対象資産の拡大

　中央銀行による金融調節の買入れ対象資産は，従来は主として短期国債など短期かつ安全度の高い金融資産に限られてきた。これに対し，今般の局面では，多くの中央銀行が従来の範囲を越えて買入れ対象資産を拡大した。たとえば，①信用市場の機能を活性化あるいは補完するため，CP・社債等の民間債務を買入れる，②幅広い金融資産の価格に影響を与えるためやあるいは通貨供給量の増加を図るために，国債ないしはエージェンシー債などの長期債券を買入れる，③金融機関を通じた信用仲介機能を維持・強化するために，金融機関から保有株式等の金融資産を買入れる，などである。

d　個別金融機関等に対する流動性支援

　いくつかの中央銀行は，システミック・リスクを回避し金融システムの安

---

　13)　以下の説明は日本銀行企画局（2009）による。

定維持を図るため，「最後の貸し手」として個別金融機関等への流動性支援を実施した。このうち，たとえば米国においては，預金取扱金融機関（depository institutions）以外にも流動性支援の措置がとられるなどした。

3 量的緩和政策の効果

しかしながら，金融機能不全に陥った各国経済において，とりわけ非伝統的金融政策が先行した日本の事例に関し，これら量的緩和政策がマクロ経済変数に与えた効果を検証すると，概ね限定的なものでしかなかったという評価が一般的である[14]。たとえば，鵜飼はこうした政策効果の実証分析に関する諸論文のサーベイ結果を以下のa〜dのごとく纏めている[15]。

a 時間軸効果

量的緩和政策継続のコミットメントによってゼロ金利が将来にわたって継続されるという予想が短中期のイールド・カーブを押し下げる効果（＝時間軸効果）は，多くの分析で明確に計測された。

b ポートフォリオ・リバランス効果

日銀当座預金供給量の増加による日本銀行のバランスシート拡大や，長期国債オペ増額による日本銀行の資産構成の変化の効果に関し見てみると，ポートフォリオ・リバランスがマネタリーベースと不完全代替の関係にある金融資産の利回りのうちプレミアム部分を縮小させる効果については，結果がわかれており，また効果があったとする分析結果でもコミットメントの効果に比べれば小さな効果となった。一方，将来の短期金利経路に関する民間予想への影響（＝シグナル効果）については一部検出された。

---

14) 鵜飼（2006），鎌田/須合（2006），堀内（2004），Baba et al.（2005），Ito/Mishkin（2006），Kimura et al.（2003），Okina/Shiratuka（2004）。一方で，株式を含めた多数資産モデルのVAR分析では一定の効果が確認されたとする分析結果もある（本多他（2010））。

15) 鵜飼（2006）。

62　第3章　デフレ期における日本の金融政策

c　金融環境の緩和効果

　量的緩和政策は，総じて緩和的な金融環境を作り出したとの評価が多い。すなわち，量的緩和政策によって，不良債権問題を抱えた金融機関が市場から調達する資金にかかるプレミアムについて，格付け格差をほとんど反映しないところまで縮小したことが確認された。このことは，量的緩和政策が，金融機関の資金繰り不安を回避することによって金融市場の安定化や緩和的な金融環境を創出する効果を発揮したと解釈し得る。

d　総需要・物価への押し上げ効果

　総需要・物価への押し上げ効果については，ゼロ金利下限制約下でのマネタリーベース増大がもたらす効果に限定すると，検出されないか，あってもゼロ金利制約のない時期に比べて小さいとの結果であった。一方，量的緩和政策の効果を広く捉えると，総じて無担保コール・レート・オーバーナイト物を単にゼロ％にする以上の金融緩和が実現したことが示されているが，それにもかかわらず，総需要や物価を押し上げる効果は限定的との結果が多い。その理由として，ゼロ金利下限制約以外にも，バブル崩壊以降，資産価格の大幅な下落によって企業および金融機関のバランスシートが毀損した結果，金融緩和に対する企業や金融機関の反応が著しく鈍化したことが指摘される。

3　基本モデル

　本節において，動学的一般均衡（DSGE）モデルのプロトタイプを基に，金融政策の評価を可能とするひとつのマクロ経済学的枠組みを構築する[16]。

　我々の想定するマクロ経済は，家計，企業，政府・通貨当局の3部門から構成されるものと考える。また，財サービス市場は独占的競争下にあり，他方，労働市場，債券市場は完全競争市場と仮定する。

---

16)　本章理論モデルに関しては，岡田（2014a）第1章参照。

1 家 計

a 選 好

各家計 ($\forall i \in [0,1]$) は，$\forall t \in \{0,1,2,\cdots\}$ に対して次のような同形的効用関数を持つものとする。

$$(1) \qquad U_t(i) = E_t[\sum_{s=t}^{\infty} \beta^{s-t}(\frac{C_s(i)^{1-\rho}}{1-\rho} - \frac{L_s(i)^{1+\nu}}{1+\nu})]$$

ただし　$\beta \, (\in (0,1))$：家計の主観的割引率

$\rho \, (>0), \ \nu \, (>0)$：定数

$E[\,\cdot\,]$：期待値オペレータ

ここで ρ は異時点間の消費代替弾力性の逆数，すなわち，財サービス消費の相対的危険回避度を表し，ν は同様に異時点間労働供給の代替弾力性の逆数を表す。

つぎに家計 i の財サービス消費指標 $C(i)$ を，

$$(2) \qquad C_t(i) = \left[\int_0^1 C_t(i,j)^{\frac{\theta-1}{\theta}} dj\right]^{\frac{\theta}{\theta-1}}$$

で定義する。ただし $C(i,j)$ は家計 i の財サービス j の消費量を，また $\theta \, (>1)$ は財サービス需要の価格に対する代替弾力性を表す。したがって(2)式に対応した価格指標 P は，

$$(3) \qquad P_t = \left[\int_0^1 P_t(j)^{1-\theta} dj\right]^{\frac{1}{1-\theta}}$$

で定義される。ただし，財サービス j の価格 $P(j)$ は後に第2項で見るごとく，独占的競争下にある各企業の利潤最大化行動から決まってくる。さらに $L(i)$ は家計 i の労働供給量を表す。

b 予算制約式

家計 i の t 期における予算制約式を，

$$(4) \qquad P_t C_t(i) + B_t(i) \leq W_t L_t(i) + \Phi_t(i) + (1+r_{t-1})B_{t-1}(i)$$

で表す。ここで $B(i)$ は財サービス価格 P をニューメレールにとった家計 i の保有する名目債券，W は名目賃金率，$L(i)$ は家計 i が企業に提供する労働量，$\Phi(i)$ は企業から家計 i に支払われる名目配当金，r は債券ストックの

64 第3章 デフレ期における日本の金融政策

名目利子率である。

c 主体的均衡

　各家計は，財サービス価格，名目賃金率，名目配当金，債券利子率，債券ストック（1期前）が所与の時，予算制約式の下で期待効用を最大とするように，今期の消費需要量，労働供給量，債券ストックをそれぞれ決めるものとする。したがって，家計 i の最適化行動は，

$$(5) \quad \max_{\{B_t\}\{C_t\}\{L_t\}} : U_t(i) = E_t[\sum_{s=t}^{\infty} \beta^{s-t}(\frac{C_s(i)^{1-\rho}}{1-\rho} - \frac{L_s(i)^{1+\nu}}{1+\nu})]$$

$$\text{s.t.} \quad C_s(i) + \frac{B_s(i)}{P_s} \leq \frac{W_s}{P_s} L_s(i) + \frac{\Phi_s(i)}{P_s} + (1+r_{s-1}) \frac{P_{s-1}}{P_s} \frac{B_{s-1}(i)}{P_{s-1}}$$

$$\text{given } P_s, W_s, \Phi_s(i), r_{s-1}, B_{s-1}(i)$$

なる制約条件付き最大化問題を解くことで得られる。(5)式に関して1階の必要条件を求めると，以下のような t 期における各家計の主体的均衡条件を得る[17]。

$$(6) \quad C_t(i)^{-\rho} = \beta E_t\Big[(1+r_t)\frac{p_t}{p_{t+1}}C_{t+1}(i)^{-\rho}\Big] \qquad \cdots 消費オイラー方程式$$

$$(7) \quad C_t(i)^{\rho} = \frac{W_t}{P_t}L_t(i)^{-\nu} \qquad \cdots 消費・余暇トレードオフ条件式$$

$$(8) \quad E_t\Big[\lim_{T \to \infty} \frac{B_{T+t-1}(i)}{\prod_{s=t}^{T+t}(1+r_{s-1})}\Big] = 0 \qquad \cdots \text{no-Ponzi-game 条件式}$$

である。

d 個別財需要

　つぎに家計 i は，個別財サービス（i.e. $\forall j \in [0,1]$）ごとの消費需要を，個別財サービス価格 $P_t(j)$ が所与のとき，名目総支出額一定の下でそれら個別財サービス消費の総実質量を最大にするようにそれぞれ決めるものとするも

---

17)　岡田（2011b）。(6)～(8)式に加え，さらに非負のラグランジュ乗数と制約式との積がゼロとなることが必要である。

のとすれば，$I(i)$ を家計 i の財サービスに対する一定の名目総支出額として，

$$(9) \qquad \max_{(C(i,j))} : C_t(i) = \left[\int_0^1 C_t(i,j)^{\frac{\theta-1}{\theta}} dj \right]^{\frac{\theta}{\theta-1}}$$

$$\text{s.t.} \int_0^1 P_t(j) C_t(i,j) dj \leq I_t(i)$$
$$\text{given} \quad P_t(j), I_t(i)$$

を解くことで得られる。すなわち，

$$(10) \qquad C_t(i,j) = \left(\frac{P_t(j)}{P_t} \right)^{-\theta} C_t(i)$$

となる[18]。

2 企 業

a 生産技術

各企業は，固定的生産要素である資本ストック K の投入を一定とし，さらに可変的生産要素である労働 L を投入して差別化された1種類の財サービス $z (\in [0,1] \subset R^1)$ を生産する[19]。各企業の生産技術構造はすべて同形的であるとする。したがって，企業 j の t 期における個別生産関数 F^j は，α（>0, 定数）を技術水準（i.e. 全要素生産性）とすれば，$\forall j \in [0,1]$，$\forall t \in \{0,1,2,\cdots\}$ に対して，

$$(11) \qquad Y_t(j) = F^j(a, K, L_t) = \alpha L_t(j)$$

で表せる。

b 最適化行動

独占的競争の状況下では，各企業はプライス・メーカーとして差別化された自社の財サービスに対して自ら価格を設定し得る。ただし，各企業にとっては価格の調整機会は限定的であり，したがってカルボ型粘着価格モデル[20]に従うものと仮定する。すなわち，企業 j が任意の時点で価格を変更し得る

---

18) ibid.

19) ここでは便宜的に $z \equiv j \in [0,1]$ としておく。

20) Calvo (1983).

確率を $1-\omega_P(\in(0,1))$ ）する。ところで，当該経済では企業数は十分に大きいと仮定していたので，このことは，毎期一定割合（i.e. $1-\omega_P$）の企業だけ価格改定の機会が与えられることと同義である（i.e. 大数の法則）。

かくして，企業 j の t 期における最適化行動様式は以下のように定式化できる。

(12)　　$\max_{\{P_t(j)\}} : \tilde{\Phi}_t(j) = E_t\sum_{s=0}^{\infty} \beta_{t+s}\omega_P^s\left[\left(\frac{P_t(j)}{P_{t+s}}\right)Y_{t+s}(j) - MC_{t+s}(j)Y_{t+s}(j)\right]$

　　　　s.t. $P_{t+s}(j) = P_t(j)$

　　　　　　$Y_{t+s}(j) = \alpha L_{t+s}(j)$

　　　　　　$Y_{t+s}(j) = \left(\frac{P_{t+s}(j)}{P_{t+s}}\right)^{-\theta} Y_{t+s}$

　　　　　　$MC_{t+s}(j) = \dfrac{W_{t+s}}{\alpha P_{t+s}}$

　　　　given $W_{t+s}, P_{t+s}, Y_{t+s}$ $(s=0,1,2\cdots)$

ただし β_{t+s} は企業の最終所有者たる家計の限界効用で評価された企業 j の主観的割引率であり，$\beta_{t+s} = \beta^s\dfrac{\lambda_{t+s}(j)}{\lambda_t(j)}$ $(\beta\in(0,1))$ で定義される。また，$MC_t(j)$ は企業 j の t 期における実質限界費用を表す。

したがって，各制約条件式を主方程式に代入し，設定価格 $P_t(j)$ で偏微分してこれら制約条件つき最大化問題を解くと，次のような企業 j の最適化行動に関する1階の必要条件が導かれる[21]。

(13)　　$E_t[\sum_{s=0}^{\infty} \beta_{t+s}(\omega_P)^s Y_{t+s}\left[\frac{P_t(j)}{P_{t+s}} - \frac{\theta}{\theta-1}\frac{W_{t+s}}{\alpha P_{t+s}}\right]] = 0$　　　　…価格設定式

このことから，企業 j の価格設定に関する主体的均衡条件，すなわち，最適価格が限界費用の将来の流列に一定のマークアップ率 $\dfrac{\theta}{\theta-1}$ を乗じたものと等しくなるという関係式が得られる。

(14)　　$\dfrac{P_t(j)}{P_t} = \dfrac{\theta}{\theta-1}E_t[\sum_{s=0}^{\infty} f_{t+s}\frac{W_{t+s}}{\alpha P_{t+s}}]$

---

21)　岡田（2011b）。

$$\text{ただし} \quad f_{t+s} \equiv \frac{\beta_{t+s}\omega_P^s\left(\dfrac{P_t}{P_{t+s}}\right)^{-\theta}Y_{t+s}}{E_t\sum_{s=0}^{\infty}\beta_{t+s}\omega_P^s\left(\dfrac{P_t}{P_{t+s}}\right)^{1-\theta}Y_{t+s}}$$

この(14)式の右辺は各企業jにとって同一であるから，これより企業全般の集計的価格遷移式

$$(15) \qquad P_t = [(1-\omega_P)X_{Pt}^{1-\theta} + \omega_P P_{t-1}^{1-\theta}]^{\frac{1}{1-\theta}}$$

が求まる。ただしX_{Pt}はt期に価格改定の機会を得た企業群の設定する最適価格水準である。

3 市　場

a 債券市場・労働市場

各家計における実質債券の受取りと支払いは符号が逆で絶対値が等しくなるから，債券ストックの純供給をゼロと仮定すれば，債券市場は完全競争を仮定しているので，模索過程における利子率のシグナル機能により，

$$(16) \qquad \int_0^1\left(\frac{B_t(i)}{P_t}\right)di = 0,$$

となる。また，労働市場も完全競争的なので，模索過程で家計の労働供給量と企業の労働需要量とを賃金率が有効に調整することにより，$\exists W_t/P_t \in (0,\infty)$に対し，

$$(17) \qquad L_t^D = L_t^S$$

となる。

b 財サービス市場

財サービス市場は独占的競争市場なので，個別企業の財サービス需要に関する価格の代替弾力性$\theta(>0)$を加味して，集計的需給均衡式は，

$$(18) \qquad C_t \equiv \int_0^1 C_t(i)di = \left[\int_0^1 Y_t(j)^{\frac{\theta-1}{\theta}}dj\right]^{\frac{\theta}{\theta-1}} \equiv Y_t$$

となる。

68　第3章　デフレ期における日本の金融政策

4　新 *IS-LM* 体系

a　動学的 *IS* 曲線

　家計 $i(\in[0,1])$ の t 期における主体的均衡条件式である(6)式の消費オイラー方程式を対数表示し，さらに財サービス市場の集計的需給均衡式より $Y=C$ であることから

$$(19)\qquad \hat{y}_t=E_t[\hat{y}_{t+1}]-\frac{1}{\rho}(\hat{r}_t-E_t[\hat{\pi}_{t+1}])$$

が導ける。ただし，$\dfrac{P_{t+1}}{P_t}=1+\pi_{t+1}$ と置いて，テイラー展開により $\ln(1+\pi_{t+1})\approx\pi_{t+1}$ と近似する。また，アルファベット小文字は大文字変数の自然対数変換表示とし（ただし利子率 r とインフレ率 π を除く），さらに＾付き変数は，定常均衡解からの近傍乖離の対数線形近似式を表す（以下同様）[22]。

　この(19)式は，実質利子率（＝名目利子率－予想インフレ率）を含むところの財サービス市場の均衡条件式すなわち動学的 *IS* 曲線となっている。

b　新ケインジアン・フィリップス曲線

　先の(13)式(14)式を用いれば，本書第4章補論より，インフレ率に対する定常状態からの対数線形乖離が，

$$(20)\qquad \hat{\pi}_t=\beta E_t[\hat{\pi}_{t+1}]+\frac{(1-\beta\omega_P)(1-\omega_P)}{\omega_P}\hat{w}_t$$

で表せる。ただし $\hat{w}$ は実質賃金率 $w\equiv\dfrac{W}{P}$ の定常均衡解からの近傍乖離に対する対数線形近似である。

　ところで，各家計の労働供給関数として(7)式の消費・余暇トレードオフ条件式をとり，他方，各企業の労働需要関数として(11)式の生産関数の逆関数をとり，さらに各経済主体の同質性を基に経済全体の集計値を求めて労働市場ならびに財サービス市場の需給均衡を考慮すれば，

---

22)　ただし，利子率 r とインフレ率 π は定常状態からの近傍乖離の線形近似式を表す（以下同様）。

$$(21) \qquad \widehat{w}_t = (\rho + \nu)\widehat{y}_t$$

なる定常均衡解の近傍での対数線形近似式が求まる。したがって、これを(20)式に代入すれば、(20)式はさらに

$$(22) \qquad \widehat{\pi}_t = \beta E_t[\widehat{\pi}_{t+1}] + \kappa \widehat{y}_t$$

$$\text{ただし、} \quad \kappa \equiv \frac{(1 - \beta\omega_P)(1 - \omega_P)(\rho + \nu)}{\omega_P}$$

と書くことができる。

c　金融政策ルール

通貨当局の政策目標は、金利を主要政策変数としつつ社会的厚生関数の最大化（または社会的損失関数の最小化）を図るものとする。

ここで社会的損失関数を、

$$(23) \qquad \Lambda_t(\widehat{y}, \widehat{\pi}, \widehat{r}) = E_t\Big[\sum_{s=0}^{\infty} \beta^s \frac{1}{2}\{\widehat{y}_{t+s}^2 + \sigma(\widehat{\pi}_{t+s} - \widetilde{\pi}_{t+s})^2\}\Big], \qquad \forall t \in \{0,1,2,\cdots\}$$

と定義し、その最小化をもって政策目標と考える。すなわち、実質GDPギャップ（$\widehat{y}$）とインフレ率（$\widehat{\pi}$）の目標値（$\widetilde{\pi}$）からの乖離の二乗和を将来に亘って最小とするものである[23]。ただし $\beta\,(\in(0,1))$ は通貨当局の時間的割引率であり、また σ は政策目標に対する相対的重要度を意味する。さらに物価水準 P を $\widetilde{P}_t = \widetilde{P}_{t-1} = 1$ となるように基準化すれば、$\widetilde{\pi}_t = \ln\left(\dfrac{\widetilde{P}_t}{\widetilde{P}_{t-1}}\right) = 0$ となる。したがって、通貨当局の t 期における最適政策は、先の動学的 IS 曲線式ならびに新ケインジアン・フィリップス曲線式を考慮することにより、

$$(24) \qquad \min_{\{\widehat{y}\}\{\widehat{\pi}\}\{\widehat{r}\}} : V_t(\widehat{y}, \widehat{\pi}, \widehat{r})$$

$$V_t(\widehat{y}, \widehat{\pi}, \widehat{r}) = E_t\Big[\sum_{s=0}^{\infty} \beta^s \frac{1}{2}(\widehat{y}_{t+s}^2 + \sigma\widehat{\pi}_{t+s}^2)\Big]$$

$$\text{s.t.} \quad \widehat{y}_t \leq E_t[\widehat{y}_{t+1}] - a(\widehat{r}_t - E_t[\widehat{\pi}_{t+1}])$$

$$\widehat{\pi}_t \leq \beta E_t[\widehat{\pi}_{t+1}] + b\widehat{y}_t$$

$$\forall t \in \{0,1,2,\cdots\}$$

---

23)　多くの中央銀行は、「物価の安定」を維持しつつ「経済発展の促進」をはかることをもってその第一義的使命としている（主要国中央銀行ウェブサイト）。

70 第3章 デフレ期における日本の金融政策

なる制約条件付最小化問題を解くことで記述できる。ただし制約条件式の各係数 a, b は正の定数とする。

上述制約条件式のうち，動学的 IS 曲線式のラグランジュ乗数を μ とし，また NKP 曲線式のラグランジュ乗数を λ として動学的ラグランジュ関数 L を，

$$(25)\quad L_t(\hat{y}, \hat{\pi}, \hat{r}, \mu, \lambda)$$
$$= E_t[\textstyle\sum_{s=0}^{\infty} \beta^s [\tfrac{1}{2}(\hat{y}_{t+s}^2 + \sigma \hat{\pi}_{t+s}^2) + \mu_{t+s}\{\hat{y}_{t+s} - (\hat{y}_{t+s+1} - a(\hat{r}_{t+s} - \hat{\pi}_{t+s+1}))\}$$
$$+ \lambda_{t+s}\{\hat{\pi}_{t+s} - (\beta \hat{\pi}_{t+s+1} + b\hat{y}_{t+s})\}]]$$

と定義する。これに「Kuhn-Tucker 定理」[24] を適用すれば，1 階の最小値条件の 1 つは $aE_t[\mu_{t+s}]=0$ となるが，これは $a \neq 0$ より $E_t[\mu_{t+s}]=0$ となる。すなわち，動学的 IS 曲線は実際上は制約していないことになる。かくして，目的関数 V が最小となるための必要条件として，

$$(26)\quad E_0[\hat{y}_t] + bE_0[\lambda_t] = 0 \qquad t=\{0,1,2,\cdots\} \qquad\qquad \cdots(\text{i})$$

$$\sigma E_0[\hat{\pi}_t] - E_0[\lambda_t] + E_0[\lambda_{t-1}] = 0 \quad t=\{1,2,\cdots\} \qquad \cdots(\text{ii})$$

$$\sigma \hat{\pi}_0 - \lambda_0 = 0 \qquad\qquad\qquad\qquad\qquad\qquad \cdots(\text{iii})$$

$$E_0[\hat{\pi}_t] = \beta E_0[\hat{\pi}_{t+1}] + bE_0[\hat{y}_t] \quad t=\{0,1,2,\cdots\} \qquad \cdots(\text{iv})$$

を得る[25]。これより（i）式を用いてラグランジュ乗数を消去すれば，(26)式はさらに

$$(27)\quad \sigma \hat{\pi}_t + \frac{1}{b}(\hat{y}_t - \hat{y}_{t-1}) = 0 \qquad\qquad\qquad\qquad \cdots(\text{ii})$$

$$\sigma \hat{\pi}_t + \frac{1}{b}\hat{y}_t = 0 \qquad\qquad\qquad\qquad\qquad \cdots(\text{iii})$$

と書ける。それゆえ，この(27)式が社会的厚生を最大（⇔ 社会的損失を最小）とするような金融政策を担保する条件式となっている。これにより，社会的厚生を最大にするという意味で「最適」な金融政策反応式が導ける（本章補論 2 参照）。

---

24) Kuhn/Tucker (1951).

25) 岡田 (2011b)。

d 新 *IS−LM* 体系

かくして，上述各式をまとめれば，財サービス市場が独占的競争関係にある個別経済主体の将来予想を含む最適化行動に基づいた動学的マクロ経済体系に関し，金融政策も含めて新 *IS−LM* 体系として以下のような3本の動学方程式によって描くことができる[26]。

(28) $\hat{y}_t = E_t[\hat{y}_{t+1}] - \dfrac{1}{\rho}(\hat{r}_t - E_t[\hat{\pi}_{t+1}])$ ……動学的 IS 曲線式

$\hat{\pi}_t = \beta E_t[\hat{\pi}_{t+1}] + \kappa \hat{y}_t$ ……新ケインジアン・フィリップス曲線式

ただし $\kappa \equiv \dfrac{(1-\beta\omega_P)(1-\omega_P)(\rho+\nu)}{\omega_P}$

$\hat{r}_t = \zeta_1 \hat{y}_t + \zeta_2 \hat{\pi}_t$ ……テイラー・ルール型最適金融政策反応式[27]

$\forall t \in \{0,1,2,\cdots\}$

したがって，これら3本の式から，主要経済変数である今期の実質 GDP ギャップ $(\hat{y})$，インフレ率 $(\hat{\pi})$ ならびに名目利子率 $(\hat{r})$ の3変数が一意的に定まることになる[28]。

4 マルコフ・スイッチング回帰式

1 レジーム・スイッチング

a 回帰式

我々は日本の金融政策を検討する統計式として，上述した新 *IS−LM* 体系に基づき，次のようなテイラー・ルール型の対数線形式を考える。

(29) $\hat{r}_t = \beta_0 + \beta_1 \hat{r}_{t-1} + \beta_2 \hat{\pi}_t + \beta_3 \hat{y}_t + \eta_t$

$\eta_t \sim N(0, \sigma_t^2)$

$\forall t \in \{0,1,2,\cdots T\}$

ただし，$\hat{r}_t$ は政策金利であり，$\hat{\pi}_t$ はインフレ率を表す。また，$\hat{y}_t$ は需給ギ

---

26) 岡田（2011b）。

27) テイラー・ルール型「最適」金融政策反応式の係数 ζ_1, ζ_2 の求め方に関しては，本章補論2を参照。

28) これら3変数は，利子率 $\hat{r}$ を除きいずれも定常均衡解からの近傍乖離の対数線形近似値である。ただし，$\hat{r}$ は単に線形近似式である。

ャップを，η_t は正規分布に従う攪乱項をそれぞれ示す。

ところで，こうしたテイラー・ルール型の金利政策反応式に対し，各パラメータ β_i（$i=0,1,2,3$）はさまざまな経済与件の変化に応じて影響を受けるであろう。とりわけ先に見たごとく，デフレ期とそれ以外の期とでは日本の通貨当局・中央銀行による政策対応は大きく異なった。そこで，経済与件の変化に対し，これをマルコフ連鎖遷移確率に基づくレジーム・スイッチング確率過程によって定義し，(29)式に明示的に導入することでいわゆるマルコフ・スイッチング回帰式[29]に拡張する。

まず，レジームの数を $m=2$ とし，例えばレジームの状態 1 をデフレ期に，状態 2 をインフレ期とする。状態 i の前期レジームから状態 j の今期レジームに移行する確率を $p_{ij}(t)$ とすれば，マルコフ連鎖遷移確率行列は

$$(30) \qquad p(t)=\begin{bmatrix} p_{11}(t) & p_{12}(t) \\ p_{21}(t) & p_{11}(t) \end{bmatrix}$$

$$p_{ij}(t)=P(s_t=j|s_{t-1}=i), \quad \sum_{j=1}^{2} p_{ij}=1$$

$$\forall\, i,j\in\{1,2\},$$

で表せる。

つぎに，レジーム m（$\in\{1,2\}$）に依存する説明変数ベクトル $X_t=\begin{pmatrix} 1 \\ \pi_t \end{pmatrix}$ ならびにレジーム m には依存しない説明変数ベクトル $Z_t=\begin{pmatrix} r_{t-1} \\ \widehat{y}_t \end{pmatrix}$ が与えられたとき，被説明変数 r_t のレジーム m における条件付平均値 $\mu(m)$ は，

$$(31) \qquad \mu(m)=X'_t\beta_m+Z'_t\tilde{\beta}$$

$$\text{ただし，} \beta_m,\tilde{\beta} \text{は係数ベクトル}$$

によって与えられる。ここで係数ベクトル $\beta_m=\begin{pmatrix} \beta_{m0} \\ \beta_{m2} \end{pmatrix}$ の値はレジーム m に依存し，他方，係数ベクトル $\tilde{\beta}=\begin{pmatrix} \beta_1 \\ \beta_3 \end{pmatrix}$ はレジーム m に依存しない一定値をとるものとする。さらに，回帰式の攪乱項を，

―――――――――――――

29）　本章補論 1 参照。

$$(32) \qquad \sigma(m)\varepsilon_t = y_t - \mu_t(m)$$

$$\varepsilon_t \sim i.i.d.N(0,1)$$

と仮定する。攪乱項に対する正規分布の標準偏差 σ は，それゆえレジーム m に依存しつつ $\sigma(m)=\sigma_m$ によって求められる。

さらにマルコフ連鎖遷移確率行列の各要素を

$$(33) \qquad p_{ij}(G_{t-1},\delta_t) = \frac{\exp(G'_{t-1}\delta_{ij})}{\sum_{k=1}^{2}\exp(G'_{t-1}\delta_{ik})} \qquad \forall\, i,j \in \{1,2\}$$

によって求める。ここで，G_{t-1} は $t-1$ 期に観測可能な外生変数ベクトルであり，レジーム m への移行を確率的に決めるものである。本計算では，日本の通貨当局・中央銀行によるデフレ期とインフレ期との政策対応の差異を検証するために物価上昇率を採用する。また係数 δ_{ij} はレジーム確率を決めるパラメータであり，上述(33)式から計算される。

かくして，一定の観測値が与えられたときの t 期における尤度関数は，1期前のレジーム・スイッチング確率 P によってウエイト付けられた次の式で表され得る。

$$(34) \qquad L_t(\beta,\tilde{\beta},\sigma,\delta) = \sum_{m=1}^{2} \frac{1}{\sqrt{2\pi}\,\sigma_m} \exp\left\{-\frac{(y_t-\mu_t(m))^2}{2(\sigma(m))^2}\right\} P(s_t=m|\Omega_{t-1},\delta)$$

$$\forall\, t \in \{1,2,\cdots T\}$$

ここで，Ω_{t-1} は $t-1$ 期に利用可能な情報集合である。(34)式をさらに全期間に亘り対数形式で表示すれば，

$$(35) \qquad l(\beta,\tilde{\beta},\sigma,\delta) = -\frac{T}{2}\log 2\pi - \frac{T}{2}\log \sigma_m^2$$

$$-\sum_{t=1}^{T}\left[\sum_{m=1}^{2}\left\{\frac{(y_t-\mu_t(m))^2}{2(\sigma(m))^2}\right\}P(s_t=m|\Omega_{t-1},\delta)\right]$$

なる対数尤度関数が導けるから，レジーム・スイッチング確率の初期値 $P(s_0=m|\Omega_0)$ を予め設定し，尤度関数を1期ずつ繰り上げて $(\beta,\tilde{\beta},\sigma,\delta)$ に対して逐次最大化をはかれば，各レジームに対する単一線形回帰式の最尤推定量を求めることができる。

74　第 3 章　デフレ期における日本の金融政策

b　データと単位根検定

　テイラー・ルール型マルコフ・スイッチング回帰式の各変数に対して，以下のような日本経済の四半期時系列データ（IMF（2013），*International Financial Statistics*，CD-ROM，October 2013）を採用する。

　$\hat{r}$：コール・レート

　$\hat{\pi}$：消費者物価前期比増減率

　$\hat{y}$：実質 GDP ギャップ

　これら統計データの標本期間は，日本銀行が 1996 年にそれまでの公定歩合操作からインターバンク無担保・翌日物金利（コール・レート）を一定の水準に誘導することをもって金融政策の操作目標に変えたことに鑑みて，1996 年第 1 四半期より最近時点（i.e. 2013 年第 2 四半期）までとする。コール・レートを除く 2 変数時系列統計データについては，原系列数値に対しセンサス X12-ARIMA 法により季節調整を施す。そして消費者物価に関してはこれら季節調整済み指数（2005 ＝ 100.0）の前期比増減率をとり，また実質 GDP ギャップに関しては，季節調整済み実質 GDP に Hodrick-Prescott フィルターを適用してトレンドを求め，そこからの対数差乖離によって実質 GDP ギャップ $\hat{y}$ を定義する。またこれら 3 変数に対して拡張 Dickey-Fuller 単位根検定（定数あり・確定トレンドなし；ラグ次数は Schwarts 情報基準により自動的に決定）を施すと，第 1 表のごとく「H_0：単位根あり」という帰無仮説は 1% ないし 10% の有意水準で棄却できる。かくして，r, π, y の各データはすべて定常時系列 $I(0)$ と判断できる。

第 1 表　ADF 単位根検定

変数名	t 統計量
コールレート（r）	-2.60098*
消費者物価（π）	-6.97229***
GDP ギャップ（y）	-3.95846***

***：1% 有意水準，**：5% 有意水準，*：10% 有意水準

2 回帰分析

a 構造変化検定

日本経済において，標本期間の 1996 年第 1 四半期より最近時点（i.e. 2013 年第 2 四半期）までの間に仮に急激な経済の構造変化が存在すると，その前後で(29)式の回帰式に関する推計パラメータに差が生じ，我々が検討の対象とするデフレ期・インフレ期というレジーム・スイッチングによる推計パラメータの変化との間で有意な識別ができなくなる恐れが生ずる。そこで，構造変化に関し，逐次残差を利用した Brown=Durbin=Evans の CUSUM 検定ならびに CUSUMSQ 検定を施すと[30]，第 2 表ならびに第 1 図のような結果が得られる。最大 F 統計量，指数 F 統計量，平均 F 統計量のいずれによってしても，標本期間中（最初と最後の 15% を除く）において 5%

第 2 表　構造変化検定

Quandt-Andrews unknown breakpoint test
Null Hypothesis: No breakpoints within 15% trimmed data
Varying regressors: All equation variables
Equation Sample: 1996Q2 2013Q2
Test Sample: 1999Q1 2010Q4
Number of breaks compared: 48

Statistic	Value	Prob.
Maximum LR F-statistic (2009Q2)	3.642562	0.0908
Maximum Wald F-statistic (2009Q2)	14.57025	0.0908
Exp LR F-statistic	0.669873	0.3893
Exp Wald F-statistic	4.449031	0.0931
Ave LR F-statistic	1.093428	0.3411
Ave Wald F-statistic	4.373714	0.3411

Note: probabilities calculated using Hansen's (1997) method

---

30)　時系列統計データで構造変化の起きた時点が必ずしも事前に明確でない場合，逐次回帰式の推計を行ってパラメータに変化が生じたか否かをそれぞれについて F 検定することがクオントやアンドリューズによって提案された（Quandt (1960)，Andrews (1993)）。したがって，Brown/Durbin/Evans (1975) の CUSUM 検定ならびに CUSUMSQ 検定では，逐次残差を用いて尤度比 F 統計量ならびにワルド F 統計量を導き，これに基づいて期間中の最大 F 統計量，指数 F 統計量，平均 F 統計量を計算して「期間中構造変化なし」という帰無仮説の検定をおこなうことができる。

第 1-a 図　CUSUM 検定

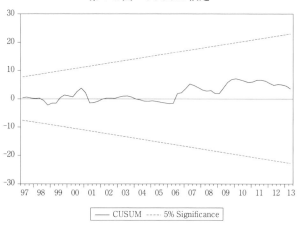

第 1-b 図　CUSUMSQ 検定

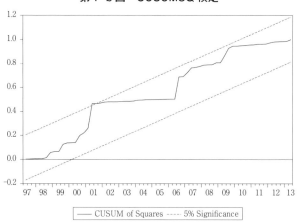

ないしは 10％の有意水準で「構造変化はない」という帰無仮説を棄却し得ない。かくして，当該テイラー・ルール型金利政策反応式において，レジーム・スイッチングの影響のみによる推計パラメータの変化を抽出することが可能となる。

4 マルコフ・スイッチング回帰式 *77*

b 回帰計算

以上の結果を踏まえ，本段において，まず日本のマクロ経済時系列データを基に動学的 *IS* 曲線式と新ケインジアン・フィリップス曲線式の各パラメータ $1/\rho$ ならびに κ を推計し，消費者物価前期比増減率（$\hat{\pi}$）と実質 GDP ギャップ（$\bar{y}$）を計算する。ここで各パラメータの事前分布としては正規分布を，各回帰式の撹乱項分布としては逆ガンマ分布を設定することにより，マルコフ連鎖モンテカルロ法によるベイズ推定法を適用する。ついで，これら理論値を基に，テイラー・ルール型マルコフ・スイッチング回帰式の最尤推計量を 2 段階推計することにより，デフレ期やインフレ期ないしは不況期や好況期における日本の金融政策の特色を検証する。

マルコフ連鎖モンテカルロ法によるパラメータ $1/\rho$ ならびに κ の推計結果を示すと第 3 表のごとくである[31]。第 3 表は，ギブス・サンプラー・アルゴリズムにより，最初の 1,000 個を初期値に依存する稼動検査（burn-in）期間として捨て，その後の 10,000 個の標本を事後分布からの標本と考えて，事後分布の平均，標準誤差，標準偏差，95％信頼区間を表示している。ただし，ここでギブス・サンプラーの初期値には OLS 推計値を用いた。なお第 2 図・第 3 図は，ギブス・サンプラーで得られた各パラメータならびに分散の標本経路（左部分）と事後確率密度関数（右部分）を表示している。いずれの標本経路も安定した動きで十分に状態空間全体を行き来していると見な

第 3 表 Posterior Distributions of the Parameters

	Variable	Mean	Naïve SE	T-series SE	SD	95% Interval
(1) IS Curve Eq.	$1/\rho$	0.57964	0.00346	0.00329	0.34641	[-0.09995 1.26323]
(2) NKP Curve Eq	κ	0.01849	0.00046	0.00043	0.04557	[-0.07089 0.10840]

Note: Sample Period=1996Q1-2013Q2

---

31) 第 1 表で示された新 *IS-LM* 体系のパラメータに対する推計結果を見ると，動学的 *IS* 曲線式において，異時点間の消費代替弾力性 ρ の逆数を表す実質金利項の係数が正となっている。本来，理論的には GDP ギャップと実質金利とは逆相関の関係になることが期待されるが，通貨当局が政策金利を実質ゼロ水準にまで引き下げたにもかかわらず景気が浮揚しなかった現状を反映した推計結果になったと判断される。

78 第3章 デフレ期における日本の金融政策

され得ることから不変分布に収束していると判定され，かつ各推計値が事後
確率密度関数の中央近辺に来ていることも見て取れる。

BI-MCMC 推計添付図

各推計式に関するパラメータ：
分散の標本経路（左部分）と事後確率密度関数（右部分）

第2図：Eq01　動学的 *IS* 曲線式

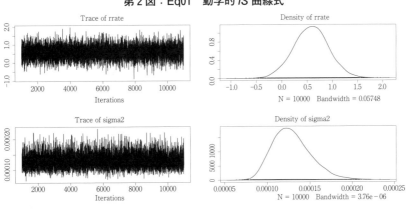

第3図：Eq02　新ケインジアン・フィリップス曲線式

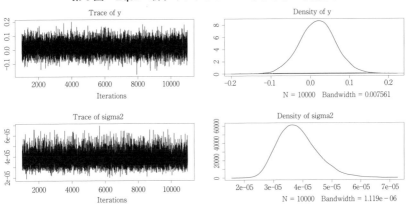

80　第3章　デフレ期における日本の金融政策

　ついで，これら理論値を基に，テイラー・ルール型マルコフ・スイッチング回帰式の最尤推定量を計算すると，以下のような結果を得る。

　レジーム・スイッチング変数として消費者物価前期比伸び率をとり，物価が継続的に下落するデフレ期をレジーム1とし，他方，物価が継続的に上昇するインフレ期をレジーム2とすれば，レジーム1ではテイラー・ルールに依拠した金融政策が採用されたが，レジーム2ではテイラー・ルールは金融政策として有意に機能しなかった。すなわち，デフレ期にはインフレ期とは異なり，物価下落や景気の下降に対応した政策金利の引き下げが極めて効果的に運用されていたことが窺える（第4表参照）。

　つぎに，需給ギャップをレジーム・スイッチング変数として採用する。そして，好況期をレジーム1とし，不況期をレジーム2とすれば，レジーム1ではテイラー・ルールは当てはまらず，レジーム2ではテイラー・ルールは有効に機能していた。すなわち，不況期には政策金利が物価下落や景気の下降に対応して有意に引き下げられていたことが示される（第5表参照）。

　さらに，マネーサプライ（M2 + CD）前期比増減率をレジーム・スイッチング変数にとり，伸び率が低水準の期をレジーム1とし，ゼロ金利にともなう量的緩和政策（非伝統的金融政策）などによりマネーサプライが拡大した期をレジーム2とすれば，レジーム1ではテイラー・ルールに即した金融政策が展開されているが，レジーム2ではテイラー・ルールは当てはまらないことが示される。すなわち，通常期は政策金利の調整によって物価や需給ギャップの変動に対応していたが，金利水準がゼロ近辺まで低下すると金利調整ではもはや景気動向に対応しきれなくなり，量的緩和政策（非伝統的金融政策）を採用することによってマネーサプライを増加させるような金融政策に転じていたことが見てとれる（第6表参照）。これは，一つには，民間主体が通貨当局の政策アナウンスメントに100%信頼を置き，政策に対して時間的整合性が担保し得ている状況下で，今期のマネーサプライを量的緩和政策によって増加させることにより，将来のマネーサプライ増＝インフレ予想を生み出すことによって流動性の罠から脱出するというロジックが考えられる[32]。これらを図示すると第4図から第6図のごとくとなる。

4　マルコフ・スイッチング回帰式　　*81*

第4表　マルコフ・スイッチング回帰式：インフレ率

Dependent Variable: R
Method: Switching Regression (Markov Switching)
Sample (adjusted): 1996Q2 2013Q2
Included observations: 69 after adjustments
Number of states: 2
Initial probabilities obtained from ergodic solution
Ordinary standard errors & covariance using numeric Hessian
Random search: 25 starting values with 10 iterations using 1 standard
　　deviation (rng=kn, seed=2117774242)
Convergence achieved after 57 iterations

Variable	Coefficient	Std. Error	z-Statistic	Prob.
Regime 1				
C	0.000629	0.000139	4.510115	0
PI	0.228129	0.049003	4.655445	0
Regime 2				
C	2.37E-05	0.000117	0.202734	0.8393
PI	-0.027865	0.025036	-1.113002	0.2657
Common				
R(-1)	0.949726	0.036446	26.05839	0
YHAT	0.011288	0.004396	2.56773	0.0102
LOG(SIGMA)	-7.813537	0.10025	-77.94064	0

Mean dependent var	0.001684	S.D. dependent var	0.001891
S.E. of regression	0.000491	Sum squared resid	1.50E-05
Durbin-Watson stat	1.595214	Log likelihood	434.9157
Akaike info criterion	-12.34538	Schwarz criterion	-12.05398
Hannan-Quinn criter.	-12.22977		

Equation: EQ01
Transition summary: Time-varying Markov
　transition probabilities
Sample (adjusted): 1996Q2 2013Q2
Included observations: 69 after adjustments
Time-varying transition probabilities:
P(i, k) = P(s(t) = k | s(t-1) = i)
(row = i / column = j)

		1	2
Mean	1	0.577347	0.422653
	2	0.566335	0.433665

---

32)　こうしたロジックの理論的説明に関しては，岡田（2015b）を参照。

82 第3章 デフレ期における日本の金融政策

第5表 マルコフ・スイッチング回帰式：需給ギャップ

Dependent Variable: R
Method: Switching Regression (Markov Switching)
Sample (adjusted): 1996Q2 2013Q2
Included observations: 69 after adjustments
Number of states: 2
Initial probabilities obtained from ergodic solution
Ordinary standard errors & covariance using numeric Hessian
Random search: 25 starting values with 10 iterations using 1 standard
  deviation (rng=kn, seed=1074170986)
Convergence achieved after 40 iterations

Variable	Coefficient	Std. Error	z-Statistic	Prob.
Regime 1				
C	-1.89E-05	8.22E-05	-0.22998	0.8181
PI	-0.021691	0.019795	-1.0958	0.2732
Regime 2				
C	0.000796	0.000214	3.713201	0.0002
PI	0.273211	0.060421	4.521795	0
Common				
R(-1)	0.953168	0.033674	28.30614	0
YHAT	0.011163	0.004312	2.588866	0.0096
LOG(SIGMA)	-7.912741	0.12809	-61.77483	0
Mean dependent var	0.001684	S.D. dependent var		0.001891
S.E. of regression	0.00068	Sum squared resid		2.87E-05
Durbin-Watson stat	1.708225	Log likelihood		430.5265
Akaike info criterion	-12.21816	Schwarz criterion		-11.92675
Hannan-Quinn criter.	-12.10255			

Equation: UNTITLED
Transition summary: Time-varying Markov
 transition probabilities
Sample (adjusted): 1996Q2 2013Q2
Included observations: 69 after adjustments
Time-varying transition probabilities:
P(i, k) = P(s(t) = k | s(t-1) = i)
(row = i / column = j)

		1	2
Mean	1	0.528708	0.471292
	2	0.499204	0.500796

4 マルコフ・スイッチング回帰式　*83*

第6表　マルコフ・スイッチング回帰式：マネーサプライ

Dependent Variable: R
Method: Switching Regression (Markov Switching)
Sample (adjusted): 1996Q2 2013Q1
Included observations: 68 after adjustments
Number of states: 2
Initial probabilities obtained from ergodic solution
Ordinary standard errors & covariance using numeric Hessian
Random search: 25 starting values with 10 iterations using 1 standard
　　deviation (rng=kn, seed=940933347)
Failure to improve objective (non-zero gradients) after 34 iterations

Variable	Coefficient	Std. Error	z-Statistic	Prob.
Regime 1				
C	0.001289	0.000164	7.844863	0
PI	0.379676	0.039727	9.557162	0
Regime 2				
C	-1.90E-06	1.91E-05	-0.099262	0.9209
PI	-0.007909	0.014342	-0.551452	0.5813
Common				
R(-1)	0.949818	0.019762	48.062	0
YHAT	0.006322	0.003239	1.951975	0.0509
LOG(SIGMA)	-8.090544	0.096318	-83.99856	0

Mean dependent var	0.001699	S.D. dependent var		0.001902
S.E. of regression	0.000566	Sum squared resid		1.98E-05
Durbin-Watson stat	1.242368	Log likelihood		433.1303
Akaike info criterion	-12.29363	Schwarz criterion		-12.00223
Hannan-Quinn criter.	-12.17802			

Equation: UNTITLED
Transition summary: Time-varying Markov
　transition probabilities
Sample (adjusted): 1996Q2 2013Q1
Included observations: 68 after adjustments
Time-varying transition probabilities:
P(i, k) = P(s(t) = k | s(t-1) = i)
(row = i / column = j)

		1	2
Mean	1	0.239387	0.760613
	2	0.135974	0.864026

84　第3章　デフレ期における日本の金融政策

第4図　インフレ期・デフレ期

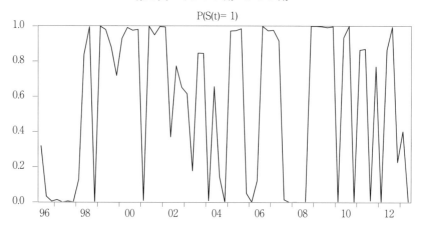

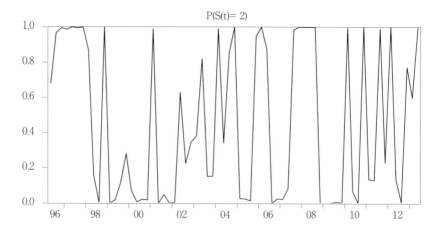

4 マルコフ・スイッチング回帰式 　85

第5図　好況期・不況期

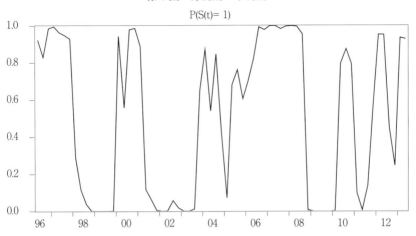

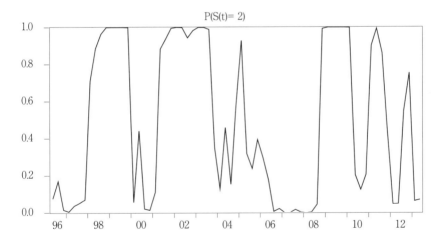

第6図　量的緩和期・非緩和期

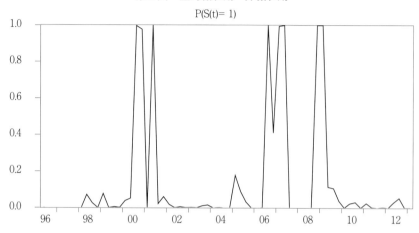

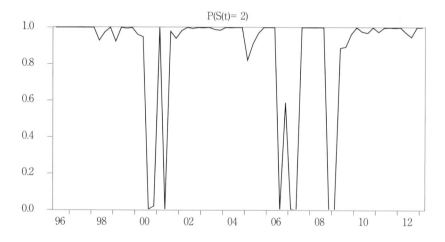

5 結　び

　日本経済は 1990 年代初頭に資産価格バブルが破裂したが，それ以降，長期に亘る深刻な景気低迷に直面した。さらに 2000 年代後半になると，米国におけるサブプライム住宅ローンの不良債権化問題に端を発した世界的金融危機・同時不況がさらに深刻さを倍加した。かくして日本を含む世界の主要中央銀行は，①政策金利の引き下げに加え，②潤沢な資金供給と金融調節手段の整備・強化と多様化，③買入れ対象資産の拡大，④個別金融機関等に対する流動性支援など，非伝統的金融政策を採用し，金融危機・同時不況からの脱出を図った。

　こうした状況下のマクロ経済を動学的一般均衡モデルをベースとした新 *IS-LM* 体系の理論的枠組みで実証分析するに際し，政策金利反応式の「非線形性」が問題となる。これら非線形関係を定式化して論理的整合性を保持するためには，たとえば①名目金利の非負制約条件式の設定，②時変パラメータの推計，③レジーム・スイッチングの導入，などの工夫がその代表的なものである。そこで本章では，新 *IS-LM* モデルに対し，上述③のマルコフ・スイッチング・モデルを適用することによってゼロ金利下限制約下のテイラー・ルール式に関する非線形性を陽表的に取り扱い，それによって，長引く景気低迷とデフレーションからの脱出を企図して非正統的ないしは非伝統的な金融政策が導入された 1990 年代後半から 2000 年代の日本経済の動きを検証した。

　その結果，デフレ期においてはインフレ期に比べ，物価下落や景気の下降に対応した政策金利の引き下げ策が極めて効果的に運用されていたことが窺える。また，有効需要が大幅に不足した不況期には，需給がタイトな好況期に比して政策金利が物価下落や景気の下降に呼応して相対的に有意に調整されたことも明確となった。さらに，通常期は政策金利（i.e. 銀行間無担保・翌日物金利）の調整によって物価や需給ギャップの変動に対応していたが，政策金利水準がゼロ近辺まで低下すると金利調整ではもはや景気動向に対応しきれなくなり，金融政策の操作目標を日銀当座預金残高にシフトさせるこ

とにより量的緩和政策に転じた。この背景には，時間軸効果を狙ってインフレ予想を生み出すことで政策効果を高め流動性の罠から脱出しようとする通貨当局の意図が，本実証分析結果から汲み取れる。

補論 1　マルコフ・スイッチング回帰モデル

本補論 1 において，本章第 4 節で用いたマルコフ・スイッチング回帰モデルの推計計算概要を示す[33]。

1　基本モデル

離散的時間 $t=\{1,2,\cdots T\}$ において，確率変数 y_t は観測されない離散型状態変数 s_t に依存するところの確率過程に従うものとする。ここで，M 個の経済の状態（i.e. レジーム）の存在を仮定し，$\forall m \in \{1,2,\cdots M\}$ に対して $s_t=m$ のとき，我々は t 期においてレジーム m の状態にあると称する。

いま，各レジームに対してそれぞれ異なる単一線形回帰式の存在を考える。回帰式の非確率説明変数（縦）ベクトル X_t ならびに Z_t が与えられたとき，被説明変数 y_t のレジーム m における条件付平均値 $\mu(m)$ は，したがって

(A1)　　　$\mu(m)=X'_t\beta_m+Z'_t\gamma$

　　　　　　ただし，β_m, γ は係数ベクトル

によって求まると考えられる。ここで係数ベクトル β_m の値はレジーム m に依存し，他方，係数ベクトル γ はレジーム m に依存しない一定値をとるものとする。さらに，回帰式の攪乱項を，$s_t=m$ として，

(A2)　　　$\sigma(m)\varepsilon_t=y_t-\mu_t(m)$

　　　　　　$\varepsilon_t \sim i.i.d.N(0,1)$

と仮定する。攪乱項に対する正規分布の標準偏差 σ は，それゆえレジーム

---

33)　本補論 1 は Hamilton (1989)，ditto (1994) Chap.22，ditto (2005)，Pape (2005)，ならびに Quantitative Micro Software (2013) を中心にまとめた。

m に依存しつつ $\sigma(m)=\sigma_m$ によって求められる。

かくして、一定の観測値が与えられたときの t 期における尤度関数は、1期先のレジーム・スイッチング確率 P によってウエイト付けられた

(A3) $\qquad L_t(\beta,\gamma,\sigma,\delta)=\sum_{m=1}^{M}\dfrac{1}{\sqrt{2\pi}\,\sigma_m}\exp\left\{-\dfrac{(y_t-\mu_t(m))^2}{2(\sigma(m))^2}\right\}P(s_t=m|\Omega_{t-1},\delta)$

なる式によって表わされ得る。ここで、$\beta=(\beta_1,\beta_2,\cdots\beta_M)$ ならびに $\sigma=(\sigma_1,\sigma_2,\cdots\sigma_M)$ であり、また、δ はレジーム確率を決めるパラメータである。さらに Ω_{t-1} は $t-1$ 期に利用可能な情報集合である。(A3)式を全期間に亘り対数で表示すれば、

(A4) $\qquad l(\beta,\gamma,\sigma,\delta)=\sum_{t=1}^{T}\log\left[\sum_{m=1}^{M}\dfrac{1}{\sqrt{2\pi}\,\sigma_m}\exp\left\{-\dfrac{(y_t-\mu_t(m))^2}{2(\sigma(m))^2}\right\}P(s_t=m|\Omega_{t-1},\delta)\right]$

なる対数尤度関数が導けるから、t を1期ずつ繰り上げて $(\beta,\gamma,\sigma,\delta)$ に対して逐次最大化をはかれば、各レジームに対する単一線形回帰式の最尤推定量が決まる。

2 マルコフ・スイッチング

ここで、レジーム・スイッチング過程に対し、レジーム間のスイッチング確率が1期前の履歴にのみ依存するような1次のマルコフ過程に従うと仮定する。すなわち、

(A5) $\qquad P(s_t=j|s_{t-1}=i,s_{t-2}=k,\cdots)=P(s_t=j|s_{t-1}=i)=p_{ij}(t), \quad \forall t\in\{1,2,\cdots T\}$

である。したがって、レジーム・スイッチング過程は、$\{p_{ij}\}$ ($\forall i,j\in\{1,2,\cdots M\}$) のマルコフ連鎖遷移確率によって表される。ただし、

(A6) $\qquad \sum_{j=1}^{M} p_{ij}=1,$

である。それゆえ、マルコフ連鎖遷移確率はまた

(A7) $\qquad p(t)=\begin{bmatrix} p_{11}(t) & \cdots & p_{1M}(t) \\ \vdots & \ddots & \vdots \\ p_{M1}(t) & \cdots & p_{MM}(t) \end{bmatrix}$

なる行列表示で表すことができる。実際の計算では、確率行列の各要素は

(A8) $\qquad p_{ij}(G_{t-1},\delta_i)=\dfrac{\exp(G'_{t-1}\delta_{ij})}{\sum_{k=1}^{M}\exp(G'_{t-1}\delta_{ik})} \qquad \forall i,j\in\{1,2,\cdots M\}$

としてロジット・タイプで求める。ここで，G_{t-1} は $t-1$ 期に観測可能な外生変数（縦）ベクトルであり，また係数 δ_{ij} は上述（A8）式から計算されるパラメータである[34]。

3　最尤推定量計算

　(4)式の最尤推定量計算に関し，レジーム・スイッチング確率 P に対してマルコフ連鎖遷移確率を導入するとき，$P(s_{t-1}=m|\Omega_{t-1})$ を所与として[35]次のようなステップで逐次計算を行う。

　（ⅰ）　まずマルコフ連鎖遷移確率行列に対し確率計算の基本ルールを用いることにより，レジーム・スイッチング確率の1期先のプレディクションを求める[36]：

$$P(s_t=m|\Omega_{t-1})=\sum_{j=1}^{M}P(s_t=m|s_{t-1}=j)P(s_{t-1}=j|\Omega_{t-1})$$
$$=\sum_{j=1}^{M}p_{jm}(G_{t-1},\delta_j)P(s_{t-1}=j|\Omega_{t-1})$$

　（ⅱ）　つぎに，この1期先のレジーム・スイッチング確率を用いて，t 期における利用可能なデータとレジーム m の同時確率密度関数を求める：

$$f(y_t,s_t=m|\Omega_{t-1})=\frac{1}{\sqrt{2\pi}\,\sigma_m}\exp\left\{-\frac{(y_t-\mu_t(m))^2}{2(\sigma(m))^2}\right\}P(s_t=m|\Omega_{t-1})$$

　（ⅲ）　さらに同時確率密度関数を $j\in\{1,2,\cdots M\}$ に対して足し合わせ，観測データの周辺分布を得ることにより，t 期における尤度関数を導く：

---

34)　ただし $\delta_{iM}=0$ と置いて，$\exp(G'_{t-1}\delta_{iM})=1$ と正規化しておく。

35)　以下逐次計算を行うに際し，レジーム・スイッチング確率の初期値 $P(s_0=m|\Omega_0)$ を予め確定する必要がある。一般的には初期値はマルコフ連鎖遷移確率のエルゴード的定常値，すなわち，$\pi=\lim_{t\to\infty}P^t(\pi_{ij}\geq0\&\sum_{j=1}^{M}\pi_{ij}=1)$ が用いられる。それゆえ，初期値はマルコフ連鎖遷移確率を決めるパラメータを基に求めることが可能となる。

36)　観測されない状態変数 s_τ と観測される変数 y_t とから構成される状態空間モデルにおいて，状態変数 s_τ の推定問題としてその情報量の多さより，

　　　$\tau>t$：プレディクション（予測推定）

　　　$\tau=t$：フィルタリング（濾波推定）

　　　$\tau<t$：スムージング（平滑推定）

と称される（谷崎（2007））。したがって，本モデルにおいて t 期のレジーム・スイッチング確率を推定する際，最終期の情報集合 Ω_T を用いる場合はスムージングであり，t 期の情報集合 Ω_t を用いる場合はフィルタリングである。また，$t-1$ 期の情報集合 Ω_{t-1} を用いる場合はプレディクションである。

$$L_t(\beta,\gamma,\sigma,\delta)=f(y_t|\Omega_{t-1})=\sum_{j=1}^M f(y_t,s_t=j|\Omega_{t-1})$$

（ⅳ）　最後に，ステップ（ⅱ）の計算値を用いてレジーム・スイッチング確率をフィルタリング推定し，ステップ（ⅰ）の1期先に対するプレディクション推定値を改定する：

$$P(s_t=m|\Omega_t)=\frac{f(y_t,s_t=m|\Omega_{t-1})}{\sum_{j=1}^M f(y_t,s_t=j|\Omega_{t-1})}$$

（ⅴ）　これら各ステップを $t=1,2,\cdots T$ にわたって逐次計算する。また，ステップ（ⅲ）では繰返し計算法を施すことにより $(\beta,\gamma,\sigma,\delta)$ に対して尤度関数の最大化をはかる。

補論2　最適金融政策の導出法[37]

最適金融政策を導く本文の条件式

(27)　　　$\sigma\hat{\pi}_t+\dfrac{1}{b}(\hat{y}_t-\hat{y}_{t-1})=0$　　　　$\cdots$（ⅱ）

　　　　　$\sigma\hat{\pi}_t+\dfrac{1}{b}\hat{y}_t=0$　　　　　　　$\cdots$（ⅲ）

において，(27)式（ⅱ）式に先の(22)式の NKPC 式（i.e. $\hat{\pi}_t=\beta E_t[\hat{\pi}_{t+1}]+\kappa\hat{y}_t$）を代入すると，$\hat{\pi}$ に関する2階の定差方程式となるから，その特性方程式をとり，L をリード・オペレータとすれば，

　　　　　$(1-\chi_1 L)(1-\chi_2 L)\hat{\pi}_{t-1}=0$

　　ただし　$\chi_1=\dfrac{(b^2\sigma+2)+\sqrt{(b^2\sigma+2)^2-4}}{2}$

　　　　　　$\chi_2=\dfrac{(b^2\sigma+2)-\sqrt{(b^2\sigma+2)^2-4}}{2}$

が 求 め ら れ る。$f(x)=x^2-(b^2\sigma+2)x+1$ に お い て，$f(0)=1>0$, $f(1)=-b^2\sigma<0$ であるから，$\chi_1>1$, $\chi_2<1$ となっている。したがって発散解 χ_2 を捨てて χ_1 を採用すれば，$(1-\chi_1 L)\pi_{t-1}=0$ より

---

37)　本補論2は岡田（2014a）第1章による。

$$\hat{\pi}_t = \frac{1}{\chi_1}\hat{\pi}_{t-1}$$

を得る。同じく (27) 式 (iii) 式に対しても，同様にして NKP 曲線式を代入すれば，

$$\hat{\pi}_{t+1} - (1+\sigma b^2)\hat{\pi}_t = 0$$

のごとく，$\hat{\pi}$ に関する 1 階の定差方程式となるから，その特性方程式 $(1-\chi_3 L)\hat{\pi}_t = 0$ の解は $\chi_3 = 1+\sigma b^2 > 1$ となる。したがって $\frac{1}{\chi_3} < 1$ より，ここに収束解 χ_3 が得られる。すなわち，

$$\hat{\pi}_{t+1} = \frac{1}{\chi_3}\hat{\pi}_t$$

である。ここで，さらに

$$\hat{r}_t = q_1\hat{y}_t + q_2\hat{\pi}_t$$

なる "テイラー・ルール型" 金利政策反応式を導入する。そしてこれを各経済主体の最適条件から導かれた動学的 IS 曲線式に代入し，同様に各経済主体の最適条件から導かれた NKP 曲線式と組み合わせることにより，$\forall t \in \{0,1,2,\cdots\}$ に対して，

$$\begin{bmatrix} 1 & a \\ 0 & \beta \end{bmatrix}\begin{bmatrix} E_t\hat{y}_{t+1} \\ E_t\hat{\pi}_{t+1} \end{bmatrix} = \begin{bmatrix} 1-aq_1 & aq_2 \\ -b & 1 \end{bmatrix}\begin{bmatrix} \hat{y}_t \\ \hat{\pi}_t \end{bmatrix}$$

given $\hat{y}_0, \hat{\pi}_0$

が求められる。したがって，

$$B = \begin{bmatrix} 1-aq_1 & aq_2 \\ -b & 1 \end{bmatrix}^{-1}\begin{bmatrix} 1 & a \\ 0 & \beta \end{bmatrix}$$

と置き，行列 B に固有値分解を施すと，$Q^{-1}\Lambda Q$ を得る。ここで Λ は B の固有値を対角要素にもつ対角行列であり，Q は B の固有値ベクトルを各行にもつ 2×2 行列である。かくして，

$$\begin{bmatrix} E_t\hat{y}_{t+1} \\ E_t\hat{\pi}_{t+1} \end{bmatrix} = Q^{-1}\Lambda^{-1}Q\begin{bmatrix} \hat{y}_t \\ \hat{\pi}_t \end{bmatrix}$$

となるが，さらに $Q^{-1}\Lambda^{-1}Q \equiv C = \begin{bmatrix} c_{11} & c_{12} \\ c_{21} & c_{22} \end{bmatrix}$ と定義すれば，

$$E_t\hat{y}_{t+1} = c_{11}\hat{y}_t + c_{12}\hat{\pi}_t$$

$$E_t\hat{\pi}_{t+1}=c_{21}\hat{y}_t+c_{22}\hat{\pi}_t$$

を得る。これから，

$$\hat{r}_t=\zeta_1\hat{y}_t+\zeta_2\hat{\pi}_t$$

$$\zeta_1\equiv\rho(c_{11}-1),\quad \zeta_2\equiv\rho c_{12}+\frac{1}{\chi}$$

$$\chi=\frac{(\kappa^2\sigma+2)+\sqrt{(\kappa^2\sigma+2)^2-4}}{2}\quad ((27)式(\text{ii})式)$$

もしくは$\chi=1+\sigma\kappa^2$ $((27)式(\text{iii})式)$

$$\forall t\in\{0,1,2,\cdots\}$$

なる"テイラー・ルール型"「最適」金融政策反応関数が導ける。すなわち，インストルメンタル・ルール（政策反応関数）のうちで，政策目標たる社会的厚生関数の"最大化"が達成されるような金融政策である。

第4章 不完全競争労働市場と賃金の硬直性

1 はじめに

1 景気動向[1]と雇用問題

　米国連邦準備制度理事会（FRB）は，2015年12月の公開市場委員会で，政策金利であるフェデラルファンド・レートの誘導目標水準を9年半ぶりに引き上げた。それまでのゼロ金利状態である 0.00～0.25％ から 0.25～0.50％の水準である。サブプライム・ローン（i.e. 信用力の低い個人向け住宅融資）市場の混乱に端を発した 2008年の金融危機から7年余り経ったいま，米国経済はほぼ危機的状況を脱したと見ることができる。例えば失業率（U3ベース）は5％台に低下し，コア・インフレ率も1.5％前後と安定的に推移してきている。実質経済成長率も2％強となった。かくして FRB は2014年10月の量的緩和政策解除に続いて今回ゼロ金利政策の転換を図り，いわゆるリーマン・ショック以降の類を見ない金融緩和政策を終焉させた。

　翻って我が国経済はどうか。2012年末に安倍政権がスタートした。政府・通貨当局は非伝統的金融政策を含む積極的な政策運営によって“失われた20年”の溝を埋めるべく努力を重ねて来ている。しかしながら，政権担当期間の11四半期中4四半期がマイナス成長である。未だ道半ばとしか言いようがない。さらには欧州経済も芳しくない。テロの拡散や中東からの難民増大など社会的不安要因も加わって，欧州中央銀行はゼロ金利政策や量的緩和政策の継続を打ち出している。かくして今や米国経済の回復ぶりが際立っ

---

1) 本景気動向の記述に関しては，2015年12月までに利用可能なデータに基づいている。

ている。

　ところで，こうした景気動向において雇用は重要なテーマである。各国政府は共に雇用確保を最重要政策課題として掲げている。好況時の完全雇用に対し不況時の失業発生は深刻な経済的社会的状況をもたらす。不況時の失業問題はそれゆえ常に古くて新しい問題と言える。不況時における"非自発的"失業の発生メカニズムとその処方箋を論じたのは J. M Keynes の『一般理論』であった。有効需要不足という新たなキーワードにより，拡張的財政金融政策の意義を説いた。これに対し，不況時には市場の構造的要因に基づく"摩擦的"失業やあるいは経済主体の主体的均衡条件に基づく"自発的"失業も同時に併存する。労働市場が完全競争的，すなわち労働の企業間・産業間移動が容易で且つ労働需給が賃金のシグナル機能に基づいて弾力的に調整されるならば，景気拡大に呼応して労働移動は活発化し，それゆえ雇用量は増加して賃金水準も上昇する。したがってそのことは遅かれ早かれ家計消費の拡大に結びつき，企業の投資意欲を刺激するから，一層の景気拡大に繋がる好循環を招来する。しかしながら，労働市場は次節で見るごとく，各国それぞれが固有の構造的要因によって制約される。それゆえ，市場は不完全競争的となり，賃金水準も硬直的・粘着的とならざるを得ない。企業・家計など経済主体は各制約条件のもとで合理的予想形成に基づき将来に亘る利潤や効用の最大化を図るが，かくして，そうした主体的均衡条件は市場要因という外部的与件により著しく歪められることになる。ここに，労働市場の完全競争性を妨げる様々な構造的要因を取り除く官民一体となった努力が必要となってくるであろう。このように，経済運営にあたって労働市場の完全競争性の確保は極めて重要な政策課題の一つと言える。

2　本章のねらい

　そこで本章において，財サービス市場のみならず労働市場に対しても不完全競争性を前提とした動学的一般均衡モデルの枠組みに基づき，労使間の主体的均衡条件による最適賃金設定式を導く。ついでそれら賃金設定式において定義された「賃金硬直性」係数に関し，実際の時系列統計データからマルコフ連鎖モンテカルロ法によるベイズ推定法によって計測し，外部的与件に

96 第4章 不完全競争労働市場と賃金の硬直性

基づく各国労働市場の賃金硬直性の度合いを判断する。かくしてこうした一連の作業により，各国労働市場がどの程度不完全競争的で賃金改定が硬直的・粘着的となるかを具体的数値により確認する。

2 各国労働市場

1 米 国

　米国の労働市場[2]は従来より産業間や企業間の労働移動が極めて活発で，且つ賃金も市場原理が貫徹した形で決定される。また，新たな産業の創出に伴う労働需要の増加に迅速かつ容易に対応する。かくして，グローバル化の進展や技術革新，規制緩和等を通じて競争が激化するなか，「エンプロイヤビリティ（労働者の就業能力）の引き上げ」「起業促進」「環境変化への適応能力強化」「雇用機会の平等」などの雇用政策に関して世界の範となっている。

　こうした円滑な労働移動を可能ならしめる背景には，年金や医療保険が異なる制度・職種間や転職でも通算可能であり，労働移動に伴うコストが低く且つ労働移動の容易さが担保されていることがまず指摘できる。また，人材派遣業の成長やインターネットを活用した求職・求人サイトの普及などが，迅速・柔軟でより効率的な労働資源配分を可能としている点も見逃せない。さらには高学歴化や職業訓練による労働力の質の向上などにより，需要に見合った労働供給を可能とすることで労働需給のミスマッチを低下させている。加えて，ダウンサイジングによる雇用調整や経営効率化を目指したアウトソーシングが積極的に進められたことにより，労働力の再配置を促した。そのほか，労働組合組織率，最低賃金，失業給付額の面で労働市場が柔軟であったことなどの要因も挙げられる[3]。

　2）　米国の労働市場に関しては，経済企画庁（1998）第3章第1節，ditto（2000）第2章第1節，日本労働研究機構編集（2001）を参照した。

　3）　米国の労働組合組織率は20世紀後半から低下傾向が続いているが，藤原（2002）はそのように組織率が低下した主な理由として，①就業構造の変化，②全国労働関係法の改正，③国際競争の激化，④雇用機会均等委員会（EEOC）の活動，⑤労働組合幹部への反感，などを指摘している。

2　欧　州

　他方，欧州は長い歴史や伝統・慣習を持ち，文化や宗教，民族の対立に晒されたから，20世紀は様々な利害と衝突を調整するコンセンサス型の社会運営が欧州各国でそれぞれの状況にうまく適合するような形で取り入れられた。労働市場に限って言えば，欧州の労働市場[4]は相対的に規制が強く，解雇は時として法廷闘争を伴うなど極めて難しい事に加え，若年層の雇用増進のためとして55歳以上には早期退職勧奨制度が適用された。さらにまた，失業者には比較的高い失業給付がかなり長期間支給された。したがって，やがては失業手当に寄生した長期失業者や55歳以上層の高い失業率を生み出すようになり，80年代以降は8％以上の構造的失業が慢性化するなど，労働市場は極めて硬直的であった。それに対し，近年様々な制度改革が試みられている。例えば，英国はサッチャー政権以降，解雇を容易にして新規採用の促進化を図ったり，あるいは長期失業による貧困層の固定化改善を狙って失業者の自助努力や市場活用策を取り入れたりするなどして，雇用の弾力化を推し進めている。オランダも実質賃金抑制策やパートタイム労働活用策などの制度改革を実施した。こうした英国やオランダのような雇用政策は「リベラル・ヨーロッパ型」と称されている。これに対し，仏国ではいわゆる「ニュー・ソーシャル型」の雇用政策を採っている。すなわち，週35時間に労働時間を短縮してその分多数の労働者を雇用する政策（i.e. ワークシェアリング方式）等，経済活性化のために市場の活用を積極的に推し進める策を採る一方で，財政支出を増やして若年労働者の雇用を確保するなど，従来の伝統的な社会民主主義的政策をも保持している。その他，EU小国に見られるごとく，労使と政府が一体となって労働環境の改善に向けて雇用政策を運営する「政労使協調（コーポラティズム）型」雇用政策もある。欧州各国はこのようにそれぞれの現状を活かして歴史や伝統の呪縛から開放された労働市場改革を模索している。

---

4)　欧州の労働市場に関しては，経済企画庁（2000）第2章第2節，田中（素）（2002）第Ⅳ章を参照した。

3 日 本

　翻って日本の労働市場[5]を概観すると,「長期雇用」「年功賃金」「企業別組合」という３つの特徴をもつ日本型雇用慣行が存在する。こうした独特の雇用慣行は,必ずしも流動的とは言えない日本の労働市場のもとで有効に機能した。すなわち,一定の知識・技能・技術を労働者に蓄積させるためには,企業が長期間に亘る雇用を保障し且つ年功に応じた賃金支払いを社員にコミットするという制度的な仕組みを必要とする。さらには横断的な職能別組合でなく企業ごとの縦割り型組合の存在が,企業から人的資本蓄積に応じて適切に賃金が支払われているか否かを監視しつつ長期的な信頼関係の中で各種暗黙的契約の履行を促す役割を果たした。かくして,日本の労働市場に多かれ少なかれこうした日本型雇用慣行という独特の構造要因の存在することが,日本における今日までの急速な経済発展に対し重要な役割を担った。

　しかしながら,日本経済が低成長の時代に入ると,人的資本に対する収益率は低下した。したがって,社内でコスト掛けて長期に亘り育成するようなそれまでの人的資本蓄積手法の重要性は低くなった。かくして,一定の知識・技能・技術の蓄積を促すための制度的枠組みとして機能した日本型雇用慣行の意味合いも必然的に薄れてきた。とりわけ 1990 年前後の資産価格バブル崩壊以降,長期不況に伴う企業のスリム化・リストラ化による雇用削減,社内業務を外部企業に委託するアウトソーシングの高まり,非正社員数の増加[6]などが,「内部労働市場」から一部「外部労働市場」への移行を促進させた[7]。こうした傾向が,日本の労働市場をして流動化や雇用制度の弾

---

　5)　日本の労働市場に関しては,川口（2013),経済企画庁（1992）第３章・第３節,厚生労働省（2012）を参照した。

　6)　川口（2013）によれば,日本における非正社員の増加を,①労働者年齢の変化,②世代ごとの変化,③年次変化,に要因分解すると,以下の点が指摘できるとする。
　　(a) 男性では若い世代で雇用の非正規化が進んでいる。すなわち,すでに雇用されている正社員はそのまま日本型雇用慣行のもとで信頼関係を保ちつつ,新たに入ってくる正社員数を縮小する方向に移行している。
　　(b) 女性では,年次効果で雇用の非正規化が進んでいる。女性は,そもそも日本型雇用慣行の内部に入っている人が少ないため,世代を問わず正社員から非正社員への転換が起きている。
　　(c) コーホート別に分析すると,平均勤続年数の短期化は全体的にかなり長期にわたって起こっており,これは正社員・非正社員を問わず同様の傾向がみられる。

力化に繋がる結果を齎した。

次にこうした各国労働市場の特殊性を前提とした理論モデルを構築してみよう。

3 理論モデル

1 モデルの素描

我々の想定する経済では，企業，家計，政府・通貨当局の3部門から構成されるものとする。企業 j は単位閉区間 $[0,1] \subset R^1$ に連続的に分布し，家計 i も同様に単位閉区間 $[0,1] \subset R^1$ に連続的に分布する。さらにこれら各企業・各家計は同形的[8]と想定する。

各企業はブランド力などにより差別化された1種類の財サービスを生産・販売する。また各家計は労働を企業に提供して賃金を受け取るとともに企業から利益配分を配当として受け取り，さらに期をまたがる価値保蔵手段として保有する債券ストックの利子所得とともにそれら所得を対価に財サービスを購入・消費する。

財サービス市場ならびに労働市場はともに独占的競争の状況下にあると仮定する。すなわち，多数の企業が生産活動を行い，企業の市場への参入・退出が自由であるという点では競争的であるが，他方において各企業は，"差別化"された財サービスを生産することによって独自の需要関数に直面し，したがって財サービス価格に決定力・支配力を有するという点では独占的である。また，それぞれの財サービスはある程度まで相互に代替的であり，価

---

7) 新卒採用後定年に至るまで一貫して同一企業で雇用される終身雇用制度の適用下においては，労働者の移動や賃金決定が企業内の制度・慣行を通じて行われることから，そこに企業内の労働市場すなわち「内部労働市場」が形成されていると見ることができる。これに対し，賃金をシグナルとして労働力の需給調整が行われる通常の意味での労働市場は，内部労働市場と区別して「外部労働市場」と称される（経済企画庁（1992）第3章・第3節）。

8) 各家計・各企業が「同形的」とは，特に断らない限り，各家計の効用関数，予算制約式，労働需要関数，ならびに各企業の生産関数，財サービス需要関数，利潤関数が同一フォーミュラで且つ関連するパラメータもまたすべて同一であることを意味する。

格の過度の引き上げは自社製品から他社製品に需要がシフトする可能性があるという意味では各独占的企業は「競争」関係にある。他方，多数の家計も労働市場への参入・退出が自由であるという点では競争的であるが，単純技能職，専門技術職，事務職，管理職など独自の職業能力・経験に基づく異質的な差別化された労働力を企業に提供することによって個別の労働需要関数に直面し，それゆえ，賃金率に決定力・支配力を有するという点では同じく独占的である。また，労働も財サービス同様ある程度まで相互に代替的であり，過度の賃金引上げ要求は競争的に他者へ雇用がシフトすることもあり得る。

債券取引に関しては，完全競争的な債券市場において利子率のシグナル機能を基に売買されると想定する。

こうした枠組みに基づき，合理的予想形成の下，各家計は所得制約式ならびに自らの設定賃金率に対する個別労働需要関数を条件として将来に亘る効用を最大化する。また各企業は，それぞれの生産技術構造と自己の設定する価格水準に対する個別財サービス需要量とを制約条件として同じく将来に亘る利潤の最大化を図る。かくして，それら経済主体の主体的均衡によって一意的に定まった財サービス需給量，労働需給量，債券ストック需給額が，それぞれの市場でクリアーされ市場均衡が達成される。また，政府・通貨当局は金利を主要政策変数として物価や景気変動の安定化という政策目標を追求する。

以下，これら動学的一般均衡（DSGE）モデルのスケッチをさらに厳密に定式化してみよう[9]。

2 家 計

a 選 好

各家計（$\forall i \in [0,1]$）は，t 期（$\forall t \in \{0,1,2,\cdots\}$）に対して次のような同形的

---

9) 本節で展開した理論モデルの構築にあたっては，Erceg/Henderson/Levin（1999），Christiano/Eichenbaum/Evans（2005），Iiboshi/Nishiyama/Watanabe（2006），Smets/Wouters（2003）（2007）に依拠した。その他，加藤（2007），Gali（2015），Romer（2012），Walsh（2010），Wickens（2008）を参照した。

CRRA 型（相対的危険回避度一定タイプ）効用関数を持つものとする。

(1) $U_t(i) = E_t[\sum_{s=t}^{\infty} \beta^{s-t} u_s(i)]$

　　　　$u_s(i) = \dfrac{C_s(i)^{1-\rho}}{1-\rho} - \dfrac{L_s(i)^{1+\nu}}{1+\nu}$

　　　　ただし　$\beta(\in (0,1))$：主観的割引率

　　　　　　　$\rho(>0),\ \nu(>0)$：定数

　　　　　　　$E[\cdot]$：期待値オペレータ

ρ は異時点間の消費代替弾力性の逆数，すなわち，財サービス消費の相対的危険回避度を表し，ν は同様に異時点間労働供給の代替弾力性の逆数を表す。

　ここで家計 i の財サービス消費指標 $C(i)$ を，Dixit=Stiglitz 型集計指標[10]

(2) $C_t(i) = \left[\int_0^1 C_t(i,j)^{\frac{\theta-1}{\theta}} dj\right]^{\frac{\theta}{\theta-1}}$

で定義する。ただし $C(i,j)$ は家計 i の財サービス j の消費量を，また $\theta(>1)$ は財サービス需要の価格に対する代替の弾力性を表す。したがって(2)式に対応した価格指標 P は，同じく Dixit=Stiglitz 型集計指標

(3) $P_t = \left[\int_0^1 P_t(j)^{1-\theta} dj\right]^{\frac{1}{1-\theta}}$

で定義される[11]。ただし，財サービス j の価格 $P(j)$ は後に第3項で見るごとく，独占的競争下にある各企業の利潤最大化行動から決まってくる。さらに $L(i)$ は家計 i の労働供給時間を表す。

b　予算制約式

　家計 i の t 期における予算制約式を，

(4) $P_t C_t(i) + B_t(i) \leq P_t W_t(i) L_t(i) + \Phi_t(i) + (1+r_{t-1}) B_{t-1}(i) - \tau_t(i)$

で表す。ここで $B(i)$ は財サービス価格 P をニューメレールにとった家計 i の保有する名目債券，$W(i)$ は企業から家計 i に支払われる時間当たり実質

---

10)　Dixit/Stiglitz（1977）.

11)　ある財サービス価格指標 $P_t(j)$ に対し，各家計が(2)式に対応した一定の財サービス消費量の下で各自の名目支出額を最小にするとすれば(3)式が導かれる（岡田（2015a））。

賃金率，$L(i)$ は家計 i が企業に提供する労働時間，$\Phi(i)$ は企業から家計 i に支払われる名目配当金，r は債券ストックの名目利子率，$\tau(i)$ は家計 i の支払う名目一括個人税である。

c　主体的均衡

　各家計は，財サービス価格，名目配当金，債券利子率，債券ストック保有額（1期前），名目一括個人税が所与のとき，予算制約式の下で期待効用を最大とするように，今期の財サービス消費量，実質賃金率，債券ストック売買額をそれぞれ決めるものとする。したがって，家計 i の最適化行動は，合理的予想の下，

(5)　　　$\max_{\{B_t\}\{C_t\}\{W_t\}} : U_t(i) = E_t[\sum_{s=t}^{\infty} \beta^{s-t} u_s(i)]$

　　　　$u_s(i) = \dfrac{C_s(i)^{1-\rho}}{1-\rho} - \dfrac{L_s(i)^{1+\nu}}{1+\nu}$

　　　　s.t. $C_s(i) + \dfrac{B_s(i)}{P_s} \leq W_s(i)L_s(i) + \dfrac{\Phi_s(i)}{P_s} + (1+r_{s-1})\dfrac{P_{s-1}}{P_s}\dfrac{B_{s-1}(i)}{P_{s-1}} - \dfrac{\tau_s(i)}{P_s}$

　　　　given $P_{s-1}, P_s, \Phi_s(i), r_{s-1}, B_{s-1}(i), \tau_s(i)$

　　　　$\forall i \in [0,1], \ \forall t \in \{1,2,\cdots\}$

なる制約条件付き最大化問題を解くことで得られる。そこでまず家計 i の動学的ラグランジュ関数を，

(6)　　　$\mathcal{L} = E_t \sum_{s=t}^{\infty} \beta^{s-t} \Big\{ \Big[\dfrac{C_s(i)^{1-\rho}}{1-\rho} - \dfrac{L_s(i)^{1+\nu}}{1+\nu} \Big]$

　　　　$+ \lambda_s(i) \Big[(1+r_{s-1})\dfrac{P_{s-1}}{P_s}\dfrac{B_{s-1}(i)}{P_{s-1}} + \dfrac{\Phi_s(i)}{P_s}$

　　　　$+ W_s(i)L_s(i) - \dfrac{\tau_s(i)}{P_s} - C_s(i) - \dfrac{B_s(i)}{P_s} \Big) \Big\}$

と置く。(6)式に「Kuhn-Tucker の定理」[12]を適用して1階の必要条件を求めると，以下のような t 期における各家計の主体的均衡条件を得る[13][14]。

---

　　12)　Kuhn/Tucker (1951).
　　13)　岡田 (2015a)。

$$(7) \qquad \partial C_t(i) : C_t(i)^{-\rho} = \lambda_t(i)$$

$$(8) \qquad \partial B_t(i) : \lambda_t(i) = \beta E_t\left[(1+r_t)\frac{p_t}{p_{t+1}}\lambda_{t+1}(i)\right]$$

$$(9) \qquad E_t\left[\lim_{T\to\infty}\frac{B_{T+t-1}(i)}{\prod_{s=t}^{T+t}(1+r_{s-1})}\right]=0 \quad (\text{no-Ponzi-game 条件式})$$

である[15]。

d 個別財需要

つぎに家計 i は，個別財サービス（i.e. $\forall j\in[0,1]$）ごとの消費需要を，個別財サービス価格 $P_t(j)$ が所与のとき，名目総支出額一定の下でそれら個別財サービス消費の総実質量を最大にするようにそれぞれ決めるものとするものとすれば，$I(i)$ を家計 i の財サービスに対する一定の名目総支出額として，

$$(10) \qquad \max_{(C(i,j))}:C_t(i)=\left[\int_0^1 C_t(i,j)^{\frac{\theta-1}{\theta}}dj\right]^{\frac{\theta}{\theta-1}}$$

$$\text{s.t.} \int_0^1 P_t(j)C_t(i,j)dj \le I_t(i)$$

$$\text{given } P_t(j), I_t(i)$$

を解くことで得られる。すなわち，

$$(11) \qquad C_t(i,j)=\left(\frac{P_t(j)}{P_t}\right)^{-\theta}C_t(i)$$

となる[16]。

---

14) 労働市場は独占的競争市場と仮定していることから最適実質賃金率は各家計の最適化行動より決まるが，これら最適賃金率ならびに労働供給量の決まり方は後の第 e 段で議論する。

15) 1 階の必要条件は（7）～（9）に加え，さらに

$$\lambda_t(i) \ge 0$$

$$\lambda_t(i)\left[(1+r_{t-1})\frac{P_{t-1}}{P_t}\frac{B_{t-1}(i)}{P_{t-1}}+\frac{\Phi_t(i)}{P_t}+W_t(i)L_t(i)-\frac{\tau_t(i)}{P_t}-C_t(i)-\frac{B_t(i)}{P_t}\right]=0$$

が付加される。

16) 岡田（2015a）。

e 賃金設定

つぎに，独占的競争下にある労働市場での家計による最適賃金率設定を以下のごとく考える。

各家計にとって賃金率 W を引き上げる改定機会は限定的であり，企業との賃金交渉で賃金率をいつでも欲するときに引き上げられるわけではなく，一定の確率に従ってランダムになし得ると想定する（i.e. カルボ型粘着価格モデル[17]）。すなわち，家計 i が任意の時点で賃金率を据え置く確率を ω_w（$\in (0,1)$），賃金率引き上げ機会を得る確率を $1-\omega_w$ とする。したがって，将来に亘り賃金率を改定できないリスクがある状況下では，各家計は，単に当期の効用のみならず，将来に亘る効用の割引現在価値も含めてその最大化を図るものと考えられる。ところで，当該経済では家計数は十分に大きいと仮定していたので，このことは，毎期一定割合（i.e. $1-\omega_w$）の家計だけ賃金率の引き上げ改定機会が与えられることと同義である（i.e. 大数の法則）。さらに加えて，各家計は，今期賃金率が最適水準 $W_t = W_t^o$ に改定できずこれを据え置いた場合でも，全般的な物価上昇に即し，前期における物価の上昇率分だけは今期の賃金率にスライドさせることが可能であるという，いわゆるウッドフォード型インデクセーション・ルール[18]の採用を考える。かくして，家計 i の賃金率ならびに労働時間供給に関する最適化行動様式は，以下のように定式化できる。

まず，集計的労働時間は，家計 i の個別労働供給時間 $L(i)$ に対し，$\eta(>1)$ を企業による労働需要の賃金に関する代替弾力性として，$\mu \equiv \dfrac{1}{\eta-1} > 0$ で定義すれば，

$$(12) \qquad L_t = \left[\int_0^1 L_t(i)^{\frac{1}{1+\mu}} di \right]^{1+\mu}$$

なる Dixit=Stiglitz 型集計指標[19]に基づく集計式で表されるものとする。したがって，上述(12)式に対応する全体的な実質賃金率 W は，

---

17) Calvo (1983).

18) Woodford (2003) Chap.3.

19) Dixit/Stiglitz (1977).

$$(13) \qquad W_t = \left[\int_0^1 W_t(i)^{-\frac{1}{\mu}} di\right]^{-\mu}$$

となる[20]。それゆえ，家計iの個別労働供給時間$L(i)$は，実質賃金支払額一定の下で投入労働時間を最大化する企業の最適化行動により，

$$(14) \qquad L_t(i) = \left(\frac{W_t(i)}{W_t}\right)^{-\frac{1+\mu}{\mu}} L_t$$

によって求められる[21]。

かくして，先の(5)式で示された家計iの条件付最大化問題に対し，賃金率設定に関する次のような最大化問題が導ける。

$$(15) \qquad \max_{\{W_t(i)\}} : E_t \sum_{s=0}^{\infty} (\beta \omega_W)^s \left[\lambda_{t+s}(i) W_{t+s}(i) L_{t+s}(i) - \frac{L_{t+s}(i)^{1+\nu}}{1+\nu}\right]$$

$$\text{s.t.} \quad W_{t+s}(i) = W_t^o(i) \prod_{k=1}^{s}\left\{\left(\frac{P_{t-1+k}}{P_{t-2+k}}\right)^{\gamma_W} \frac{P_{t-1+k}}{P_{t+k}}\right\}$$

$$L_{t+s}(i) = \left(\frac{W_{t+s}(i)}{W_{t+s}}\right)^{-\frac{1+\mu}{\mu}} L_{t+s}$$

$$\text{given } P_{t-1}, P_{t+s}, W_{t+s}, L_{t+s} \ (s=0,1,2\cdots)$$

$$\forall i \in [0,1], \ \forall t \in \{1,2,\cdots\}$$

ただし$\gamma_W(\in[0,1])$はインデクセーション・ルールに基づく価格転嫁率である。$\gamma_W=1$であれば，前期インフレ率の100％すべてを今期の賃金率に上乗せすることが可能ということを意味している。また，$\lambda_t(i)$は家計iの単位賃金率当り限界効用を表す。さらに$W_t^o(i)$はt期に賃金率改定の機会を得た家計iの設定する最適実質賃金率を示している。

ここで，主方程式に両制約条件式を代入して実質賃金率$W_t(i)$で偏微分し，この制約条件付き最大化問題を解くと，次のような家計iの最適化行動に関する1階の必要条件が導かれる[22]。

---

20) ある実質賃金率$W_t(i)$に対し，各家計が(12)式に対応した一定の労働供給時間の下で各自の実質賃金所得を最大にするとすれば(13)式が導かれる（岡田（2015a））。

21) 岡田（2015a）。

22) ibid.

106 　第 4 章　不完全競争労働市場と賃金の硬直性

$$(16) \quad E_t \sum_{s=0}^{\infty} (\beta \omega_W)^s \lambda_{t+s}(i) L_{t+s} W_{t+s}^{\frac{1+\mu}{\mu}} \Big[W_t^o(i)$$

$$\times \prod_{k=1}^{s} \Big\{ \Big(\frac{P_{t-1+k}}{P_{t-2+k}} \Big)^{\tau_W} \frac{P_{t-1+k}}{P_{t+k}} \Big\} - (1+\mu) \frac{L_{t+s}(i)^{\nu}}{\lambda_{t+s}(i)} \Big] = 0$$

…賃金率設定式

したがって，このことから，消費財サービスと労働の限界代替率の将来流列

(i.e. $\dfrac{dC_{t+s}(i)}{dL_{t+s}(i)} = \dfrac{L_{t+s}(i)^{\nu}}{\lambda_{t+s}(i)}$) にマークアップ率 $(1+\mu)$ を掛けた式と最適実質賃金

率 $W_t^o(i)$ との間に，次のような家計 i の賃金率設定に関する主体的均衡条件

式が得られる[23][24]。

$$(17) \quad W_t^o(i) = (1+\mu) E_t \sum_{s=0}^{\infty} f_{t+s} \frac{L_{t+s}(i)^{\nu}}{\lambda_{t+s}(i)}$$

$$\text{ただし} \quad f_{t+s} \equiv \frac{(\beta \omega_W)^s L_{t+s} W_{t+s}^{\frac{1+\mu}{\mu}} P_{t+s} \Big(\frac{P_{t-1}}{P_{t-1+s}} \Big)^{\tau_W}}{E_t \sum_{s=0}^{\infty} (\beta \omega_W)^s L_{t+s} W_{t+s}^{\frac{1+\mu}{\mu}}}$$

かくして家計 i に対して同質性条件を課せば，家計全体の集計的賃金率遷

移式

$$(18) \quad W_t = \Big[(1-\omega_W)(W_t^o)^{-\frac{1}{\mu}} + \omega_W \Big\{ W_{t-1} \Big(\frac{P_{t-1}}{P_{t-2}} \Big)^{\tau_W} \frac{P_{t-1}}{P_t} \Big\}^{-\frac{1}{\mu}} \Big]^{-\mu}$$

$$= \Big[(1-\omega_W)(W_t^o)^{-\frac{1}{\mu}} + (1-\omega_W) \sum_{s=1}^{\infty} (\omega_W)^s \Big\{ W_{t-s}^o \Big(\frac{P_{t-1}}{P_{t-s-1}} \Big)^{\tau_W} \frac{P_{t-s}}{P_t} \Big\}^{-\frac{1}{\mu}} \Big]^{-\mu}$$

が求まる[25]。ただし W_t^o は t 期に賃金率改定の機会を得た家計群の設定する

最適実質賃金率である。

---

23)　ibid.

24)　ここで $\prod_{k=1}^{s} \Big\{ \Big(\frac{P_{t-1+k}}{P_{t-2+k}} \Big)^{\tau_W} \frac{P_{t-1+k}}{P_{t+k}} \Big\} = \Big(\frac{P_{t-1+s}}{P_{t-1}} \Big)^{\tau_W} \frac{P_t}{P_{t+s}}$ なる関係式を用いた。

25)　岡田（2015a）。

3 企 業

a 生産技術

各企業は，固定的生産要素である資本ストック K の投入を一定とし，さらに可変的生産要素である労働 L を投入して差別化された1種類の財サービス $z(\in[0,1]\subset R^1)$ を生産する[26]。各企業の生産技術構造はすべて同形的であるとする。したがって，企業 j の t 期における個別生産関数 F^j は，$A_t(j)$ (>0) を技術水準（i.e. 全要素生産性ないしはソロー残差）とし，さらに $\overline{A}(j)$ を定常状態での技術水準とすれば，$\forall j\in[0,1]$，$\forall t\in\{1,2,\cdots\}$ に対して，

$$(19)\qquad Y_t(j)=F^j(A_t,K,L_t)=A_t(j)L_t(j)$$
$$\text{ただし，}\quad A_t(j)=(A_{t-1}(j))^\phi(\overline{A}(j))^{1-\phi}\exp(\varepsilon_t^{Aj}),\quad \varepsilon_t^{Aj}\sim i.i.d.(0,\sigma_{Aj}^2)$$
$$\&\ \phi\in[0,1]$$

で表せる。さらに定常状態での技術水準ないしは労働生産性 $\overline{A}(j)$ はここでは1に基準化されているものと仮定する[27]。

b 最適化行動

独占的競争の状況下では，各企業はプライス・メーカーとして差別化された自社の財サービスに対して自ら価格を設定し得る。ただし，各企業にとっては価格の調整機会は限定的であり，自社製品価格をいつでも欲するときに変更できるわけではなく，一定の確率に従ってランダムになし得ると想定する（i.e. カルボ型粘着価格モデル[28]）。すなわち，企業 j が任意の時点で価格を据え置く確率を $\omega_P(\in(0,1))$，価格を変更し得る確率を $1-\omega_P$ とする。したがって，将来に亘り価格を改定できないリスクがある状況下では，各企業

---

26) ここでは便宜的に $z\equiv j\in(0,1)$ としておく。

27) (19)式において，
　　$A_t(j)=(A_{t-1}(j))^\phi\overline{A}(j)^{1-\phi}\exp(\varepsilon_t^{Aj})\Rightarrow\ln A_t(j)-\phi\ln A_{t-1}(j)=(1-\phi)\ln\overline{A}(j)+\varepsilon_t^{Aj}$
　　であるから，技術ショックの無くなった定常状態においても $\phi<1$ である限り技術水準ないしは労働生産性 $A_t(j)$ は一定率で増加し，したがってそれを源泉として他の経済変数も増加トレンドを持つ。それゆえこうしたトレンドを除去する作業が必要となるが，ここでは技術水準 $\overline{A}(j)$ は1に基準化されているものと仮定したから $\ln\overline{A}(j)=\ln 1=0$，すなわち定常状態では技術進歩は不変となり，したがって各変数からトレンドを除去して再定義する必要はなくなる。

28) Calvo (1983).

108　第 4 章　不完全競争労働市場と賃金の硬直性

は，単に当期の利潤のみならず，将来に亘る予想利潤の割引現在価値も含め
てその最大化を図るものと考えられる。ところで，当該経済では企業数は十
分に大きいと仮定していたので，このことは，毎期一定割合（i.e. $1-\omega_P$）
の企業だけ価格改定の機会が与えられることと同義である（i.e. 大数の法
則）。さらに加えて，各企業は，今期価格が最適水準 $P_t = P_t^o$ に改定できず，
これを据え置いた場合でも全般的な物価上昇に即し前期における物価の上昇
率分だけは今期の価格にスライドさせることが可能であるという，いわゆる
ウッドフォード型インデクセーション・ルール[29]の採用を考える。かくし
て，企業 j の t 期における最適化行動様式は，合理的予想の下，以下のよう
に定式化できる[30]。

$$(20) \qquad \max_{\{P_t(j)\}} : \tilde{\Phi}_t(j) = E_t \sum_{s=0}^{\infty} \beta_{t+s} \omega_P^s \left[\frac{P_{t+s}(j)}{P_{t+s}} Y_{t+s}(j) - MC_{t+s}(j) Y_{t+s}(j) \right]$$

$$\text{s.t. } P_{t+s}(j) = P_t^o(j) \prod_{k=1}^{s} \left(\frac{P_{t-1+k}}{P_{t-2+k}} \right)^{\gamma_P}$$

$$Y_{t+s}(j) = A_{t+s}(j) L_{t+s}(j)$$

$$Y_{t+s}(j) = \left(\frac{P_{t+s}(j)}{P_{t+s}} \right)^{-\theta} Y_{t+s}$$

$$MC_{t+s}(j) = \frac{W_{t+s}(j)}{A_{t+s}(j)}$$

$$\text{given } W_{t+s}(j), A_{t+s}(j), P_{t+s}, Y_{t+s} \quad (s = 0,1,2\cdots)$$

ただし β_{t+s} は企業の最終所有者たる家計の限界効用で評価された企業 j の主
観的割引率であり，$\beta_{t+s} = \beta^s \frac{\lambda_{t+s}(j)}{\lambda_t(j)}$（$\beta \in (0,1)$）で定義される。また，$MC_t(j)$
（$\equiv \frac{W_t(j)}{A_t(j)}$）は企業 j の t 期における実質限界費用を表す。さらに $P_t^o(j)$ は t 期
に価格改定の機会を得た企業 j の設定する最適価格水準を，$\gamma_P (\in [0,1])$ はイ
ンデクセーション・ルールに基づく価格転嫁率をそれぞれ示している。

29）Woodford (2003) Chap.3.

30）$\Phi_t(j)$ は企業 j の t 期における単期利潤を表し，$\tilde{\Phi}_t(j)$ は当期の利潤に加えて将来に亘る予
想利潤の割引現在価値も含めたものを表す。

したがって，各制約条件式を主方程式に代入し，設定価格 $P_t(j)$ で偏微分してこれら制約条件つき最大化問題を解くと，次のような企業 j の最適化行動に関する1階の必要条件が導かれる[31]。

$$(21) \qquad E_t\left[\sum_{s=0}^{\infty} \beta_{t+s}(\omega_P)^s Y_{t+s}\left[\frac{P_t^o(j)}{P_{t+s}}\prod_{k=1}^{s}\left(\frac{P_{t-1+k}}{P_{t-2+k}}\right)^{\tau_P} - \frac{\theta}{\theta-1}\frac{W_{t+s}(j)}{A_{t+s}(j)}\right]\right]=0$$

…価格設定式

このことから，企業 j の価格設定に関する主体的均衡条件，すなわち，最適価格が実質限界費用の将来流列に一定のマークアップ率 $(\frac{\theta}{\theta-1})$ を乗じたものと等しくなるという以下の関係式が得られる[32][33]。

$$(22) \qquad \frac{P_t^o(j)}{P_t}=\frac{\theta}{\theta-1}E_t\left[\sum_{s=0}^{\infty} g_{t+s}\frac{W_{t+s}(j)}{A_{t+s}(j)}\right]$$

$$\text{ただし}\quad g_{t+s}\equiv\frac{\beta_{t+s}\omega_P^s\left(\left(\frac{P_{t-1+s}}{P_{t-1}}\right)^{\tau_P}\frac{P_t}{P_{t+s}}\right)^{-\theta}Y_{t+s}}{E_t\sum_{s=0}^{\infty} \beta_{t+s}\omega_P^s\left(\left(\frac{P_{t-1+s}}{P_{t-1}}\right)^{\tau_P}\frac{P_t}{P_{t+s}}\right)^{1-\theta}Y_{t+s}}$$

ここで(22)式の右辺はすべての企業 j にとって同一であるから，企業全般の集計的価格遷移式

$$(23) \qquad P_t=\left[(1-\omega_P)(P_t^o)^{1-\theta}+\omega_P\left\{P_{t-1}\left(\frac{P_{t-1}}{P_{t-2}}\right)^{\tau_P}\right\}^{1-\theta}\right]^{\frac{1}{1-\theta}}$$

$$=\left[(1-\omega_P)(P_t^o)^{1-\theta}+(1-\omega_P)\sum_{s=1}^{\infty}(\omega_P)^s\left\{P_{t-s}^o\left(\frac{P_{t-1}}{P_{t-s-1}}\right)^{\tau_P}\right\}^{1-\theta}\right]^{\frac{1}{1-\theta}}$$

が求まる[34]。上述式の P_t^o は t 期に価格改定の機会を得た企業群の設定する最適価格水準である。

4　政　府

a　財政収支

政府は，一括個人税（i.e. 人頭税）による税収ならびに国債の新規発行額

---

31)　岡田（2015a）。

32)　ibid.

33)　ここで $\prod_{k=1}^{s}\left(\frac{P_{t-1+k}}{P_{t-2+k}}\right)^{\tau_W}=\left(\frac{P_{t-1+s}}{P_{t-1}}\right)^{\tau_W}$ なる関係式を用いた。

34)　岡田（2015a）。

110　第4章　不完全競争労働市場と賃金の硬直性

を基に，消費財サービス指標 C で表示された財政支出 G ならびに国債の利払いを行うものとし，且つ財政収支は毎期単年度で均衡が達成されるものとする。したがって，政府部門の t 期における財政収支式は，

(24)　　　$\tau_t+(B_t-B_{t-1})=P_tG_t+r_{t-1}B_{t-1}$

　　　　　$\forall t\in\{1,2\cdots\}$

なる式で表せる。ただし，本章では財政政策の政策目標を所与と仮定し，したがって各期の財政支出 G_t は一定値（$G_t=G,\ \forall t\in\{1,2\cdots\}$）と仮定しておく。

b　金融政策

　他方，通貨当局は，金融政策変数として名目金利水準をコントロールすると考える。したがって，通貨当局の政策対応関数としては，次のようなオーソドックスなテイラー・ルール型を採用するものと想定する。

(25)　　　$1+r_t=(1+r_{t-1})^{\chi_1}\left(\left(\dfrac{1+\pi_t}{1+\pi_t^0}\right)^{\chi_2}\left(\dfrac{Y_t}{Y_f}\right)^{\chi_3}\right)^{1-\chi_1}$

　　　　　$\forall t\in\{1,2,\cdots\}$

ただし $\chi_i(i=1,2,3)$ はパラメータであり，且つ $\chi_1\in(0,1)$ とする。かくして，通貨当局は1期前の金利水準 r_{t-1} の動向を踏まえつつ，現行インフレ率 $\Pi_t\equiv\dfrac{P_t}{P_{t-1}}=1+\pi_t$ と目標インフレ率 $\Pi_t^0\equiv\dfrac{P_t^0}{P_{t-1}^0}=1+\pi_t^0$ との乖離や，Y_f を実質潜在 GDP（定数）としたときの実質 GDP ギャップ $\dfrac{Y_t}{Y_f}$ の現況にも対応して今期の政策金利を操作すると考える。

5　市　場

　第2項・第3項で見たように，各企業・各家計の主体的均衡に基づいて一意的に定まる個々の財サービスの需給量，労働の需給量，債券ストックの需給額が，t 期において，完全競争市場のみならず"見えざる手"不在の独占的競争状況下にある市場を含む各市場で全体としてそれぞれどのようにして過不足なく完全にクリアーされるであろうか。

a 債券市場

債券市場は完全競争を仮定しているゆえ，各家計iにおける債券の受取り額と支払い額は符号が逆で絶対値が等しくなるから，模索過程における利子率r_tのシグナル機能により，市場の需給均衡額は

$$(26) \quad \int_0^1 B_t(i)di = B_t$$

$$\forall t \in \{0,1,2\cdots\}$$

となる。

b 財サービス市場

財サービス市場は独占的競争市場と仮定しているので，$\theta(>1)$を個別財サービス需要の価格に対する代替弾力性とすれば，家計i・企業jの最適化行動が逐次的に図られた結果，集計的財サービス需給均衡条件

$$(27) \quad \int_0^1 C_t(i)di + G = \left[\int_0^1 Y_t(j)^{\frac{\theta-1}{\theta}}dj\right]^{\frac{\theta}{\theta-1}}$$

$$\forall t \in \{0,1,2\cdots\}$$

が最終的に達成される。

c 労働市場

同じく独占的競争下にある労働市場において，まず最適労働供給量$L_t^s(i)$は，家計の主体的均衡条件式（＝消費財サービスと労働との限界代替率の将来の流列×一定のマークアップ率）より決まる最適実質賃金率$W_t^o(i)$と，さらにこれに$L_t(i) = \left(\frac{W_t^o(i)}{W_t}\right)^{-\eta} L_t$（$\eta(>1)$は労働需要の賃金に対する代替の弾力性）なる式を組み合わせることによって求められる。他方，最適労働需要量$L_t^p(j)$は，企業の主体的均衡条件式である実質限界費用の将来の流列に一定のマークアップ率を乗じた式より最適価格水準$P_t^o(j)$が決まり，さらにこれと$Y_t(j) = \left(\frac{P_t^o(j)}{P_t}\right)^{-\theta} Y_t$（$\theta(>1)$は財サービス需要の価格に対する代替の弾力性）なる式とから最適生産量$Y_t(j)$が決まるので，個別生産関数$Y_t(j) = A_t(j)L_t(j)$の逆

112 第4章 不完全競争労働市場と賃金の硬直性

関数より労働需要量 $L_t^p(j)$ が求まる。かくして，集計的労働需給均衡式

$$(28) \qquad \left[\int_0^1 L_t^S(i)^{\frac{\eta-1}{\eta}}di\right]^{\frac{\eta}{\eta-1}} = \left[\int_0^1 L_t^p(j)^{\frac{\theta-1}{\theta}}dj\right]^{\frac{\theta}{\theta-1}}$$

$$\forall t \in \{0,1,2\cdots\}$$

が労使間の逐次的交渉により最終的に達成される。

4 対数線形化とカリブレーション

1 対数線形化

　前節で展開した非線形的で複雑な形状の理論モデルに対し，本節において，より直感的な把握を可能にするところの経済体系における定常状態からの近傍乖離に関する対数"線形"近似式を求めてみる[35][36]。以下でアルファベット小文字は大文字変数の対数表示を意味し，また ‾（バー）付き変数は定常変数を，＾（ハット）付き変数は定常状態からの対数線形乖離を表す。ただし，金利 r_t ならびにインフレ率 π_t に関しては単に定常状態からの線形乖離を表す。また，すべての家計・企業は同形的ゆえ，i, j について [0,1] 区間で積分した変数の集計量を用いる。そして，経済は離散的時間の経過とともに $t \in \{0,1,2,\cdots\}$ と継起的ないしは逐次的に進行していくと想定する。

　その上で，それら定常状態からの近傍乖離に関する対数線形・線形近似式をもとにカリブレーションをおこない，現実の主要マクロ経済変数の動学過程を理論モデルで"複製"してみる。

---

35)　動学的一般均衡モデルの理論式に関する具体的な対数線形化計算については本章補論を参照。

36)　我々は既に定常状態での技術水準ないしは労働生産性は1に基準化されていると仮定したので定常状態では技術進歩率はゼロとなり，したがって各変数から増加トレンドを除去して再定義する必要はなくなる。

4 対数線形化とカリブレーション　　*113*

2　対数線形近似式

a　消費オイラー方程式

先の(7)式・(8)式より,

$$(\text{Eq01})\quad \widehat{c}_t = E_t\widehat{c}_{t+1} - \frac{1}{\rho}(\widehat{r}_t - E_t\widehat{\pi}_{t+1}) + \varepsilon_t^c$$

を得る。

b　実質賃金率設定式

家計の賃金率設定に関する主体的均衡条件式(16)式・(17)式を用いれば,補論のような計算によって

$$(\text{Eq02})\quad \widehat{w}_t = \frac{1}{1+\beta}\widehat{w}_{t-1} + \frac{\beta}{1+\beta}E_t\widehat{w}_{t+1} + \frac{\gamma_w}{1+\beta}\widehat{\pi}_{t-1}$$

$$-\frac{1+\beta\gamma_w}{1+\beta}\widehat{\pi}_t + \frac{\beta}{1+\beta}E_t\widehat{\pi}_{t+1}$$

$$-\frac{(1-\beta\omega_W)(1-\omega_W)}{(1+\beta)\Big(1+(\frac{1+\mu}{\mu})\nu\Big)\omega_W}[\widehat{w}_t - \nu\widehat{l}_t - \rho\widehat{c}_t] + \varepsilon_t^W$$

が導かれる。

c　新ケインジアン・フィリップス曲線式

企業の価格設定に関する主体的均衡条件式(21)式・(22)式を用いれば, 同じく補論のような計算によって, 以下のようなバックワード・ルッキング的要素とフォワード・ルッキング的要素が"交配"されたハイブリッド型新ケインジアン・フィリップス曲線式が導かれる[37]。

---

37)　一般に今期のインフレ率がインフレ率のラグ項と限界費用（または GDP ギャップ）で「経験則」に基づき説明される場合は"伝統的"フィリップス曲線と称される。これに対し, 独占的競争市場と粘着価格をベースとした「新たな経済理論」によってインフレ率の将来予想と限界費用（または GDP ギャップ）で説明される場合は"新ケインジアン"フィリップス曲線と称される（Roberts (1995)）。(Eq03)式では説明変数にインフレ率のラグ項（＝バックワード・ルッキング的要素）に加えさらに予想インフレ率（＝フォワード・ルッキング的要素）が加味されていることから, 両フィリップス曲線の折衷ないしは交配したものとして"ハイブリッド型"新ケインジアン・フィリップス曲線式と称される（Gali/Gertler (1999)）。

(Eq03)　$\hat{\pi}_t = \dfrac{\gamma_P}{1+\beta\gamma_P}\hat{\pi}_{t-1} + \dfrac{\beta}{1+\beta\gamma_P}E_t\hat{\pi}_{t+1} + \dfrac{(1-\beta\omega_P)(1-\omega_P)}{(1+\beta\gamma_P)\omega_P}(\hat{w}_t-\hat{a}_t) + \varepsilon_t^{\Pi}$

d　生産関数式

企業の生産関数(19)式より，

(Eq04)　$\hat{y}_t = \hat{a}_t + \hat{l}_t$

を得る。また，技術水準（i.e. 全要素生産性ないしはソロー残差）に関しては，同じく(19)式より，$\ln \bar{A} = \ln 1 = 0$ であることを考慮して

(Eq05)　$\hat{a}_t = \phi\hat{a}_{t-1} + \varepsilon_t^{A}$

が求まる。

e　金融政策ルール式

通貨当局によるテイラー・ルール型政策反応関数(25)式より，名目利子率を政策変数としたところの

(Eq06)　$\hat{r}_t = \chi_1\hat{r}_{t-1} + (1-\chi_1)\{\chi_2(\hat{\pi}_t - \hat{\pi}_t^0) + \chi_3\hat{y}_t\} + \varepsilon_t^{R}$

なる金融政策ルール式を得る。

f　財サービス市場均衡式

各期の政府財政支出 G_t は一定値（$G_t = G, \ \forall t \in \{1,2\cdots\}$）と仮定したことから，財サービス市場の需給均衡(27)式に関し，

(Eq07)　$\hat{y}_t = \dfrac{\bar{C}}{\bar{Y}}\hat{c}_t$

となる。

g　その他

(Eq08)　$\varepsilon_t^{C} = \hat{c}_t - E_{t-1}\hat{c}_t$

(Eq09)　$\varepsilon_t^{W} = \hat{w}_t - E_{t-1}\hat{w}_t$

(Eq10)　$\varepsilon_t^{\Pi} = \hat{\pi}_t - E_{t-1}\hat{\pi}_t$

(Eq11)　$\varepsilon_t^{R} = \hat{r}_t - E_{t-1}\hat{r}_t$

かくして，定常状態からの近傍乖離の対数線形近似式(Eq01)式〜(Eq07)

４　対数線形化とカリブレーション　*115*

第1表　構造パラメータ

パラメータ	値	説明
β	0.99	時間的割引率
ρ	1.90	異時点間の消費代替弾力性の逆数
ν	2.10	異時点間労働供給の代替弾力性の逆数
ω_P	0.60	価格据え置き確率
ω_W	0.50	賃金据え置き確率
γ_P	0.65	価格転嫁率
γ_W	0.60	賃金転嫁率
μ	0.05	労働需要の賃金に対する代替弾力性
χ_1	0.65	1期前の金利に対する政策反応係数
χ_2	1.60	インフレ率目標値との乖離に対する政策反応係数
χ_3	0.10	実質 GDP ギャップに対する政策反応係数
$\bar{\pi}_t^0$	0.00	目標インフレ率（$\Leftrightarrow \Pi_t^0$：定数）
ϕ	0.85	全要素生産性の自己回帰過程係数
c	0.70	定常状態での消費性向（$\equiv \overline{C}/\overline{Y}$）
σ_A	0.005	全要素生産性の自己回帰過程標準偏差
σ_Π	0.005	インフレ率ショックの標準偏差
σ_R	0.005	金利ショックの標準偏差
σ_W	0.005	賃金ショックの標準偏差
σ_C	0.005	消費ショックの標準偏差

式に対し，内生変数は$\hat{y}_t, \hat{c}_t, \hat{w}_t, \hat{l}_t, \hat{r}_t, \hat{\pi}_t, \hat{a}_t$の7個となる。また，構造ショックは，1階の自己回帰過程に従う技術水準$\hat{a}_t$とホワイト・ノイズ過程に従う予測誤差$\varepsilon_t^C, \varepsilon_t^W, \varepsilon_t^\Pi, \varepsilon_t^R$の計5個である。加えてジャンプ変数は$\hat{c}_t, \hat{w}_t$，ならびに$\hat{\pi}_t$の3個であるから，それゆえ，モデル式で1より大きな固有値が3個あることが本方程式体系の一意的な均衡解を導くにあたっての条件である（i.e. Blanchard=Kahn の条件[38]）。

3　カリブレーション

ここで構造パラメータを第1表のごとく設定し[39]，さらに①金融政策，②

---

38) Blanchard/Kahn（1980）．また，岡田（2014a）第1章補論2参照。

39) 本節における構造パラメータの設定に際しては，この分野における先行業績の推計値を参考にした。

116　第4章　不完全競争労働市場と賃金の硬直性

第1図　インパルス応答

消費ショック

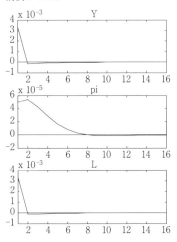
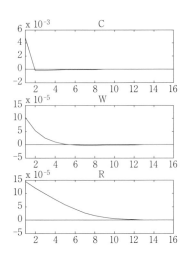

インフレ率ショック

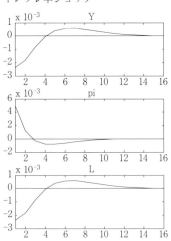
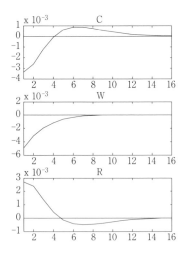

4 対数線形化とキャリブレーション   117

賃金率ショック

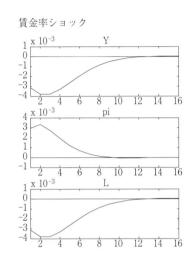
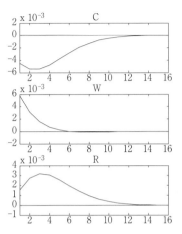

金融緩和ショック

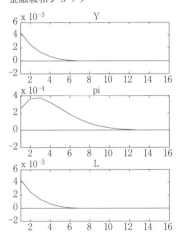
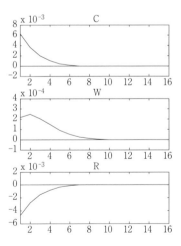

118　第4章　不完全競争労働市場と賃金の硬直性

技術ショック

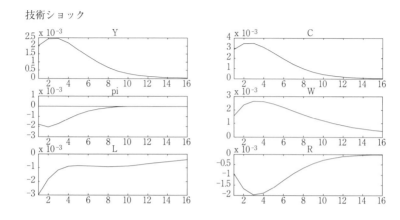

インフレ率，③賃金率，④消費，⑤技術水準のそれぞれに関して1標準偏差だけ構造ショックを与えると，第1図のような各インパルス応答が得られる。

かくしてこれらカリブレーション結果から，第2節で展開した理論モデル体系は我々の経験に照らして現実の経済の運行に良く合致したものと結論付けることができる。

5　実証分析

1　推　計

a　回帰式

先の非線形賃金設定式(17)式に対し，補論で示した手続きに従えば以下のような定常状態からの乖離を示す対数線形近似式を導くことができる。各表記法は第2節・第3節に従うものとする。

$$\widehat{w}_t = \frac{\beta}{1+\beta} E_t \widehat{w}_{t+1} + \frac{1}{1+\beta} \widehat{w}_{t-1} + \frac{\beta}{1+\beta} E_t \widehat{\pi}_{t+1}$$

$$- \frac{1+\beta\gamma_W}{1+\beta} \widehat{\pi}_t + \frac{\gamma_W}{1+\beta} \widehat{\pi}_{t-1} - \xi(\widehat{w}_t - \nu \widehat{l}_t - \rho \widehat{c}_t)$$

ただし，$\xi \equiv \dfrac{1}{1+\beta}\dfrac{1-\omega_W}{\omega_W}\dfrac{(1-\beta\omega_W)\mu}{\mu+(1+\mu)\nu}$ （>0）

ここで，最後の項の $(\nu\hat{l}_t+\rho\hat{c}_t)$ なる式は完全競争市場で決まる弾力的な実質賃金率を表すから，独占的競争市場で決まる実質賃金率 $\hat{w}_t$ との比較において，係数 ξ の絶対値が小さいと賃金水準の硬直性は大きく，逆に ξ の絶対値が大きいと賃金水準の硬直性は小さいことを意味する。すなわち，係数 ξ は「賃金硬直性」を示す指標と言える。かくして実際の時系列統計データを適用して ξ を推計することにより，ここに各国労働市場の賃金硬直性がどの程度であるか計測が可能となる。

したがって，先行事例に倣って $\beta=0.99$，$\nu=2.1$，$\gamma_W=0.6$ と置き，さらに家計の財サービス消費量に関する効用関数を $\rho\to1 \Leftrightarrow \dfrac{C_t^{1-\rho}}{1-\rho}=\ln C_t$ と簡略化する。その上で，上述した賃金設定式を

$$y_t=\xi(2.1\hat{L}_t+\hat{c}_t-\hat{w}_t)+\varepsilon_t$$
ただし，$y_t\equiv\hat{w}_t-0.497\hat{w}_{t+1}-0.503\hat{w}_{t-1}$
$$-0.497\hat{\pi}_{t+1}+0.801\hat{\pi}_t-0.302\hat{\pi}_{t-1}$$
$$\varepsilon_t\sim i.i.d.N(0,\sigma^2)$$

と定式化する。さらに係数 ξ の事前確率分布を「正規分布」，撹乱項の分散 σ^2 の事前確率分布を「逆ガンマ分布」としてそれぞれが独立に従うと仮定し，事後分布も共役分布とすれば，上述回帰式に「マルコフ連鎖モンテカルロ法によるベイズ推定法（BI－MCMC）」を適用して ξ の推定量 $\tilde{\xi}$ を求めることが可能となる[40]。なお本章では具体的な計算のアルゴリズムとしては，ギブス・サンプラー（Gibbs sampler）を用いた[41]。

b 推計対象・期間

推計対象は，日本の労働市場の他，米国ならびに英，独，仏，伊の欧州諸

---

40) マルコフ連鎖モンテカルロ法によるベイズ推定法に関しては，本書第6章補論に加え岡田（2014a）第1章・補論1を参照。

41) ギブス・サンプラー・アルゴリズムの計算ソフトは，R の Markov Chain Monte Carlo Package（Copyright 2003-2010 by Martin, A.D., K.M. Quinn, and J.H. Park）を使用した。本プログラム内容については，Martin, A.D. et al.（2009）"Packge 'MCMCpack'"（http://mcmcpack.wustl.edu）を参照。

120　第4章　不完全競争労働市場と賃金の硬直性

国労働市場とする。また，推計期間は，必要な時系列データの採れる 1985 年から最近時点までとする。

c　データ

各国データは IMF（2015），*International Financial Statistics*，CD-ROM，August 2015 を用いる。これらデータの一覧を示せば以下のごとくである。なお，すべてのデータは年次ベースで 1985 年＝100.0 として指数化されている。

W：名目賃金支払い額（月額平均，ただし米のみ製造業時間当たり，なお伊は契約額ベース）を消費者物価指数で実質化
Π：消費者物価（英のみ小売物価）増減率
L：雇用者総数
C：名目 GDE 家計消費支出額を消費者物価指数で実質化

これら変数の定常均衡値からの近傍乖離幅を Hodrick=Prescott フィルターによる傾向値からの差で近似する。また，各国の y_t ならびに $x_t \equiv (2.1\widehat{L}_t + \widehat{c}_t - \widehat{w}_t)$ の両変数に対して拡張的 Dickey=Fuller 単位根検定（定数あり・確定トレンドなし；ラグ次数は Schwarz 情報基準により自動的に決定）を施すと，「H_0：単位根あり」という帰無仮説をすべて 1% の有意水準で棄却できる（第2表参照）。それゆえ，各国変数はすべてがレベル変数ベースで定常時系列 $I(0)$ であると判断できる。さらに両変数に対しては平均値調整（demean）を施しておく。加えて，y_t ならびに x_t の両時系列変数に CUSUM 検定を適用し，標本期間の凡そ 30 年間にその関係性に対し大きな構造変化が無かったことを確認しておく（第2図参照）。

2　推計結果

まず，マルコフ連鎖モンテカルロ法によるベイズ推定法に対し，各国係数 ξ ならびに撹乱項分散 σ^2 の事前確率分布を第3表のごとく設定する。ただし係数に関する事前分布平均は OLS 推計値を用いる。

第2図 CUSUM 検定

日本

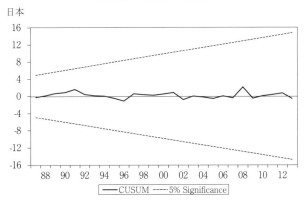

アメリカ

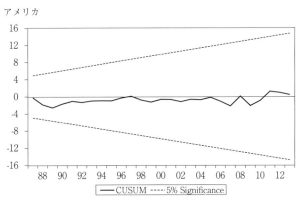

イギリス

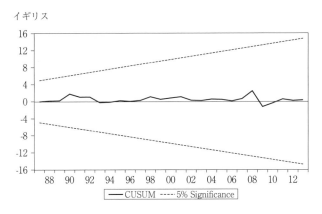

第4章　不完全競争労働市場と賃金の硬直性

フランス

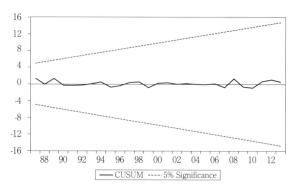

ドイツ

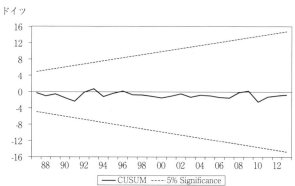

イタリア

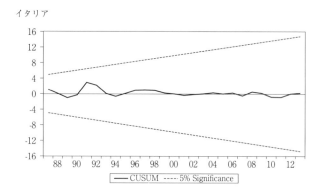

第2表　ADF 単位根検定

	x	y
日本	-3.72601***	-8.34717***
米国	-4.80917***	-4.86493***
英国	-2.96787***	-6.03003***
フランス	-6.30822***	-4.18432***
ドイツ	-6.78450***	-7.14953***
イタリア	-5.44193***	-5.09046***

***：1% 有意水準，**：5% 有意水準，*：10% 有意水準

　かくして，各国係数 ξ の BI－MCMC 推定量 $\tilde{\xi}$ に対して第4表のような推計結果を得る。ここで，ギブス・サンプラー・アルゴリズムにおいて最初の 1,000 個を初期値に依存する稼動検査（burn-in）期間として捨てる。そして，その後の 10,000 個の標本を事後分布からの標本と考えて採用し，事後分布の平均，標準誤差，標準偏差＋95% 信頼区間を表示している。さらに添付図は，ギブス・サンプラーで得られた各パラメータならびに分散の標本経路（左部分）と事後確率密度関数（右部分）を表示している。いずれの標本経路も安定した動きで十分に状態空間全体を行き来していると見なされ得ることから不変分布に収束していると判定され，且つ各推計値が事後確率密度関数の中央近辺に来ていることも分かる。また，標本のコレログラムを

第3表　パラメータ事前確率分布

パラメータ	分布	平均	標準偏差
ξ_j　（日本）	正規分布	0.10	0.15
ξ_a　（米国）	正規分布	0.07	0.05
ξ_e　（英国）	正規分布	0.01	0.12
ξ_f　（仏国）	正規分布	0.02	0.01
ξ_g　（独国）	正規分布	0.00	0.03
ξ_i　（伊国）	正規分布	0.00	0.02
$\sigma_j, \sigma_a, \sigma_e, \sigma_f, \sigma_g, \sigma_i$	逆ガンマ分布	0.20	inf.

124　第 4 章　不完全競争労働市場と賃金の硬直性

第 4 表　パラメータ事後確率分布

	Variable	Mean	Naïve SE	T-series SE	SD	95% Interval
日本	ξ_j	0.10250	0.21410	0.00214	0.00218	[−0.32730　0.52643]
アメリカ	ξ_a	0.07928	0.07608	0.00076	0.00077	[−0.07302　0.22921]
イギリス	ξ_e	0.03405	0.12020	0.00120	0.00111	[−0.20415　0.27064]
フランス	ξ_f	0.02268	0.01308	0.00013	0.00012	[−0.00333　0.00484]
ドイツ	ξ_g	0.01891	0.01322	0.00013	0.00013	[−0.00737　0.04510]
イタリア	ξ_i	−0.01214	0.03534	0.00035	0.00036	[−0.08310　0.05785]

Note: Sample Period = 1985-2014

　作成すると標本自己相関は急激に減衰しており，したがって効率的にサンプリングしていることも見て取れる。

　各国のパラメータ推計値 $\tilde{\xi}$（＝賃金硬直性係数）を纏めた上述第 4 表からは以下の点が指摘できる。

（ⅰ）　英，仏，独各国の係数 ξ に関する推計値 $\tilde{\xi}$ は 0.02～0.03 と米国の 0.08 に比して低い。このことは，欧州では伝統的に労働市場の各種規制が強く，したがって市場は不完全競争的で，賃金の決定も硬直的な状況を反映していると看做し得る。

（ⅱ）　伊の推計値はマイナスで符号条件を満たしていない。これは，IMF 統計では伊の賃金データは支払額ベースではなく契約額ベースが採用されており，したがって賃金決定動向の実態を反映しているとは必ずしも言えず，他の関連経済変数データと整合的でないことに起因していると考えられる。

（ⅲ）　米国の推計値から読み取れることは，米国の労働市場は極めて競争的で，それゆえ賃金の決定も非常に弾力的ということである。人材がより良い雇用条件を求めてダイナミックに動いてゆくこうした米国労働市場の特性は，既に多くの論者が指摘しているところであるが，家計・企業による最適化行動のミクロ経済的ロジックを明示的に有する動学的一般均衡理論に基づいた本実証分析結果でも，改めてそれが確

認される。

（iv）　独特の雇用慣行が存在する日本の場合，賃金の決定はそれほど硬直的・粘着的とは言えないという推計結果になった。むしろ米国と同程度かそれ以上に弾力的との値である。したがって，資産価格バブル崩壊以降，企業のリストラ化の促進，アウトソーシングの高まり，非正社員数の増加などもあって日本の労働市場は大きく変化してきており，日本型雇用慣行の存在を欧州などの労働市場と同列に論ずることはもはやできなくなってきていると言える。

6　結　び

　景気動向に呼応して安定した賃金を保証・担保することは，各国政府とも最優先すべき重要政策課題である。労働市場が不完全競争的であると賃金水準は硬直的・粘着的となり，このことは家計の購買意欲を減退させ，さらには景気への波及を希釈させる。かくして巷には働く気力を喪失した失業者が増え，経済活動のダイナミズムは削がれ，時として社会的停滞や政治的不安もが醸成される。したがって，各国政府は様々な政策を施行することで，不完全競争性を招来する労働市場の構造的要因を除去せんと努めている。

　そこで，本章では，独占的競争という労働市場の不完全競争性を前提とした動学的一般均衡理論の枠組みを基に，日米欧各国労働市場の理論的・実証的分析を試みた。すなわち，各経済主体が諸々の制約条件の下で合理的予想形成に基づき将来に亘る利潤や効用の最大化を図るとき，労働市場の不完全競争性が賃金設定にどれほどの硬直性・粘着性を齎すかを，マルコフ連鎖モンテカルロ法によるベイズ推定法によって実際の時系列データから推計した。その結果，欧州では労働市場に対し改革を推進させる一方で各種規制・慣行の残影が未だ存続することから，賃金設定に強い硬直性が見られること，他方，米国では企業間・産業間の自由な労働移動に伴う弾力的な労働需給調整メカニズムにより，賃金水準の硬直性・粘着性は極めて弱いこと，さらに日本では，近年，長期雇用・年功賃金・企業別組合という日本型雇用慣行が漸次弱まるにつれ「内部労働市場」から一部「外部労働市場」への移行

126　第 4 章　不完全競争労働市場と賃金の硬直性

が進んだ結果，賃金水準は弾力的に決定されつつあること，などが数値的に明らかとなった。

補論　対数線形化

本補論において，対数線形化に際しやや煩雑な計算を要する若干の式に関して検討を加える[42]。

1　対数線形化の方法

ある変数 X_t に対し，その定常状態を $\overline{X}$ とする。そして X_t が $\overline{X}$ に極めて近いとき，各々対数変換して定常状態の周りで 1 次までのオーダーでテイラー近似をさせると

$$\hat{x}_t \equiv \ln X_t - \ln \overline{X} \approx \frac{1}{\overline{X}}(X_t - \overline{X})$$

となる。すなわち，変数 X_t の定常状態 $\overline{X}$ からの近傍乖離率は対数線形式で近似される。したがって，

$$\overline{X} \exp \hat{x}_t \approx \overline{X} \exp (\ln X_t - \ln \overline{X}) = \overline{X} \exp \left(\ln \frac{X_t}{\overline{X}}\right) = \overline{X} \frac{X_t}{\overline{X}} = X_t$$

であるから，この式を用いて各変数を置き換えることにより，対数線形近似式を求めることができる[43]。例えば，$X_t = \overline{X} \exp \hat{x}_t$ としたとき，$d(\exp \tilde{x})/d\tilde{x} = \exp \tilde{x}$ であるから，指数部分は 1 次のテイラー近似により

$$\exp \hat{x}_t - \exp \tilde{x} \approx \exp \tilde{x}(\hat{x}_t - \tilde{x}) \quad (\text{ただし } \tilde{x} \equiv \frac{1}{\overline{X}}(\overline{X} - \overline{X}))$$

となる。したがって，$\tilde{x} = 0$ なので $\exp \tilde{x} = 1$ より上述式は $\exp \hat{x}_t \approx 1 + \hat{x}_t$ と

---

42)　本補論は，廣瀬 (2012) 第 1 章，McCandless (2008) Chap.6，Smets/Wouters (2006)，Uhlig (1999) (2003) を基に纏めた。

43)　直接に対数を採って 1 次のテイラー展開をせず，各変数を例えば $X_t = \overline{X} \exp \tilde{x}_t$ と置き換えることによって対数線形近似式を求めるこうした方法は，一般に「Uhlig の方法」と称される (Uhlig (1999) (2003))。

補論　対数線形化　*127*

なるから，これより $X_t \approx \overline{X}(1+\hat{x}_t)$，すなわち $\dfrac{X_t - \overline{X}}{\overline{X}} \approx \hat{x}_t (\equiv \ln X_t - \ln \overline{X})$ に

よって変数 X_t の定常状態 $\overline{X}$ からの近傍乖離率に対する対数線形近似式が

得られる。

2　実質賃金率設定式

　家計の賃金率設定に関する主体的均衡条件式(16)式・(17)式は

(A1)　　$E_t \sum_{s=0}^{\infty} (\beta \omega_W)^s \dfrac{1}{\mu} \lambda_{t+s} L_{t+s} \left\{ \dfrac{W_t^o}{W_{t+s}} \prod_{k=1}^{s} \left(\prod_{t-1+k}^{\gamma_W} \dfrac{1}{\prod_{t+k}} \right) \right\}^{-\frac{1+\mu}{\mu}} \times$

$$\left[W_t^o \prod_{k=1}^{s} \left(\prod_{t-1+k}^{\gamma_W} \dfrac{1}{\prod_{t+k}} \right) - (1+\mu) \dfrac{1}{\lambda_{t+s}} (L_{t+s} \left\{ \dfrac{W_t^o}{W_{t+s}} \prod_{k=1}^{s} \left(\prod_{t-1+k}^{\gamma_W} \dfrac{1}{\prod_{t+k}} \right) \right\}^{-\frac{1+\mu}{\mu}})^{\nu} \right] = 0$$

であるから，この式に関して定常状態からの近傍乖離に関する対数線形近似

式を計算すると[44]，

(A2)　　$\sum_{s=0}^{\infty} (\beta \omega_W)^s \begin{bmatrix} \overline{W} \dfrac{\overline{\prod}^{\gamma_W}}{\overline{\prod}} (\hat{w}_t^o + \sum_{k=1}^{s} (\gamma_W E_t \hat{\pi}_{t-1+k} - E_t \hat{\pi}_{t+k}) - (1+\mu) \dfrac{\overline{L}^{\nu}}{\overline{\Lambda}} \times \\ -E_t \hat{\lambda}_{t+s} + \nu E_t \hat{l}_{t+s} - \nu \dfrac{1+\mu}{\mu} \dfrac{\overline{W}}{\overline{W}} \dfrac{\overline{\prod}^{\gamma_W}}{\overline{\prod}} \times \\ \{\hat{w}_t^o - E_t \hat{w}_{t+s} + \sum_{k=1}^{s} (\gamma_W E_t \hat{\pi}_{t-1+k} - E_t \hat{\pi}_{t+k})\} \end{bmatrix} = 0$

となる。したがって，定常状態では $\overline{W} = (1+\mu) \dfrac{\overline{L}^{\nu}}{\overline{\Lambda}}$ となるゆえ，

(A3)　　$\sum_{s=0}^{\infty} (\beta \omega_W)^s \begin{bmatrix} \hat{w}_t^o + \sum_{k=1}^{s} (\gamma_W E_t \hat{\pi}_{t-1+k} - E_t \hat{\pi}_{t+k}) + E_t \hat{\lambda}_{t+s} - \nu E_t \hat{l}_{t+s} + \nu \dfrac{1+\mu}{\mu} \times \\ \{\hat{w}_t^o - E_t \hat{w}_{t+s} + \sum_{k=1}^{s} (\gamma_W E_t \hat{\pi}_{t-1+k} - E_t \hat{\pi}_{t+k})\} \end{bmatrix}$

---

44)　$J_t = X_t (Y_t - Z_t) = 0$ と定式化された動学的時系列方程式において，$X_t \neq 0$ のとき，$J_t = 0$ と
　　なるための十分条件は，変数 Y_t と Z_t の定常状態 $\overline{Y}, \overline{Z}$ が等しく且つ定常状態からの近傍乖離
　　率 $\hat{y}_t, \hat{z}_t$ が等しいことである。すなわち，$\hat{y}_t = \dfrac{Y_t - \overline{Y}}{\overline{Y}}$ と $\hat{z}_t = \dfrac{Z_t - \overline{Z}}{\overline{Z}}$ において，$\hat{y}_t = \hat{z}_t$ で且つ
　　$\overline{Y} = \overline{Z}$ であれば $Y_t = Z_t \Leftrightarrow J_t = 0$ となることが容易に見て取れる。

128　第4章　不完全競争労働市場と賃金の硬直性

$$=\sum_{s=0}^{\infty}(\beta\omega_W)^s\left[\begin{array}{l}\dfrac{\mu+\nu(1+\mu)}{\mu}\{\widehat{w}_t^o-E_t\widehat{w}_{t+s}+\sum_{k=1}^s(\gamma_W E_t\widehat{\pi}_{t-1+k}-E_t\widehat{\pi}_{t+k})\}\\[2mm]+E_t\widehat{w}_{t+s}+E_t\widehat{\lambda}_{t+s}-\nu E_t\widehat{l}_{t+s}\end{array}\right]=0$$

であるから,

（A4）　$\widehat{w}_t^o=(1-\beta\omega_W)\sum_{s=0}^{\infty}(\beta\omega_W)^s\times$

$\left\{\sum_{k=1}^s(E_t\widehat{\pi}_{t+k}-\gamma_W E_t\widehat{\pi}_{t-1+k})+E_t\widehat{w}_{t+s}+\dfrac{\mu}{\mu+\nu(1+\mu)}(\nu E_t\widehat{l}_{t+s}-E_t\widehat{w}_{t+s}-E_t\widehat{\lambda}_{t+s})\right\}$

$=(1-\beta\omega_W)\sum_{s=0}^{\infty}(\beta\omega_W)^s\sum_{k=1}^s(E_t\widehat{\pi}_{t+k}-\gamma_W E_t\widehat{\pi}_{t-1+k})$

$+(1-\beta\omega_W)\sum_{s=0}^{\infty}(\beta\omega_W)^s\left\{E_t\widehat{w}_{t+s}+\dfrac{\mu}{\mu+\nu(1+\mu)}(\nu E_t\widehat{l}_{t+s}-E_t\widehat{w}_{t+s}-E_t\widehat{\lambda}_{t+s})\right\}$

が求まる。ここで

$$\sum_{s=0}^{\infty}(\beta\omega_W)^s\sum_{k=1}^s(E_t\widehat{\pi}_{t+k}-\gamma_W E_t\widehat{\pi}_{t-1+k})$$

$$=\dfrac{1}{1-\beta\omega_W}\sum_{s=1}^{\infty}(\beta\omega_W)^s(E_t\widehat{\pi}_{t+s}-\gamma_W E_t\widehat{\pi}_{t-1+s})$$

なる関係式を用いれば[45],

（A5）　$\widehat{w}_t^o=\sum_{s=1}^{\infty}(\beta\omega_W)^s(E_t\widehat{\pi}_{t+s}-\gamma_W E_t\widehat{\pi}_{t-1+s})$

$+(1-\beta\omega_W)\sum_{s=0}^{\infty}(\beta\omega_W)^s\left\{E_t\widehat{w}_{t+s}+\dfrac{\mu}{\mu+\nu(1+\mu)}(\nu E_t\widehat{l}_{t+s}-E_t\widehat{w}_{t+s}-E_t\widehat{\lambda}_{t+s})\right\}$

となるから, この式の両辺に $\beta\omega_W$ を掛けて1期繰り上げ, さらに元の（A5）式との差をとると,

（A6）　$\widehat{w}_t^o-\beta\omega_W E_t\widehat{w}_{t+1}^o=\beta\omega_W(E_t\widehat{\pi}_{t+1}-\gamma_W\widehat{\pi}_t)+(1-\beta\omega_W)\widehat{w}_t+\dfrac{(1-\beta\omega_W)\mu}{\mu+\nu(1+\mu)}(\nu\widehat{l}_t-\widehat{w}_t-\widehat{\lambda}_t)$

を得る。

　つぎに, 家計全体の集計的賃金率遷移式(18)式に関して,

---

45)　一般に $y=\sum_{s=0}^{\infty}\omega^s\sum_{k=1}^s x_k$ $(|\omega|<1)$ なる式において, 添え字 k が $s\geq k$ の変数に対して $\omega^s x_k$ は計算され, 他方, $s<k$ なる変数に対しては計算されないので,

$y=\sum_{s=0}^{\infty}\omega^s\sum_{k=1}^s x_k=\sum_{s=0}^{\infty}\omega^s\sum_{s=1}^{\infty}(\omega^s x_s)=\dfrac{1}{1-\omega}\sum_{s=1}^{\infty}(\omega^s x_s)$

が言える。

(A7) $\quad W^{-\frac{1}{\mu}}=\left[(1-\omega_W)(W_t^o)^{-\frac{1}{\mu}}+(1-\omega_W)\sum_{s=1}^{\infty}(\omega_W)^s\left\{W_{t-s}^o\left(\frac{P_{t-1}}{P_{t-s-1}}\right)^{\gamma_W}\frac{P_{t-s}}{P_t}\right\}^{-\frac{1}{\mu}}\right]$

の定常状態からの近傍乖離に関する対数線形近似式を求めると，

(A8) $\quad (-\frac{1}{\mu})\overline{W}^{-\frac{1}{\mu}}\widehat{w}_t=(1-\omega_W)\begin{bmatrix}(-\frac{1}{\mu})\overline{W}^{-\frac{1}{\mu}}\widehat{w}_t^o+\\[2mm]\sum_{s=1}^{\infty}(\omega_W)^s(-\frac{1}{\mu})(\overline{W}\frac{\overline{\Pi}^{\gamma_W}}{\overline{\Pi}})^{-\frac{1}{\mu}}\{\widehat{w}_{t-s}^o+\sum_{k=1}^{s}(\gamma_W\widehat{\pi}_{t-k}-\widehat{\pi}_{t+1-k})\}\end{bmatrix}$

$\quad\Leftrightarrow\widehat{w}_t=(1-\omega_W)[\widehat{w}_t^o+\sum_{s=1}^{\infty}(\omega_W)^s\{\widehat{w}_{t-s}^o+\sum_{k=1}^{s}(\gamma_W\widehat{\pi}_{t-k}-\widehat{\pi}_{t+1-k})\}]$

となる。ここで再び

$$\sum_{s=1}^{\infty}(\omega_W)^s\sum_{k=1}^{s}(\gamma_W\widehat{\pi}_{t-k}-\widehat{\pi}_{t+1-k})=\frac{1}{1-\omega_W}\sum_{s=1}^{\infty}(\omega_W)^s(\gamma_W\widehat{\pi}_{t-s}-\widehat{\pi}_{t+1-s})$$

なる関係式を用いると，(A8) より

(A9) $\quad \widehat{w}_t=(1-\omega_W)\sum_{s=0}^{\infty}\widehat{w}_{t-s}^o+\sum_{s=1}^{\infty}(\omega_W)^s(\gamma_W\widehat{\pi}_{t-s}-\widehat{\pi}_{t+1-s})$

が導かれる。したがって，この式の両辺に ω_W を掛けて 1 期繰り下げ，さらに元の(A9)式との差をとると，

(A10) $\quad \widehat{w}_t-\omega_W\widehat{w}_{t-1}=(1-\omega_W)\widehat{w}_t^o+\omega_W(\gamma_W\widehat{\pi}_{t-1}-\widehat{\pi}_t)$

となるから，

(A11) $\quad \widehat{w}_t^o=\frac{1}{1-\omega_W}\widehat{w}_t-\frac{\omega_W}{1-\omega_W}(\gamma_W\widehat{\pi}_{t-1}-\widehat{\pi}_t+\widehat{w}_{t-1})$

を得る。この(A11)式を先の(A6)式に代入すると，

(A12) $\quad \frac{1}{1-\omega_W}\widehat{w}_t-\frac{\omega_W}{1-\omega_W}(\gamma_W\widehat{\pi}_{t-1}-\widehat{\pi}_t+\widehat{w}_{t-1})$

$\quad -\beta\omega_W\{\frac{1}{1-\omega_W}E_t\widehat{w}_{t+1}-\frac{\omega_W}{1-\omega_W}(\gamma_W\widehat{\pi}_t-E_t\widehat{\pi}_{t+1}+\widehat{w}_t)\}$

$\quad =\beta\omega_W(E_t\widehat{\pi}_{t+1}-\gamma_W\widehat{\pi}_t)+(1-\beta\omega_W)\widehat{w}_t+\frac{(1-\beta\omega_W)\mu}{\mu+\nu(1+\mu)}(\nu\widehat{l}_t-\widehat{w}_t-\widehat{\lambda}_t)$

を得る。したがって，これを整理すると，

130 第4章 不完全競争労働市場と賃金の硬直性

(A13) $\hat{w}_t - \hat{w}_{t-1} + \hat{\pi}_t - \gamma_W \hat{\pi}_{t-1}$

$$= \beta(E_t\hat{w}_{t+1} - \hat{w}_t + E_t\hat{\pi}_{t+1} - \gamma_W\hat{\pi}_t) + \frac{1-\omega_W}{\omega_W}\frac{(1-\beta\omega_W)\mu}{\mu+\nu(1+\mu)}(\nu\hat{l}_t - \hat{w}_t - \hat{\lambda}_t)$$

より，以下のような家計の実質賃金率設定に関する定常状態からの対数線形近似式(Eq02)式が最終的に求まる。

(Eq02) $\hat{w}_t = \dfrac{1}{1+\beta}\hat{w}_{t-1} + \dfrac{\beta}{1+\beta}E_t\hat{w}_{t+1} + \dfrac{\gamma_W}{1+\beta}\hat{\pi}_{t-1} - \dfrac{1+\beta\gamma_W}{1+\beta}\hat{\pi}_t + \dfrac{\beta}{1+\beta}E_t\hat{\pi}_{t+1}$

$$- \frac{(1-\beta\omega_W)(1-\omega_W)}{(1+\beta)\left(1+(\frac{1+\mu}{\mu})\nu\right)\omega_W}[\hat{w}_t - \nu\hat{l}_t - \rho\hat{c}_t]$$

3 ニューケインジアン・フィリップス曲線式

企業の価格設定に関する主体的均衡条件式(21)式・(22)式は

(A14) $E_t\sum_{s=0}^{\infty}(\beta\omega_P)^s\dfrac{\lambda_{t+s}}{\lambda_t}(-\theta+1)Y_{t+s}\left\{\dfrac{P_t^o}{P_t}\prod_{k=1}^{s}\left(\Pi_{t-1+k}^{\gamma_P}\dfrac{1}{\Pi_{t+k}}\right)\right\}^{-\theta} \times$

$$\left[\frac{P_t^o}{P_t}\prod_{k=1}^{s}\left(\Pi_{t-1+k}^{\gamma_W}\frac{1}{\Pi_{t+k}}\right) - \frac{\theta}{\theta-1}MC_{t+s}\right] = 0$$

であるから，この式に関して定常状態からの近傍乖離に関する対数線形近似式を計算すると，

(A15) $\sum_{s=0}^{\infty}(\beta\omega_P)^s\left[\overline{Q^o}\hat{q}_t^o + \sum_{k=1}^{s}\dfrac{\overline{\Pi}^{\gamma_P}}{\overline{\Pi}}(\gamma_P E_t\hat{\pi}_{t-1+k} - E_t\hat{\pi}_{t+k}) - \dfrac{\theta}{\theta-1}\overline{MC}E_t\hat{m}_{t+s}\right] = 0$

となる。ただし $Q_t^o \equiv \dfrac{P_t^o}{P_t}$, $q_t^o \equiv \ln\left(\dfrac{P_t^o}{P_t}\right)$ ならびに $m_t \equiv \ln MC_t$ と置く。したがって，定常状態では $\overline{Q^o} = 1$ ならびにより $\overline{MC} = \dfrac{\theta-1}{\theta}$ となるゆえ，

(A16) $\sum_{s=0}^{\infty}(\beta\omega_P)^s[\hat{q}_t^o + \sum_{k=1}^{s}(\gamma_P E_t\hat{\pi}_{t-1+k} - E_t\hat{\pi}_{t+k}) - E_t\hat{m}_{t+s}] = 0$

を得る。したがって，

(A17) $\hat{q}_t^o = (1-\beta\omega_P)\sum_{s=0}^{\infty}(\beta\omega_P)^s[\sum_{k=1}^{s}(E_t\hat{\pi}_{t+k} - \gamma_P E_t\hat{\pi}_{t-1+k}) + E_t\hat{m}_{t+s}]$

となるが，ここで

$$\sum_{s=0}^{\infty}(\beta\omega_P)^s\sum_{k=1}^{s}(E_t\widehat{\pi}_{t+k}-\gamma_P E_t\widehat{\pi}_{t-1+k})=\frac{1}{1-\beta\omega_P}\sum_{s=1}^{\infty}(\beta\omega_P)^s(E_t\widehat{\pi}_{t+s}-\gamma_P E_t\widehat{\pi}_{t-1+s})$$

なる関係式を用いれば,

$$(\text{A18})\qquad \widehat{q}_t^o=\sum_{s=1}^{\infty}(\beta\omega_P)^s(E_t\widehat{\pi}_{t+s}-\gamma_P E_t\widehat{\pi}_{t-1+s})+(1-\beta\omega_P)\sum_{s=0}^{\infty}(\beta\omega_P)^s E_t\widehat{m}_{t+s}$$

が導かれる。したがって,この式の両辺に $\beta\omega_P$ を掛けて1期繰り上げ,さらに元の(A18)式との差をとると,

$$(\text{A19})\qquad \widehat{q}_t^o-\beta\omega_P E_t\widehat{q}_{t+1}^o=\beta\omega_P(E_t\widehat{\pi}_{t+1}-\gamma_P\widehat{\pi}_t)+(1-\beta\omega_P)\widehat{m}_t$$

を得る。

つぎに,企業全体の集計的価格遷移式(23)式に関し,

$$(\text{A20})\qquad 1=\left[(1-\omega_P)(Q_t^o)^{1-\theta}+(1-\omega_P)\sum_{s=1}^{\infty}(\omega_P)^s\left\{Q_{t-s}^o\prod_{k=1}^{s}(\pi_{t-k})^{\gamma_P}\frac{1}{\pi_{t+1-k}}\right\}^{1-\theta}\right]$$

と変形してこの式より定常状態からの近傍乖離に関する対数線形近似式を求めると,左辺は $\ln 1=0$ であるから,

$$(\text{A21})\qquad 0=(1-\omega_P)\left[\begin{array}{l}(1-\theta)(\overline{Q}^o)^{1-\theta}\widehat{q}_t^o+\\[4pt](1-\theta)\sum_{s=1}^{\infty}(\omega_P)^s\left\{(\overline{Q}^o)^{1-\theta}\widehat{q}_{t-s}^o+(\frac{\overline{\Pi}^{\gamma_P}}{\overline{\Pi}})^{1-\theta}\sum_{k=1}^{s}(\gamma_P\widehat{\pi}_{t-k}-\widehat{\pi}_{t+1-k})\right\}\end{array}\right]$$

となる。したがって,

$$(\text{A22})\qquad \widehat{q}_t^o=-\sum_{s=1}^{\infty}(\omega_P)^s\left\{\widehat{q}_{t-s}^o+\sum_{k=1}^{s}(\gamma_P\widehat{\pi}_{t-k}-\widehat{\pi}_{t+1-k})\right\}$$

を得る。ここで

$$\sum_{s=1}^{\infty}(\omega_P)^s\sum_{k=1}^{s}(\gamma_P\widehat{\pi}_{t-k}-\widehat{\pi}_{t+1-k})=\frac{1}{1-\omega_W}\sum_{s=1}^{\infty}(\omega_P)^s(\gamma_P\widehat{\pi}_{t-s}-\widehat{\pi}_{t+1-s})$$

なる関係式を用いると,(A22)より

$$(\text{A23})\qquad \widehat{q}_t^o=-\sum_{s=1}^{\infty}(\omega_P)^s\widehat{q}_{t-s}^o-\frac{1}{1-\omega_P}\sum_{s=1}^{\infty}(\omega_P)^s(\gamma_P\widehat{\pi}_{t-s}-\widehat{\pi}_{t+1-s})$$

が導かれる。したがって,この式の両辺に ω_P を掛けて1期繰り下げ,さらに元の(A23)式との差をとると,

$$(\text{A24})\qquad \widehat{q}_t^o-\omega_P\widehat{q}_{t-1}^o=-\omega_P\widehat{q}_{t-1}^o-\frac{1}{1-\omega_P}\omega_P(\gamma_P\widehat{\pi}_{t-1}-\widehat{\pi}_t)$$

132   第4章　不完全競争労働市場と賃金の硬直性

となるから,

(A25)　$\hat{q}_t^\rho = \dfrac{\omega_P}{1-\omega_P}(\hat{\pi}_t - \gamma_P \hat{\pi}_{t-1})$

を得る。この(A25)式を(A19)に代入すると

(A26)　$\dfrac{\omega_P}{1-\omega_P}(\hat{\pi}_t - \gamma_P \hat{\pi}_{t-1}) - \beta\omega_P \dfrac{\omega_P}{1-\omega_P}(E_t\hat{\pi}_{t+1} - \gamma_P \hat{\pi}_t)$

$= \beta\omega_P(E_t\hat{\pi}_{t+1} - \gamma_P \hat{\pi}_t) + (1-\beta\omega_P)\hat{m}_t$

を得る。したがって，これを整理すると，

(A27)　$\hat{\pi}_t - \gamma_P \hat{\pi}_{t-1} = \beta(E_t\hat{\pi}_{t+1} - \gamma_P \hat{\pi}_t) + \dfrac{1-\omega_P}{\omega_P}(1-\beta\omega_P)\hat{m}_t$

となるが，$\hat{m}_t = \hat{w}_t - \hat{a}_t \left(\Leftrightarrow MC_t = \dfrac{W_t}{A_t}\right)$ より，以下のような企業の価格設定に関する定常状態からの対数線形近似式，すなわち説明変数に対してインフレ率のラグ項（＝バックワード・ルッキング的要素）に予想インフレ率（＝フォワード・ルッキング的要素）が加味されたところのいわゆる "ハイブリッド型" ニューケインジアン・フィリップス曲線式 (Eq03)が最終的に求まる。

(Eq03)　$\hat{\pi}_t = \dfrac{\gamma_P}{1+\beta\gamma_P}\hat{\pi}_{t-1} + \dfrac{\beta}{1+\beta\gamma_P}E_t\hat{\pi}_{t+1} + \dfrac{(1-\beta\omega_P)(1-\omega_P)}{(1+\beta\gamma_P)\omega_P}(\hat{w}_t - \hat{a}_t)$

マルコフ連鎖モンテカルロ法によるベイズ推計値

各国推計式に関するパラメータ：
分散の標本経路（左部分）と同事後確率密度関数（右部分）

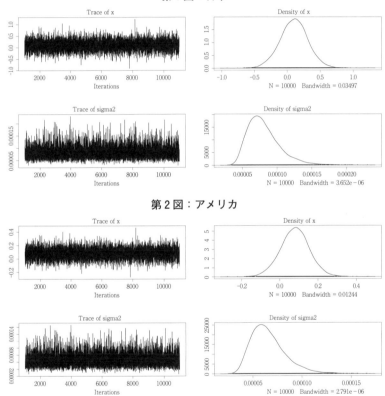

第1図：日本

第2図：アメリカ

134 第4章 不完全競争労働市場と賃金の硬直性

第3図：イギリス

第4図：フランス

第5図：ドイツ

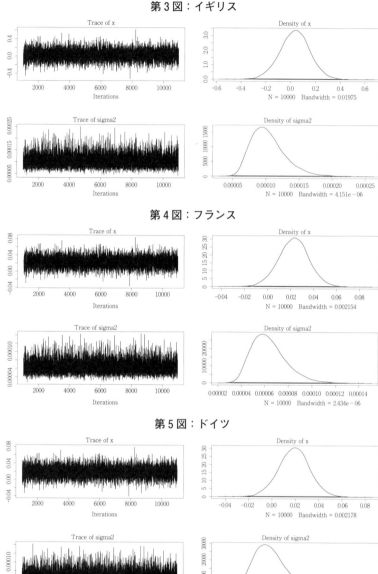

第6図：イタリア

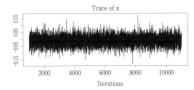
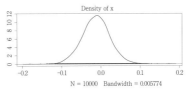
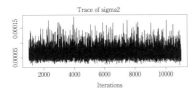
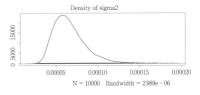

第5章　東アジア経済の通貨金融分析

1　はじめに

1　東アジア経済圏の動向

　1985年9月のプラザ合意以降，円レートは米ドルに対して急速に増価した。それゆえ，米ドル建て取引を主体とする本邦企業の多くは輸出競争力の低下や生産コストの相対的な増加を懸念して，東アジアを中心に生産拠点を積極的に移転させた。その結果，東アジアでは，企業立地の最適化に基づく生産ネットワーク＝工程間分業ネットワークないしは垂直的産業内分業ネットワークが形成された。すなわち，日本・NIEs の各企業が高付加価値の部品・加工品を生産し，賃金が相対的に安価な中国・ASEAN がそれら中間財を輸入して組み立て加工し，最終財・完成財として生産して欧米の最終消費地へ輸出するという図式である。こうした三角貿易構造の進展は，単に電気機械，家電，輸送機械，精密機械のような高技術集約的セクターのみならず，食料品，繊維，パルプ紙，化学，窯業土石，鉄鋼非鉄，雑貨・玩具に至るまで，幅広い産業で確認された[1]。今日，中国・ASEAN には日系企業が約3万社進出し，産業集積を形成しつつ市場でのプレゼンスを高めている[2]。このような東アジアの広範囲な生産ネットワーク再編＝効率的サプライチェーンの構築は，その結果として，ASEAN＋3（日本，韓国，中国）の域内貿易額を上昇させた。自由貿易協定（FTA）や経済連携協定（EPA）の進展がその動きを加速させた。

---

1)　例えば，磯貝／森下／ルッファー（2002），経済産業省（2004）第3章，ditto（2005）第2章，吉富（2003）第4章，Okamoto（2005a）（2005b）を参照。

2)　経済産業省（2014）第Ⅲ部第2章。

これら財サービス取引に加え，各国の推し進める為替管理・資本取引の対外開放化や金融サービスの規制緩和・自由化により，域内の国際間資金フローも活発化した。かくして，今日，貿易，直接投資，金融フローを通じた東アジア域内各国の相互依存関係は一層深まり，各国のGDP，家計消費支出，粗固定資本形成，経常収支・資本収支，物価，為替レートなどマクロ経済変数はその相関度を著しく高めつつある。

こうした東アジア経済圏の動向を踏まえ，今日「定型的事実（stylized facts）」として以下のような諸点が指摘されている。

- （ⅰ）　垂直分業・工程分業の進展と効率的なグローバル・サプライチェーンないしはグローバル・バリューチェーン（GVC）の構築
- （ⅱ）　その結果としての域内経済・金融の統合促進
- （ⅲ）　生産者通貨建て価格設定（PCP）から市場通貨建て価格設定（PTM）への移行
- （ⅳ）　為替レート変動の国内価格へのパス・スルー率低下
- （ⅴ）　外国為替市場介入の非不胎化オペレーション化

このうちの幾つかは既に筆者によって分析された[3]。そこで本章では，（ⅱ）の域内金融統合と（ⅴ）の外為市場介入について二国間開放経済動学的一般均衡理論を基にさらに分析を加えてみよう。

2　域内金融統合の促進と市場介入

ところで，1997年5月～7月にタイ・バーツが膨大な通貨投機に見舞われて大幅下落を余儀なくされたことに端を発したいわゆる東アジア通貨危機に対し，それ以前は，東アジア新興国間の経常取引・資本取引には一定の規制・制約が課せられるなど，域内における通貨・金融・資本取引の国際間統

3）　例えば，（ⅰ）（ⅱ）に関しては岡田（2006）第10章ならびにditto（2009）第7章，また（ⅲ）に関してはditto（2009）第5章，（ⅳ）に関してはditto（2006）第5章を参照。ここで（ⅰ）に関し，今日では「グローバル・サプライチェーン」より幾分広い概念である「グローバル・バリューチェーン（GVC）」概念に基づいて貿易グローバル化進展の分析が押し進められている。すなわち，GVCとは，生産活動を付加価値ベースで生産工程単位ごとに分断化することにより経営資源を世界的規模で最適に配分し，さらに情報通信技術などによってそれら各工程をあたかも一つの事業として統括・管理する方法である（e.g. 加藤／水沼（2013））。

138 第5章 東アジア経済の通貨金融分析

合度は低かった。外国為替取引も制限され，為替相場も事実上（de facto）の米ドル・ペッグ制（含クローリング・ペッグ制）や通貨バスケット・ペッグ制などいわゆる固定相場制が採用された。一般に，為替レートの固定化・安定化，自由な国際的資本移動，金融政策の自律性・独立性は，オープンエコノミー・トリレンマとして知られるごとく，三者の政策課題全てが同時に成り立つことはできない[4]。したがって，通貨危機以前は，事実上の米ドル・ペッグ制を採用することで為替リスクを軽減し，積極的な外資導入を図ったが，その結果として金融政策の自律性・独立性は放棄され，為替レートの減価・増価圧力に応じて為替市場介入や政策金利操作が指向された。それには不胎化オペレーションも付随した。ところが，通貨危機以降，東アジアの経済が順調に回復・発展を遂げると，財サービス取引の拡大と共に通貨・金融・資本取引の域内統合度は急速に高まった。しかるに，市場の需給のみによって為替レートが自由に決定される変動相場制が採用されることによって為替レートの固定化・安定化が放棄され，他方で自由な国際的資本移動を許しつつ且つ金融政策の自律性・独立性が確保された。もちろん完全フロート制であっても，変動幅の水準とスピードによっては大幅な変動を抑制したり乱高下をスムーズなものにしたりするための通貨当局の裁量的な外為市場介入（i.e. スムージング・オペレーションないしは風に逆らう式の市場介入）は実施されている。ただし，管理フロート制にしても完全フロート制にしても，いずれにせよその場合，外為市場への介入に伴うマネタリーベースの増減をコントロールして他のマクロ経済への影響をあえて中立化する政策はもはや採られず，市場の実勢に委ねられた。

3　本章のねらい

　以上のような東アジアの域内金融統合と外為市場介入に関する動向の実態を検証するために，本章において，東アジア各国の時系列データを用いて具体的に実証分析を行ってみる。まず，続く第2節で，二国間開放経済動学的一般均衡モデルをベースとした分析の枠組みを構築する。そこでは，金融統

---

4)　Obstfeld（1998）.

合ならびに外為市場介入に焦点を当てた回帰式が導かれる。さらに第3節で，それら統計式を基にASEAN主要5カ国に日本を加えた東アジア経済圏に関するパネル回帰分析ならびに国別時系列回帰分析を行い，域内金融統合ならびに外為市場介入の特色を検証する。

2 分析の枠組み

　本節において，補論で展開される二国間開放経済動学的一般均衡モデルをベースとした分析の枠組みを構築し，続く第3節でそれを基に主要ASEANに日本を加えた東アジア経済圏の実証分析を行い，域内金融統合ならびに外為市場介入の特色を検証する。

1　回帰分析の枠組み

a　金融統合モデル

　補論の二国間開放経済動学的一般均衡モデル[5]において，(A23)式の自国・外国に関する異時点間のリスク・シェアを示すところの

$$(A23) \quad \frac{1}{\beta}\left(\frac{C_t(i)}{C_{t+1}(i)}\right)^{-\rho}\left(\frac{P_{t+1}}{P_t}\right) = \frac{1}{\beta}\left(\frac{C_t^*(i)}{C_{t+1}^*(i)}\right)^{-\rho}\left(\frac{S_{t+1}}{S_t}\right)\left(\frac{P_{t+1}^*}{P_t^*}\right)$$

なる関係式を用いれば，iについて単位開区間 $(0,1)$ 区間で積分し，さらに異時点間の消費代替弾力性の逆数（＝相対的危険回避度係数）を $\rho \to 1$ と置くことによって，自国・外国に対し

$$(1) \quad \frac{P_t C_t/P_{t-1}C_{t-1}}{S_t P_t^* C_t^*/S_{t-1}P_{t-1}^* C_{t-1}^*} = \left(\frac{P_{Ft}C_{Ft}}{P_{Ht}Y_{Ht}^*}\right)^{\frac{1-\kappa}{\kappa}}$$

$$\forall t \in \{0,1,2,\cdots\}$$

が定義できる。自国家計の消費増加率が外国家計の消費増加率に比して増えれば経済の開放度 $a (\in(0,1))$ が正である限り自国輸入は増え，他方，外国家計の消費増加率が自国家計の消費増加率に比して増えれば自国輸出が増えるという関係式である。ここで，国際的金融結合度を表わす指標として κ を導

---

　5)　補論の式番号に関しては，本文の式番号と区別するためにAを加えた。以下同様。

入する[6]。(1)式において，$\kappa=1$ であれば国際的に金融は完全に統合されていると言える。すなわち，自国・外国家計の国際間財サービス取引に対して国際債券市場の完全代替性・完全競争性が妥当し，取引摩擦のない完全な国際間金融資産取引によって自国・外国家計による国際間の異時点間リスク・シェアは十全となる。他方，$\kappa=0$ であれば，国際的に金融取引は未統合であることを意味する。すなわち，家計が国際間で資金の決済を実行する場である国際金融市場は全く機能せず金融取引は互いに遮断され，両国間の国際的資金決済は不可能となる。したがって，その場合，財サービスの輸出入はバーター取引とならざるを得ないから，両国の経常収支はゼロである[7]。

かくして，$Y_t \equiv \dfrac{P_t C_t / P_{t-1} C_{t-1}}{S_t P_t^* C_t^* / S_{t-1} P_{t-1}^* C_{t-1}^*}$，$b \equiv \dfrac{1-\kappa}{\kappa}$，ならびに $X_t \equiv \dfrac{P_{Ft} C_{Ft}}{P_{Ht} Y_{Ht}^*}$ と置けば，

(2)　　　$y_t = a + b x_t$

　　　　　$b \geq 0$

　　　　　$t = 1, 2, \cdots T$

なる対数線形式が導ける。ただし，アルファベット小文字 y, x は大文字変数 Y, X の自然対数変換表示とする。ここで，

　　　　　S_t：自国通貨建て名目為替レート

　　　　　$P_t C_t\,(P_t^* C_t^*)$：自国（外国）名目家計消費支出額

　　　　　$P_{Ht} Y_{Ht}^*$：名目財サービス輸出

　　　　　$P_{Ft} C_{Ft}$：名目財サービス輸入

である。これより，係数 b を推計することによって自国・外国間の金融統合度を計測することが可能となる。すなわち，$b \equiv \dfrac{1-\kappa}{\kappa}$ より，係数 b が

---

6)　国際的金融結合度（the degree of international financial integration）に関しては，Devereux/Yetman（2013）（2014）を参照。

7)　$\left(\dfrac{P_t C_t / P_{t-1} C_{t-1}}{S_t P_t^* C_t^* / S_{t-1} p_{t-1}^* C_{t-1}^*}\right)^{\kappa} = \left(\dfrac{P_{Ft} C_{Ft}}{P_{Ht} Y_{Ht}^*}\right)^{1-\kappa}$ において，

　　$\kappa=1 \Rightarrow \dfrac{P_t C_t}{P_{t-1} C_{t-1}} = \dfrac{S_t P_t^* C_t^*}{S_{t-1} P_{t-1}^* C_{t-1}^*}$　（国際間の異時点間リスク・シェアが完全）

　　となる。他方，

　　$\kappa=0 \Rightarrow P_{Ht} Y_{Ht}^* = P_{Ft} C_{Ft}$　（輸出等＝輸入等）

　　を得る。

$+\infty \rightarrow 0$ と変化するにつれ k は $0 \rightarrow 1$ と変化するから，したがって両国間の金融統合度は高まると言える。

b　市場介入モデル

通貨当局の金融政策は，二国間開放経済動学的一般均衡モデルでは，一般に補論の(A19)式で示されるごとく以下のようなテイラー・ルール型金融政策反応式によって表現される。

(A19)　　$1+r_t=(1+r_{t-1})^{\chi_1}\left(\left(\dfrac{\Pi_t}{\Pi_0}\right)^{\chi_2}\left(\dfrac{Y_t}{Y_f}\right)^{\chi_3}\left(\dfrac{S_t}{S_0}\right)^{\chi_4}\right)^{1-\chi_1}$

　　　　　$\forall\, t\in\{1,2,\cdots\}$

ところで，東アジア各国の外国為替相場制度では，カレンシー・ボード制，米ドルないしは通貨バスケット・ペッグ制，管理フロート制，完全フロート制などが採用されてきた。ただし，市場の需給のみによって為替レートが自由に決定されることを原則とする完全フロート制であっても，変動幅の水準と変動速度によっては，大幅な変動を抑制したり急激な乱高下をスムーズなものにしたりするための通貨当局の裁量的な為替介入が，スムージング・オペレーションないしは風に逆らう式のオペレーションとして施行される。したがって，いずれにしても通貨当局は，いかなる外国為替相場制度を採用するにせよ(A19)式で示されるごとく，為替レートの変動に対しても物価動向や実質 GDP ギャップ同様，政策の対応を図ることになる。ただしその際，特定の政策金利の名目水準を操作する手段をもって政策対応するほかに，通貨当局が直接的に外国為替市場に介入し，ポートフォリオ・バランス効果や時としてシグナル効果をも狙って，自国通貨の増価に対しては自国通貨売り・外国通貨買いを，減価に対しては自国通貨買い・外国通貨売りを実施する手段が必要に応じて適時選ばれる。その結果，中央銀行のバランスシートに基づき負債項目であるマネタリーベースは増減するが[8]，インフレ率や景気動向など他のマクロ経済変数への波及を抑えて安定性を確保すること

---

8)　通貨当局の市場介入とマネーストック増減とのメカニズムに関しては，例えば河合（1994）第 1 章，Ito（2002）を参照。

142　第5章　東アジア経済の通貨金融分析

が望ましい場合には，通貨当局はマネタリーベースをコントロールして一定残高水準に固定したまま市場介入に伴う国内金融の変化を"中立化"する[9]。いわゆる「不胎化政策」(sterilization policy) と称されるものである。新興国の場合，一般には輸入超過から自国通貨は減価傾向にあり，したがって交易条件が悪化することや，輸入物価の上昇より国内インフレ率の昂進や景気が減速することへの配慮が常に欠かせない状況にある[10]。

　かくして，東アジア経済圏の為替レート管理に関する不胎化介入策の程度を検証するために，(A19)式に代え，より直截的な以下のような金融政策反応式を採用する。

(3)　　　$\dfrac{M_t}{M_{t-1}} = \left(\dfrac{S_t/S_{t-1}}{S_t^0/S_{t-1}^0}\right)^{\mu}$

　　　M_t：マネタリーベース

　　　S_t：自国通貨建て名目為替レート

　　　S_t^0：目標為替レート水準

　　　μ：調整速度

　したがって，対数線形式として，目標為替レート水準を $S_t^0 =$ 定数と置けば，

(4)　　　$\varDelta m_t = c + \mu \varDelta s_t$

　　　$\mu \leq 0$

　　　$t = 1, 2, \cdots T$

を得る。この係数 μ の推計値 $\tilde{\mu}$ を見れば，当該国の市場介入に対する不胎化政策の程度が判断され得る。すなわち，$\tilde{\mu}$ が十分 0 に近ければ通貨当局は

---

9)　マネタリーベースの変化を相殺する中立化政策としては，通常，国債による公開市場操作や民間金融機関の中央銀行預け金操作が行われる（河合（1994）第1章）。ただし，東アジア新興国では，国債市場が未発達であることから，各国中央銀行は自らの中央銀行債を発行することによって国債による公開市場操作を補完した（高木（2002））。

10)　自国通貨が対米ドルに対して減価すると，自国通貨買い・米ドル売りの市場介入が実施され，したがって，自国中央銀行の資産項目である外貨預金残高は減少し，それに対応する負債項目の民間金融部門宛マネタリーベース供給も減少する。それゆえ，不胎化されないと，輸入物価上昇に伴う国内インフレには抑制的に働くが，交易条件の悪化による国内景気への影響に加え，マネタリーアグリゲート（マネタリーベース×M1・M2＋CD・M3各信用乗数）の供給減少や金利の上昇により景気の引締め加速が懸念されることになる。

不胎化政策を選択しており，他方，$\tilde{\mu}$ の絶対値が小さくなければマネタリーベースの変化を相殺せず非不胎化政策を選択していると言うことができる。

2 統計データと時代区分

a 統計データ

　分析対象の東アジア経済圏は，ASEAN 主要 5 カ国（シンガポール（SG），マレーシア（MA），インドネシア（IN），タイ（TH），フィリピン（PH））とし，これに日本（JP）を加える。

　推計期間は，戦後の国際通貨制度を支えたブレトン・ウッズ体制が崩壊し，主要通貨が変動相場制という新たな国際通貨制度に移行した 1973 年より最近時点までとする。

　統計データ（年次）は IMF（2014），*International Financial Statistics*，CD-ROM，June 2014 を用いる。ただし，一部利用不可能なデータに関しては，当該国政府ウェブサイトで開示されている公式統計を用いる。各データの一覧を示せば以下のごとくである。

各国共通[11]
S：自国通貨建て名目対米ドル為替レート（期中平均）
PC：名目家計消費支出額（名目 GDE ベース）
P^*C^*：米国ならびに日本の名目家計消費支出額総計[12]（名目 GDE ベース，
　　　　米ドル表示）
$P_H Y_H^*$：名目輸出等（名目 GDE ベース）
$P_F C_F$：名目輸入等（名目 GDE ベース）

マネーストック（期中平均）[13]
M：マネタリーベース＝日本，タイ，インドネシア

---

11) ただしシンガポールに関しては名目 GDE ベースの輸出入統計が得られず，また国際収支
　　表ベースでも 2004 年以前は利用できないことから，通関統計の輸出（FOB）に対して 0.96
　　を，輸入（CIF）に対して 0.93 をそれぞれ乗じて近似した。
12) ASEAN にとっての外国として，域外貿易量の多い米国・日本を選んだ。

リザーブマネー＝シンガポール，マレーシア，フィリピン

b　金融統合分析の時代区分

　東アジア新興経済圏の域内金融統合分析を行うにあたっては，変動相場制移行後の全期間である 1973 年から 2013 年までの 41 年間に対し，同経済圏において経済発展の道筋が明確となった 1985 年以降を取り上げ，さらに今日までの間，それぞれ時代の特色を考慮して便宜的に以下のような 5 期に分ける。

Ⅰ期（1985 年-1990 年）：

　1985 年のプラザ合意以降，米ドル高是正に伴い，本邦企業は急速な為替レートの増価により輸出競争力を失って東アジア域内に垂直的産業内分業＝工程分業を推し進めた。また広範囲な産業セクターにおける投資インセンティブの高まりとともに他の米欧企業の旺盛な直接投資も加速し，さらにアジア企業の活発な多国籍企業化と相俟って，域内に新たなサプライチェーンの構築が進展した。

Ⅱ期（1990 年-1996 年）：

　東アジアは第Ⅰ期における経済成長の胎動を踏まえ，「奇跡」[14] と呼ばれるほどの急速な経済発展をこの時期に遂げた。すなわち，①基礎的条件の整備（マクロ経済の安定化，金融システムの整備，教育制度の充実，社会的インフラの拡充等），②後発の利益の享受と高い転換能力，③外向きの経済政策（輸入自由化，金融の自由化と外資規制緩和等）などが効を奏し，東アジアは世界経済をして「成長センター」と言わしめるほどの経済圏に達した。

Ⅲ期（1997 年-2005 年）：

　1997 年 7 月に至り，タイ・バーツが膨大な通貨投機に見舞われて大幅下落を余儀なくされ，それまでの通貨バスケット・ペッグ制を放棄したことを

13）　シンガポール，マレーシア，フィリピンの 3 カ国に関しては，マネタリーベース統計が利用できないことから，ほぼ類似したカテゴリーのデータであるリザーブマネー統計を用いた。また，インドネシアのマネタリーベース統計は，1994 年以前は IMF（2014）でもインドネシア政府ウェブサイトでも利用不可能である。さらに，タイの同統計は，期中平均値ではなく期末残高値である。

14）　World Bank（1993），Overview.

契機に，その後，マレーシア・リンギ，インドネシア・ルピア，フィリピン・ペソ，シンガポール・ドル，台湾ドル，韓国ウォンなど，東アジア通貨の対外価値はいずれも軒並みドミノ現象的に下落した[15]。さらにタイ，インドネシア，韓国の3カ国は，国際流動性不足からIMFを中心とする金融支援を受けることとなった。かくして，1980年代後半から1990年代にかけて"アジア・ユーフォリア"を謳歌した東アジアは，通貨危機，株価下落，金融システム不安，クレジット・クランチによって，各国とも経済成長の下方修正を余儀なくされた。その後，経済面のみならず政治的・制度的面での大改革や多彩な「地域協力」の推進も含めた懸命な努力によって，東アジア経済はこの時期順調な回復を遂げた。

IV期（2006年-2008年）：

信用力の低い個人向け住宅融資である米国サブプライム・ローン市場の混乱は，米国金融全体に深刻な信用不安・信用収縮をもたらした[16]。加えて2008年9月には米国5大証券会社の一翼を担ってきた「リーマン・ブラザーズ」が破綻したことなどにより，米国金融危機は世界的規模にまで拡大した。その結果，東アジア新興経済圏も多大の影響を受けた。

V期（2009年-2013年）

リーマン・ショック後の後遺症脱却を模索する米国経済，ギリシャ問題に端を発した財政金融問題で動揺する欧州主要国経済，そしてデフレ不況に悩む日本経済や高成長に陰りの見え始めた東アジアの大国たる中国経済など，グローバル化の進展する各国経済の現状は，今や従来にも増して多面的・重層的様相を帯びてきた。したがって，東アジア新興国経済も新たな局面を迎えつつある。

---

15) 東アジア通貨危機に関しては，岡田（2001）第6章〜第8章，関税・外国為替審議会（2002），國宗編（1998），滝井／福島編著（1998），日本貿易振興機構アジア経済研究所編（1998），吉富（2003），Yoshitomi and ADBI Staff（2003）を参照。

16) 米国金融危機に関しては，岡田（2011a）第7章ならびにその参考文献を参照。

3　実証分析

　本節において，東アジア各国の時系列データを用いてパネル回帰分析ならびに国別時系列回帰分析を行い，東アジア新興経済圏の域内金融統合度と外為市場介入政策に関する動向の実態を検証する。

1　金融統合分析

a　パネル回帰式

　1973年から2013年までの5カ国のパネルデータ（41期間×5カ国＝205標本）に対し，各国個別のパネルデータならびにスタック＋各国平均のパネルデータを示すと，第1図・第2図のごとくである。

　これらデータにパネル単位根検定（LLC, IPS, Fischer-ADF, Fischer-PP）を施すと，1%（＝変数 y のデータ）ないしは5%（＝変数 x のデータ）の有意水準でいずれも定常時系列データであることが確認できる（i.e. $I(0)$）。

　かくして，(2)式から上述パネルデータを用いた線形回帰式

(Eq1)　　$y_{it}=a+bx_{it}+e_{it}$

　　　　　$e_{it}=\alpha_i+\varepsilon_{it}$

　　　　　$i=1,2,\cdots5,\quad t=1,2,\cdots41$

　　　　　$b\geq0$

　　　　　$E(\varepsilon_{it})=0,\ V(\varepsilon_{it})=E(\varepsilon_{it}^2)=\sigma_\varepsilon^2\qquad\forall i,t$

　　　　　$E(\alpha_i)=0\qquad\qquad\qquad\qquad\forall i$

　　　　　$Cov(\varepsilon_{it},\varepsilon_{js})=E(\varepsilon_{it}\varepsilon_{js})=0\qquad i\neq j,t\neq s$

が導かれる。ただし，個体属性ないしは個別効果と称される確率変数 α_i に対して，説明変数 x_{it} との関係が $Cov(\alpha_i,x_{it})\neq0$ である場合は，係数 b の最小二乗推定量 $\hat{b}$ は不偏性も一致性も持たないことから[17]，ダミー変数 $Dummy_{ji}$ を導入して(Eq1)式を

---

17)　松浦／マッケンジー（2009）第1章・第8章，北村（2005）第3章，Baltagi（2005）Chap.2, Bruderl（2005）。

第1図　各国パネルデータ（個別）

Y

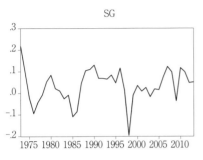
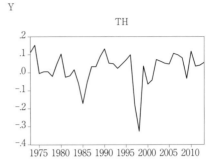

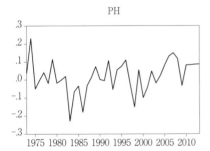

148 第5章 東アジア経済の通貨金融分析

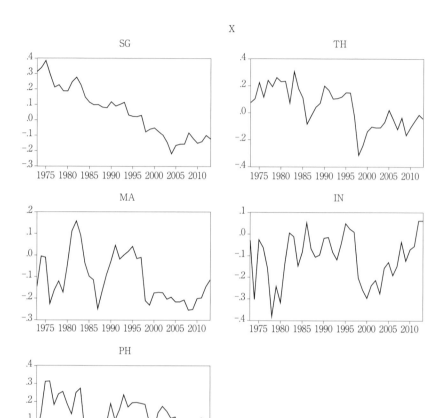

3 実証分析   149

第2図 各国パネルデータ（スタック＋平均）

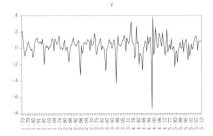
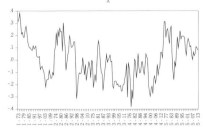

注：1=SG, 2=TH, 3=MA, 4=IN, 5=PH   注：1=SG, 2=TH, 3=MA, 4=IN, 5=PH

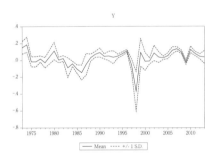

(Eq2)　　$y_{it} = \sum_{j=1}^{5} \alpha_j Dummy_{ji} + bx_{it} + \varepsilon_{it}$

　　　　ただし，$Dummy_{ji} = 1$, if $j = i$
　　　　　　　　　　　　　　　$= 0$, otherwise

とする。こうすれば，最小二乗推定量 $\hat{b}$ は一致性や有効性を持つから[18]，この「ダミー変数最小二乗法」をⅠ期～Ⅴ期のパネルデータに適用して推計する[19]。

---

[18] 各変数の平均値からの偏差をとる変換（i.e. 固定効果推定）と(Eq2)式の「ダミー変数最小二乗法」とにおいて，係数 b の最小二乗推定量 $\hat{b}$ は両者共に同値となると同時に，推定量の分散や t 統計量も同値となることが証明される（e.g. Baltagi (2005) Chap.2）。

b 推計結果

かくして，我々は第1表のような域内金融統合度に関するI期〜V期の推計結果を得る。また，ダミー変数に基づく各国のクロス固定効果も併せて表示すると，下段の表のごとくである。さらに各期の係数推計値 $\hat{b}$ を±1標準誤差と共に図示すると，第3図のごとくとなる。IV期では係数 b の符号条件が満たされないが，これは100年に1度あるかないかと言われるほどの未曾有の米国発世界的金融危機により東アジア経済もこの影響を受け，同経済圏の経済・金融・貿易に大きな混乱が生じたためと推察される。また，その後の混乱収拾をはかったV期でも，係数推計値 $\hat{b}$ の t 検定（i.e. $t\text{-}prob.=0.86$）により，$\hat{b}$ はゼロに極めて近い値に，したがって，金融統合度 k は1に近い値になったものと推察される。

いずれにしても，IV期を除けば $k\to1$ という結果より，東アジア新興経済圏の金融結合度は期を追って従って確実に高まっていることが上述推計値から読み取れる。

2 市場介入分析

a 回帰計算

東アジア主要国の市場介入政策に関しては，先の(4)式を用いて，

$$（\text{Eq3}）\quad \Delta m_{it}=c_i+\mu_i\Delta s_{it}+e_{it}$$
$$i=1,2,\cdots6,\quad t=1,2,\cdots41$$
$$\mu_i\leq0$$
$$E(e_{it})=0,\ V(e_{it})=E(e_{it}^2)=\sigma^2\quad\forall i,t$$
$$Cov(e_{it},e_{is})=E(e_{it}e_{is})=0\qquad t\neq s$$

なる時系列データの対数線形回帰式を適用する。

まず，ASEAN主要5カ国ならびに日本を加えたマネタリーベースないし

---

19) パネル回帰式(Eq1)式に対しカイ二乗分布によるハウスマン検定を施すと，期間によって帰無仮説（i.e. $H_0:Cov(a_i,x_{it})=0$）が有意に棄却できたりできなかったりと様々であった。したがって，万が一，変量効果（RE）推定を採用することが正しいにもかかわらず固定効果（FE）推定を採用したとしても，その場合，有効性（i.e. 最小分散）は失うものの少なくとも一致性は保持できることから（e.g. 松浦/マッケンジー（2009）第8章，Baltagi（2005）Chap.4），ここでは，固定効果推定法であるダミー変数最小二乗法を一様に採用した。

3 実証分析 *151*

第1表 域内金融統合度

1985-1990

Dependent Variable: Y				
Sample: 1985 1990				
Periods included: 6				
Cross-sections included: 5				
Total panel (balanced) observations: 30				
Variable	Coefficient	Std. Error	t-Statistic	Prob.
C	−0.013916	0.028393	−0.490125	0.6285
X	0.383953	0.166185	2.310399	0.0298
Effects Specification				
Cross-section fixed (dummy variables)				
	Weighted Statistics			
R-squared	0.206137	Durbin-Watson stat		1.302988
Adjusted R-squared	0.040749			

クロス固定効果

国	固定効果
S G	0.008253
T H	0.004005
M A	0.022973
I N	−0.026716
P H	−0.008515

1990-1996

Dependent Variable: Y				
Sample: 1990 1996				
Periods included: 7				
Cross-sections included: 5				
Total panel (balanced) observations: 35				
Variable	Coefficient	Std. Error	t-Statistic	Prob.
C	0.050235	0.013932	3.605728	0.0012
X	0.223652	0.2124	1.052973	0.301
Effects Specification				
Cross-section fixed (dummy variables)				
	Weighted Statistics			
R-squared	0.129604	Durbin-Watson stat		2.286188
Adjusted R-squared	−0.020465			

クロス固定効果

国	固定効果
S G	0.016241
T H	−0.014578
M A	0.012455
I N	0.034326
P H	−0.048444

152 第5章 東アジア経済の通貨金融分析

1997-2005

Dependent Variable: Y
Sample: 1973 2005
Periods included: 33
Cross-sections included: 5
Total panel (balanced) observations: 165

Variable	Coefficient	Std. Error	t-Statistic	Prob.
C	0.012157	0.014849	0.818683	0.4142
X	0.127761	0.097701	1.307671	0.1929

Effects Specification
Cross-section fixed (dummy variables)

	Weighted Statistics			
R-squared	0.037719	Durbin-Watson stat		1.581838
Adjusted R-squared	0.007458			

クロス固定効果

国	固定効果
S G	0.000691
T H	-0.009499
M A	0.014777
I N	0.022027
P H	-0.027996

2006-2008

Dependent Variable: Y
Sample: 2006 2008
Periods included: 3
Cross-sections included: 5
Total panel (balanced) observations: 15

Variable	Coefficient	Std. Error	t-Statistic	Prob.
C	0.065308	0.000955	68.39228	0
X	-0.499814	0.007133	-70.06586	0

Effects Specification
Cross-section fixed (dummy variables)

	Weighted Statistics			
R-squared	0.910344	Durbin-Watson stat		2.909483
Adjusted R-squared	0.860535			

クロス固定効果

国	固定効果
S G	-0.033025
T H	-0.004735
M A	-0.054576
I N	0.006803
P H	0.085533

3 実証分析 *153*

2008-2013

Dependent Variable: Y Sample: 2008 2013 Periods included: 6 Cross-sections included: 5 Total panel (balanced) observations: 30				
Variable	Coefficient	Std. Error	t-Statistic	Prob.
C	0.065974	0.017582	3.752349	0.001
X	0.080125	0.465578	0.172098	0.8648
Effects Specification Cross-section fixed (dummy variables)				
	Weighted Statistics			
R-squared	0.037373	Durbin-Watson stat		2.912533
Adjusted R-squared	-0.163175			

クロス固定効果

国	固定効果
S G	0.006483
T H	-0.010777
M A	0.022403
I N	-0.017399
P H	-0.000711

1985-2013

Dependent Variable: Y Sample: 1985 2013 Periods included: 29 Cross-sections included: 5 Total panel (balanced) observations: 145				
Variable	Coefficient	Std. Error	t-Statistic	Prob.
C	0.030758	0.013647	2.253831	0.0258
X	0.137763	0.11589	1.188731	0.2366
Effects Specification Cross-section fixed (dummy variables)				
	Weighted Statistics			
R-squared	0.028703	Durbin-Watson stat		1.495627
Adjusted R-squared	-0.006236			

クロス固定効果

国	固定効果
S G	0.012
T H	-0.008709
M A	0.012957
I N	0.002707
P H	-0.018955

第3図　金融統合度推計値

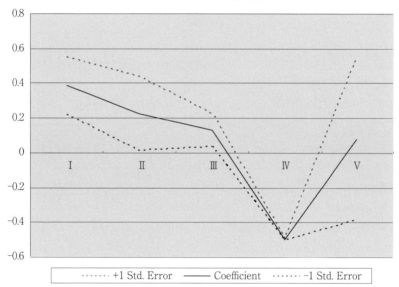

はリザーブマネーならびに為替レートの各時系列データに対して拡張的Dickey=Fuller単位根検定を施すと，シンガポールのリザーブマネーが10％の有意水準で，日本のマネタリーベースが5％の有意水準で，他はすべて1％の有意水準で1階の階差変数は定常時系列変数であることが確認される（i.e. $I(1)$）。これらを図示すれば第4図のごとくである。したがって，1973年から最近までの全期間ならびに1997年の東アジア通貨危機を境に前と後に分けた期間に対し，直接最小二乗法を適用して推計すると，第2表のような結果を得る。

b　推計結果

戦後の国際通貨体制が大きく変わった1973年から今日までの間，とりわけ1997年の東アジア通貨危機を境にその前後期で，主要ASEANならびに日本の市場介入政策は次のような特色を有していると言える。

第4図　各国マネタリーベース・為替レート

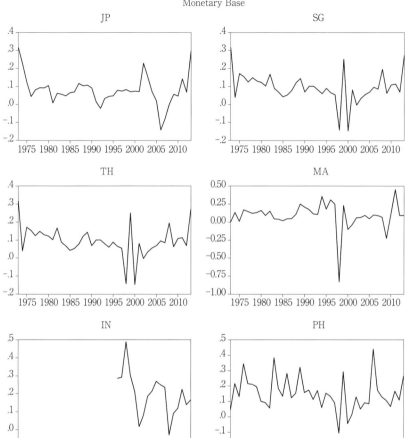

Monetary Base

156　第5章　東アジア経済の通貨金融分析

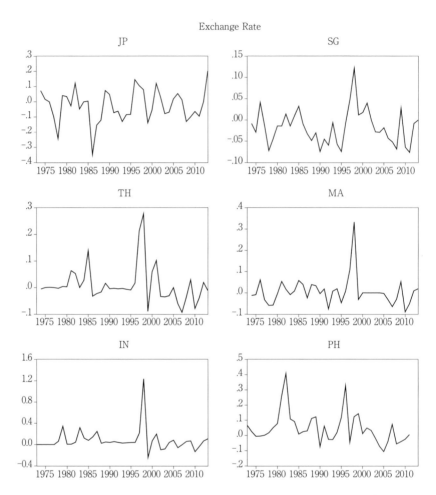

第 2 表　各国外為市場介入政策

【日本】

JP 1973-2013
Dependent Variable: JPM

Variable	Coefficient	Std. Error	t-Statistic	Prob.
C	0.076341	0.012071	6.324166	0
JPS	0.135454	0.110971	1.22063	0.2297
R-squared	0.03773	Durbin-Watson stat		0.911998
Adjusted R-sq	0.012407			

JP 1973-1996
Dependent Variable: JPM

Variable	Coefficient	Std. Error	t-Statistic	Prob.
C	0.076761	0.010945	7.013256	0
JPS	0.08575	0.092359	0.928441	0.3637
R-squared	0.039429	Durbin-Watson stat		0.820853
Adjusted R-sq	-0.006312			

JP 1997-2013
Dependent Variable: JPM

Variable	Coefficient	Std. Error	t-Statistic	Prob.
C .	0.073781	0.024722	2.984365	0.0093
JPS	0.242993	0.262929	0.924178	0.37
R-squared	0.053873	Durbin-Watson stat		0.987684
Adjusted R-sq	-0.009202			

【シンガポール】

SG 1973-2013
Dependent Variable: SGM

Variable	Coefficient	Std. Error	t-Statistic	Prob.
C	0.077274	0.012453	6.205065	0
SGS	-0.726378	0.283138	-2.565454	0.0144
R-squared	0.14763	Durbin-Watson stat		2.33012
Adjusted R-sq	0.125199			

SG 1973-1996
Dependent Variable: SGM

Variable	Coefficient	Std. Error	t-Statistic	Prob.
C	0.100059	0.010672	9.375787	0
SGS	-0.042077	0.268158	-0.156912	0.8768
R-squared	0.001171	Durbin-Watson stat		1.26601
Adjusted R-sq	-0.046392			

SG 1997-2013
Dependent Variable: SGM

Variable	Coefficient	Std. Error	t-Statistic	Prob.
C	0.066509	0.024422	2.723332	0.0157
SGS	-1.057081	0.497573	-2.124472	0.0507
R-squared	0.231297	Durbin-Watson stat		2.584943
Adjusted R-sq	0.18005			

158　第5章　東アジア経済の通貨金融分析

【タイ】

TH 1973-2013
Dependent Variable: THM

Variable	Coefficient	Std. Error	t-Statistic	Prob.
C	0.104713	0.011298	9.26835	0
THS	-0.547496	0.160053	-3.420722	0.0015
R-squared	0.235433	Durbin-Watson stat		2.335197
Adjusted R-sq	0.215313			

TH 1973-1996
Dependent Variable: THM

Variable	Coefficient	Std. Error	t-Statistic	Prob.
C	0.121489	0.009376	12.95686	0
THS	-1.305002	0.262186	-4.977398	0.0001
R-squared	0.541229	Durbin-Watson stat		2.259967
Adjusted R-sq	0.519383			

TH 1997-2013
Dependent Variable: THM

Variable	Coefficient	Std. Error	t-Statistic	Prob.
C	0.090044	0.022441	4.012496	0.0011
THS	-0.420664	0.224478	-1.873972	0.0805
R-squared	0.189705	Durbin-Watson stat		2.820476
Adjusted R-sq	0.135685			

【マレーシア】

MA 1973-2013
Dependent Variable: MAM

Variable	Coefficient	Std. Error	t-Statistic	Prob.
C	0.105768	0.022745	4.650244	0
MAS	-1.884145	0.343423	-5.486375	0
R-squared	0.442	Durbin-Watson stat		1.934385
Adjusted R-sq	0.427315			

MA 1973-1996
Dependent Variable: MAM

Variable	Coefficient	Std. Error	t-Statistic	Prob.
C	0.137382	0.018745	7.329176	0
MAS	0.04602	0.502996	0.091492	0.928
R-squared	0.000398	Durbin-Watson stat		1.188234
Adjusted R-sq	-0.047202			

MA 1997-2013
Dependent Variable: MAM

Variable	Coefficient	Std. Error	t-Statistic	Prob.
C	0.064218	0.04039	1.589932	0.1327
MAS	-2.256234	0.439601	-5.132464	0.0001
R-squared	0.637174	Durbin-Watson stat		1.78399
Adjusted R-sq	0.612986			

3 実証分析 159

【フィリピン】

PH 1973-2013 Dependent Variable: PHM				
Variable	Coefficient	Std. Error	t-Statistic	Prob.
C PHS	0.163455 -0.193865	0.018624 0.166463	8.776754 -1.164616	0 0.2514
R-squared Adjusted R-sq	0.034463 0.009054	Durbin-Watson stat		2.002231

PH 1973-1996 Dependent Variable: PHM				
Variable	Coefficient	Std. Error	t-Statistic	Prob.
C PHS	0.164864 0.236788	0.020497 0.176671	8.043363 1.340278	0 0.1945
R-squared Adjusted R-sq	0.0788 0.034933	Durbin-Watson stat		2.302148

PH 1997-2013 Dependent Variable: PHM				
Variable	Coefficient	Std. Error	t-Statistic	Prob.
C PHS	0.146022 -0.857595	0.023266 0.219445	6.276159 -3.908008	0 0.0014
R-squared Adjusted R-sq	0.504501 0.471468	Durbin-Watson stat		2.463071

【インドネシア】

IN 1997-2013 Dependent Variable: INM				
Variable	Coefficient	Std. Error	t-Statistic	Prob.
C INS	0.173703 0.201714	0.026792 0.083522	6.483451 2.4151	0 0.029
R-squared Adjusted R-sq	0.279978 0.231977	Durbin-Watson stat		1.348993

【日本】

　1973 年以降，主要国通貨は当初のクリーン・フロートから"制度の民営化"の限界が認識されることにより，主要国同士の政策協調によって外国為替市場の安定化を図る方向が模索された。日本円も対米ドルに対して第 5 図に示されるごとく[20]，完全フロート制のもと，急速な円安・円高を幾度か経

---

20) トレンドは Hodrick=Prescott フィルターによる傾向値で，サイクルはそこからの乖離で表わされる。

第5図　日本円対米ドル為替レート

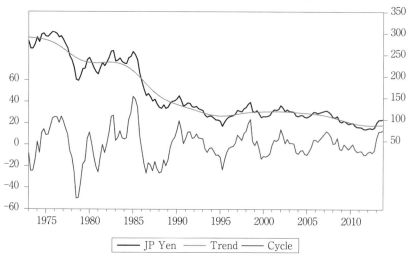

資料：IMF（2014）

験し，日本の通貨当局はその時々の経済状況に鑑みて必要に応じ単独ないしは協調して外国為替市場に介入し，乱高下の水準とスピードを和らげるような策を採った。財務省の「外国為替平衡操作の実施状況」（1991年4月～）に関して四半期計の介入額を見ると，この間の動きを垣間見ることができる（第6図参照）。米ドルに対して大幅に円高となったときは，米ドル買い・日本円売りの市場介入（i.e. プラスの棒グラフ）が，逆に大幅円安に振れた際は，米ドル売り・日本円買いの市場介入（i.e. マイナスの棒グラフ）がその時々の旧大蔵省・財務省の判断で実施された。

　ところで，第2表の日本円に関する係数 μ_i の推計結果を見ると，推計値 $\hat{\mu}_i$ ならびにその各種統計量や符号条件より判断するに，こうした日本の通貨当局の外為市場介入の動きとマネタリーベースとの間の強い因果関係は必ずしも明確には認められない。すなわち，円ドル為替レートの平準化・安定化を目指して通貨当局は市場に介入したが，その結果，巨額のマネタリーベースが国内金融システム内に注入され，あるいはそこから吸い上げられるよ

第6図　外国為替市場介入額（四半期計）

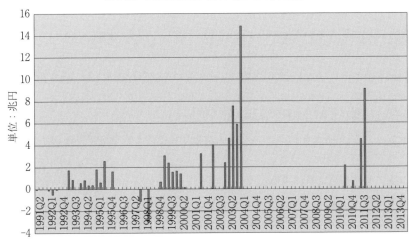

注：プラス＝外貨買い・日本円売り（一部外貨売り）介入
　　マイナス＝外貨売り・日本円買い（一部外貨買い）介入
資料：財務省「外国為替平衡操作の実施状況」2014年8月（www.mof.go.jp）

うなメカニズムが存在したとは言い難い。換言すれば，日本の外為市場介入策は一定程度不胎化されて来たと言える[21]。

【シンガポール】

シンガポールは，厳格な通貨管理政策を布き，主要貿易相手国との貿易額

---

[21] 日本の通貨当局は，1999年2月～2000年8月までのゼロ金利政策に続き，さらに2001年3月より量的緩和政策を採用して潤沢なマネタリーベースの供給に基づく有効需要の一層の喚起を目指した。この間，財務省は2003年1月から2004年3月にかけて，合計35.4兆円にも及ぶ大規模な米ドル買い・日本円売りの市場介入を実行した（財務省ウェブサイト「外国為替平衡操作の実施状況」）。渡辺／藪（2010）によれば，それら円売り介入により市場に供給された円資金のおよそ4割は「不胎化されなかった」との実証分析結果を得ている。すなわち，上述した量的緩和の時期に，それ以前はほぼ完全に通貨当局により不胎化されていたのとは対照的に，非不胎化オペレーションの程度が著しく高まったと結論付け，非不胎化介入に基づくマネタリーベース増によって量的緩和策をバックアップし，景気回復に結び付ける効果が強く期待されたとしている。かくして，非不胎化政策が実施された時期はあるものの，日本では概ね不胎化政策が採られてきた。

162   第5章　東アジア経済の通貨金融分析

を基に算出した各国通貨の加重平均レートを自国通貨と連動させることによって通貨変動の影響を極力抑制するように努めてきた。ただし，実際には米国との取引量が多いため，シンガポール・ドルは事実上の米ドル・ペッグ制とも言える[22]。さらに，非居住者によるシンガポール・ドルの保有・利用を制限することによってシンガポール・ドルの非国際化政策を推進し，国内金融市場とオフショア市場とを分離することで自国通貨へのコントロール機能の維持・強化を図った[23]。かくして，第2表のシンガポール・ドルに関する係数 μ_i の推計結果を見ると，$\hat{\mu}_i$ の値ならびにその t 値や決定係数 R^2，$D.W.$ 比などから，同国の通貨当局（シンガポール通貨庁；MAS）は，1997 年 7 月の東アジア通貨危機に至るまでは自国通貨レート安定化のための外為市場への為替介入に関し，国内マネタリーベースに影響を及ぼさない不胎化政策を採用していたことが窺える。すなわち，マネタリーベース供給量が外為市場の需給圧力から概ね遮断され，国内のマクロ経済に対して中立的となるような為替介入政策が施行されてきた。しかしながら，東アジア通貨危機以降，例えば 2001 年・2002 年までの急速なシンガポール・ドルの減価に対し通貨当局は自国通貨買い・米ドル売りの介入を行ったが，その結果，国内マネタリーベースは急減した。非不胎化政策の採用である（$\hat{\mu}_i=-1.06$，$t\text{-}prob.=0.05$，$R^2=0.23$）。通貨危機後は，シンガポール通貨庁は外為市場介入効果を遮断することなくマネタリーベースの変動をもって国内マクロ変数への影響拡大を図った。

【タイ】[24]

　タイ・バーツは，$\hat{\mu}_i$ の値ならびにその t 値や決定係数 R^2，$D.W.$ 比などから，東アジア通貨危機以前も以後も一貫して非不胎化政策が採用されていたことが見て取れる。

　外国資本導入による輸出振興型の開発政策を採ったタイは，それゆえ，バーツの対米ドル相場を安定化させるように機能する通貨バスケット・ペッグ制を採用した。その結果，1995 年後半以降の米ドルの対主要国通貨レート

---

22)　日本貿易振興機構アジア経済研究所編（1998）第 7 章。
23)　ibid.
24)　タイの経済・通貨動向に関しては，岡田（2001）第 6 章参照。

上昇に伴い，バーツの輸出競争力は著しく低下した。他方，輸入価格低下に伴う輸入額の増加により，経常収支の赤字幅は拡大した。加えて，1990年以降，為替管理の自由化やBIBF（バンコック・オフショア市場）創設など積極的な外資導入策をはかったことにより，上述通貨バスケット・ペッグ制と相俟って金利裁定を狙ったアンカバーベースのバーツ転等もあり，海外資金の流入が急速に高まった。かくして，不胎化オペレーションの不徹底もあって国内信用は大幅に拡大し，過剰な不動産投資を招来するなどした。このような状況下で，1996年7-8月以降タイ・バーツに減価圧力が加わり，通貨当局のバーツ買い支えによって外貨準備高はそれまでの増加傾向から減少に転じた。こうした動きは，短期的にはタイの国際流動性不足の懸念を，中長期的にはサステイナビリティ（対外債務の維持可能性）ないしは対外債務返済能力の懸念を生じさせ，タイ・バーツに対する国際通貨市場での信認を低下させる結果となり，ついには1997年5月の大幅な通貨投機を惹起することとなった。タイ政府は，これら大量のバーツ売り投機に抗しきれず，外貨準備の制約も顕現して，7月に通貨バスケット・ペッグ制を放棄した。その後，IMF・日本輸出入銀行を軸とする国際金融支援により，通貨危機のダメージから回復する努力を重ねた。

　こうしたタイ経済の状況下で，通貨当局は，為替介入に伴うマネタリーベースの増減を公開市場操作や預金準備率操作などによって中立化せず，マネタリーアグリゲート全般の供給増減や金利の変動に結び付け，マクロ経済全体に影響を及ぼす策を採用した。

【マレーシア】

　マレーシアの通貨であるリンギ（Ringgit）は，変動相場制移行後四半世紀に亘り，1米ドルに対し2.5リンギ前後で安定した動きを示してきた。Frankel/Weiや福田/計の回帰計算結果からも示唆されるごとく，事実上の米ドル・ペッグ制である[25]。かくして，為替リスクが低減していたことから，旺盛な国内投資と外国資本導入の高まりや好調な資源・製品輸出もあって，さらにブミプトラ政策による民族融和策にも支えられ，マレーシア経済

---

25)　Frankel/Wei（1994），福田/計（2001）。

164 第5章 東アジア経済の通貨金融分析

は高い成長を遂げた。この間の為替介入策としては不胎化政策が採用された（$\hat{\mu}_i$=0.04, t-prob.=0.93, R^2=0.00）。ところで，1997年5-7月にタイ・バーツが通貨投機に見舞われると，マレーシア政府もドル売り介入と金利引上げで防衛に努めた。だが，7月中旬には市場介入を放棄して市場実勢容認に転じ，変動相場制を採用した。これは同国の経済ファンダメンタルズは健全で早晩リンギ相場は回復するとの判断が一部政府内にあったためと言われる[26]。しかしながら，マレーシア政府は1998年9月には更なるリンギの減価を阻止する必要から，1米ドル＝3.80リンギという固定相場制を導入する姿勢に転じた。加えて，為替・資本管理制度を同日付で改定した[27]。主たる目的は，海外からのマレーシア・リンギへの投機を規制し，且つ通貨を安定させて経済回復を図るというものであった。こうした一連の政策が奏功し，マレーシア経済は短期間のうちに内需主導により回復軌道に乗った。2005年7月には，中国の人民元外為制度改革に追随するかたちで通貨バスケット制による管理フロート制を導入した。東アジア通貨危機以降は，マレーシア政府は非不胎化政策を採用し，為替介入策に基づくマネタリーベースの増減を積極的に活かして国内経済へのトランスミッション強化を図った（$\hat{\mu}_i$=−2.26, t-prob.=0.00, R^2=0.64, D.W.=1.78）。

【フィリピン】

　フィリピンは，長らくアジアの奇跡ないしは世界経済の成長センターの外に置かれることになり，他の主要ASEANや中国などのような輸出指向型工業化新興国経済モデルには含まれなかった[28]。政治的にも混乱し，1980年半ばには実質GDPが大きくマイナス成長となった。さらにほぼ一貫した経常収支の赤字によって累積債務問題がフィリピンには重い足枷となった。国営企業の救済も中央政府財政の支援と政府系金融機関の融資によって賄われたが，さらにこうした政府系金融機関の不良債権の処理自身が中央政府の

---

26)　日本貿易振興機構アジア経済研究所編（1998）第5章。

27)　マレーシアの為替・資本管理制度改定に関する具体策としては，Bank Negara Malaysia, "Press Release: Measures to Regain Monetary Independence," 1 September 1998, www.bnm.gov.my を参照。

28)　フィリピン経済の動向に関しては，小原（2013）参照。

手に委ねられた。

1997 年 7 月に至り，タイ・バーツ切下げに端を発した東アジア通貨危機の影響を受けて，フィリピン・ペソの対米ドル為替レートも急落した。かくして，通貨防衛のための金融引締め策により企業業績や雇用情勢が悪化した。さらにペソ下落による物価高騰を背景に，消費者の購買力は低下した。こうしたことから，1998 年第 2 四半期〜第 4 四半期の実質 GDP 成長率は前年同期比でマイナスに減速した。ただし，各統計数値を見ると，フィリピンは東アジア通貨危機の影響が他の近隣諸国に比して相対的に軽微であったと言える。その原因の第一は，フィリピンでは 1980 年代の経験からバブル発生の余地が限られていたことにある。すなわち，第二次石油ショック後の不況を背景とした信用不安と，経常収支赤字拡大に対する懸念や政情不安に伴う外貨危機に直面し，1984 年にフィリピンは IMF の支援を受け入れたが，この IMF のガイドラインがその後の金融機関の投機的な融資を抑制することに繋がったとされる[29]。原因の第二は，短期外国資本の流出入が比較的小規模であったことが挙げられる。フィリピンは，上述した 1980 年代の国際収支危機により外国資本の対比国投資が慎重であったため，海外からの資金流入が活発化したのは 1990 年代半ば以降と出遅れ，さらに比較的厳しい資本取引規制が敷かれたことも短期外国資本の流入を抑制した。このため，他の東アジア近隣諸国のごとく，短期性の外国資本が国内金融セクターを通じて不動産市場や過剰な設備投資に向かい，バブル形成や不良債権の顕在化につながるような状況を軽減することができた[30]。さらに，東アジア通貨危機の波及に対し，IMF による拡大信用供与の期間延長と総額 13.7 億ドルのスタンドバイ・クレジットの信用枠を確保したが，このことも市場の信頼を繋ぎとめることに成功したと言えるであろう。

かくして，東アジア通貨危機後，フィリピンにおいては経済パフォーマンスの改善と歳入が好調に推移していることや金融システムの安定性が評価され，加えて，海外送金や英語力を生かしたコールセンターをはじめとする

---

29) 東京三菱銀行（1998）「アジア危機下のフィリピン経済」『東京三菱レビュー』1998 年 7 月 15 日，No.9

30) ibid.

166 第5章 東アジア経済の通貨金融分析

ITサービス業（＝ビジネス・プロセス・アウトソーシング）が経常黒字を押し上げている点も併せて評価されつつある。

こうした市場の評価のもとで，フィリピン通貨当局のペソに対する外為市場介入策は，東アジア通貨危機前は不胎化政策を採用していたが，通貨危機後は非不胎化政策を採っていることが μ_i の推計結果ならびに各種統計量から判断される。

【インドネシア】[31]

インドネシアは，石油・天然ガス資源の賦存や人口大国，強い経済力を持った華人の存在などの諸要因に支えられて，工業化を積極的に推し進めた。特に海外からの援助と資本に依存した行政主導型の経済開発政策により，輸入代替型の工業化を展開して70年代を通して8％弱の高成長を遂げた。しかしながら，83年ならびに86年の2回にわたって原油輸出価格が暴落すると，石油輸出の依存度が高いインドネシア経済は脆弱さが露呈されたことから，インドネシア・ルピアの対米ドル為替レート切下げ（その後米ドルとの物価差を"常時"調整するクローリング・ペッグ制の採用）などによって民間主導型による脱石油ガス依存構造＝輸出指向型工業化経済に向け新たな舵を切った。

このようにインドネシアは積極的な経済開発政策を採ったが，大幅な輸入にもかかわらず好調な輸出が補って同国の経常収支（名目GDEベース）はほぼ一貫して均衡していた。だが，1995年以降の数年間，米ドルが他の主要通貨に対して増価した結果，事実上の米ドル・ペッグ制度を採用していたインドネシア・ルピアも他通貨に対して相対的に割高になった。その結果，通貨価値の過大評価による輸出競争力の低下から輸出が減じて経常収支は赤字に転じ，それに伴って対外純債務残高も対GDP比で累増した。さらにデット・サービス・レシオ（元利支払額/輸出額）も1995年には警戒水準の25％を遥かに超える36％にまで達した。加えて，先の開発政策を支えたインドネシアの国営・民間商業銀行の多くは，例えば設備投資や不動産関連案件，さらには大統領親族・側近支配のコングロマリットなどに対して十分な審査

---

31) インドネシアの経済・通貨動向に関しては，岡田（2001）第7章参照。

機能を発揮せずリスク管理を怠ったまま過剰に融資した結果，多額の不良債権が生み出されてバランスシートは悪化し，国際的な信用失墜が加速した。

かくしてインドネシア・ルピアは，1997 年 7 月中旬以降数度にわたる激しい売り攻勢を浴び，8 月中旬に中銀はついに買い支えを断念して変動相場制に移行した。ルピア相場は 10 月には 6 月の期中平均比で約 50％近くまで切り下がった。

かかる危機的状況下でインドネシア政府は有効な手段が打ち出せず，10月には IMF・世界銀行・ADB の三者に金融支援を要請し，一定のコンディショナリティの受諾や構造改革策の実施などを条件に支援を受けることが認められた。さらにスハルト政権は最終的には大統領親族・側近ビジネスの改革を甘受し，危機克服を IMF 管理に全面的に委ねることで，30 年以上続いた自らの体制の解体・幕引を図った。

かくして，インドネシア・ルピアは，μ_i の推計結果ならびに各種統計量から判断すると，ポスト・スハルト政権下の外国為替相場制度において不胎化政策が実行されていると推測される。

4 結 び

東アジア新興経済圏では，経済のグローバル化の進展とともに，企業立地の最適化に基づく生産ネットワーク＝工程間分業ネットワークないしは垂直的産業内分業ネットワークの形成が急速に進み，効率的なグローバル・サプライチェーンもしくはグローバル・バリューチェーンが構築された。また，各国の推し進める為替管理・資本取引の対外開放化や金融サービスの規制緩和・自由化により，域内の国際間資金フローも活発化した。

ところで，1997 年半ばの東アジア通貨危機以前は，東アジア新興国間の経常取引・資本取引には一定の規制・制約が課せられるなど，域内における通貨・金融・資本取引の国際間統合度は低かった。外国為替の保有・取引は制限され，為替相場も事実上（de facto）の米ドル・ペッグ制が採用された。したがって，オープンエコノミー・トリレンマで示されるごとく，金融政策の自律性・独立性は放棄され，為替レートの減価・増価圧力に応じて不胎化

オペレーションによる為替介入や政策金利操作が指向された。ところが，通貨危機以降，東アジア新興経済圏の様相は一変した。東アジアの経済が順調に回復・発展を遂げるにつれ，財サービス取引・資金フローの拡大と共に通貨・金融・資本取引の域内統合度は急速に高まった。外為市場への介入も非不胎化政策が採られ，マネタリーベースの増減は中立化されることなく市場の実勢に委ねられることによって他マクロ経済変数への影響を深めた。

　本章において，以上のような東アジアの域内金融統合度と外為市場介入政策に関する動向の実態に関し，開放経済動学的一般均衡モデルを基に回帰式を定式化して東アジア各国の時系列データを用いてパネル回帰分析ならびに国別時系列回帰分析を行うと，次のような結果が得られた。まず東アジア新興経済圏の域内金融結合度は，1985年の米ドル高是正を目指したプラザ合意以降，期を追うごとに確実に高まっていることが推計結果から明確となった。ついで外国為替の市場介入に関しては，1997年の東アジア通貨危機以前は主要ASEANの多くで事実上の米ドル・ペッグ制のもと不胎化政策が採られていたが，通貨危機以降は，管理フロート・完全フロート制下で概ね「風に逆らう」式のオペレーションを採りつつ非不胎化政策を採用していることが併せて有意に実証された。

　かくして，今後の東アジア経済の発展を展望するうえで，

（ⅰ）　垂直分業・工程分業の発展と効率的なグローバル・サプライチェーンないしはグローバル・バリューチェーン（GVC）の構築

（ⅱ）　その結果としての域内経済・金融の統合促進

（ⅲ）　生産者通貨建て価格設定（PCP）から市場通貨建て価格設定（PTM）への移行

（ⅳ）　為替レート変動の国内価格へのパス・スルー率低下

（ⅴ）　外国為替市場介入の非不胎化オペレーション化

の進展は，刮目に価するものと言えるであろう。

補論　開放経済動学的一般均衡モデル

　本補論において，本章分析のベースとなった二国間開放経済に関する理論モデルの概要を纏めておく[32]。

　我々の想定する自国・外国の開放経済は，家計，企業，政府・通貨当局の3部門から構成されるものと考える。自国の各経済主体は半開区間 $(0,n] \subset R^1$ に，外国の各経済主体は開区間 $(n,1) \subset R^1$ 連続的に分布し，且つ各家計・各企業は同形的と仮定する。また，財サービス市場は独占的競争下にあり，他方，労働市場，債券市場は完全競争市場と仮定する。

1　家　計

a　選　好

　自国の各家計 $i (\in (0,n])$ は次のような同形的な効用関数を持つものとする。

(A1)　　$U_t(i) = E_t[\sum_{s=t}^{\infty} \beta^{s-t} u_s(i)]$,　　　　　$\forall t \in \{1,2,\cdots\}$

$$u_s(i) = \frac{C_s(i)^{1-\rho}}{1-\rho} - \frac{L_s(i)^{1+\nu}}{1+\nu}$$

ただし　$\beta (\in (0,1))$：時間的割引率

　　　　$\rho (>0)$, $\nu (>0)$：定数

　　　　$E[\cdot]$：期待値オペレータ

　自国家計 i の自国財サービス消費指標 $C_H(i)$ ならびに外国財サービス消費指標 $C_F(i)$ は，

(A2)　　$C_{Ht}(i) = \left[n^{\frac{1}{\theta}} \int_0^n C_{Ht}(i,j)^{\frac{\theta-1}{\theta}} dj \right]^{\frac{\theta}{\theta-1}}$

---

32)　本補論で展開した理論モデルの構築にあたっては，二国間開放経済動学的一般均衡モデルの先駆的業績となった Obstfeld/Rogoff（1995）（1996）に依拠した。なお，本モデル体系の詳細に関しては，岡田（2014a）第2章を参照。また，本書第6章第2節も併せて参照。

$$C_{Ft}(i) = \left[(1-n)^{\frac{1}{\theta}} \int_n^1 C_{Ft}(i,j)^{\frac{\theta-1}{\theta}} dj \right]^{\frac{\theta}{\theta-1}}$$

で定義する。ここで $\theta(>1)$ は自国・外国財サービス需要における価格の代替弾力性を表す。次いで，経済の開放度 $a\,(\in(0,1))$ を財サービスの全消費量に占める輸入財サービスの比率で定義すれば，各家計の財サービス消費指標 $C_t(i)$ は，自国と外国間の財サービス需要における価格の代替弾力性を $\eta(>1)$ として，

$$(A3) \qquad C_t(i) = \left[(1-\alpha)^{\frac{1}{\eta}} (C_{Ht}(i))^{\frac{\eta-1}{\eta}} + \alpha^{\frac{1}{\eta}} (C_{Ft}(i))^{\frac{\eta-1}{\eta}} \right]^{\frac{\eta}{\eta-1}}$$

で示される。さらに $\eta \to 1$ とすれば，"ロピタルの定理"を用いて

$$(A4) \qquad C_t(i) = \left(\frac{C_{Ht}(i)}{1-\alpha} \right)^{1-\alpha} \left(\frac{C_{Ft}(i)}{\alpha} \right)^{\alpha}$$

で表される。さらに(A2)式・(A4)式に対応した財サービス価格指標は，

$$(A5) \qquad P_{Ht} = \left[\int_0^n P_{Ht}(j)^{1-\theta} dj \right]^{\frac{1}{1-\theta}}$$

$$P_{Ft} = \left[\int_n^1 P_{Ft}(j)^{1-\theta} dj \right]^{\frac{1}{1-\theta}}$$

ならびに

$$(A6) \qquad P_t = (P_{Ht})^{1-\alpha} (P_{Ft})^{\alpha}$$

となる。上述価格 $P_{Ht}(j), P_{Ft}(j)$ は，後に第2項で見るごとく，独占的競争下にある各企業の設定する価格から決まってくる。$L(i)$ は自国家計 i の労働供給時間を表す。

外国家計 $i\,(\in(n,1))$（以下＊印は外国を表す）に関しても自国家計と同形の効用関数を持つとすれば，上述議論と同様のものが $\forall t \in \{1,2,\cdots\}$ に対して定義できる。

b　予算制約式

内外債券市場では，自国の総合的物価指標 P をニューメレールにとり且つ満期が1期の自国政府が発行する自国通貨建て名目短期国債 B_H，ならび

補論　開放経済動学的一般均衡モデル　　*171*

に同じく外国の総合的物価指標 P^* をニューメレールにとり，満期が1期の外国政府が発行する自国通貨建て（為替レートで換算された）名目短期国債 B_F が取引される。かくして自国家計 i の t 期における予算制約式は，

(A7) $\quad P_t C_t(i) + E_t[R_{t,t+1}\{B_{H,t+1}(i) + B_{F,t+1}(i)\}] + \tau_t(i) \leq B_{Ht}(i) + B_{Ft}(i) + \Phi_t(i) + W_t L_t(i)$

$\qquad \forall i \in (0,n],$

で表せる。ここで $R_{t,t+1}$ は家計 i の保有する名目債券ポートフォリオ・ペイオフに対する時間的割引率，$\tau_t(i)$ は家計 i の支払う名目一括個人税，$\Phi_t(i)$ は各企業から家計 i に支払われる名目配当金，W_t は時間当たり名目賃金率，$L_t(i)$ は家計 i が企業に提供する労働時間である。

　外国家計 $i \in (n,1)$ の t 期における予算制約式も同様である。

c　個別財需要

　自国家計 i の個別財サービス j に対する消費需要は，

(A8) $\quad C_{Ht}(i,j) = \left(\dfrac{P_{Ht}(j)}{P_{Ht}}\right)^{-\theta} C_{Ht}(i)$

$\qquad C_{Ft}(i,j) = \left(\dfrac{P_{Ft}(j)}{P_{Ft}}\right)^{-\theta} C_{Ft}(i)$

$\qquad C_{Ht}(i) = \left(\dfrac{1-\alpha}{\alpha}\right)\left(\dfrac{P_{Ht}}{P_{Ft}}\right)^{-\eta} C_{Ft}(i)$

となる。外国家計も同様にして対称的な結果が得られる。

d　主体的均衡

　自国家計 i の最適化行動は，$\forall i \in (0,n]$ に対して，

(A9) $\quad \max_{\{B_{t+1}(i)\}\{C_t(i)\}\{L_t(i)\}} :: U_t(i) = E_t[\sum_{s=t}^{\infty} \beta^{s-t} u_s(i)], \qquad \forall t \in \{0,1,2,\cdots\}$

$\qquad u_s(i) = \dfrac{C_s(i)^{1-\rho}}{1-\rho} - \dfrac{L_s(i)^{1+\nu}}{1+\nu}$

$\qquad \text{s.t. } C_s(i) + E_s[R_{s,s+1}\dfrac{P_{s+1}}{P_s}\dfrac{B_{s+1}(i)}{P_{s+1}}] \leq \dfrac{B_s(i)}{P_s} + \dfrac{\Phi_s(i)}{P_s} + \dfrac{W_s}{P_s}L_s(i)$

172　第5章　東アジア経済の通貨金融分析

$$\text{given } P_s, W_s, B_{Hs}(i), B_{Fs}(i), R_{s,s+1}, \Phi_s(i)$$

なる制約条件付き最大化問題を解くことで得られる。ただし $B_s(i) \equiv B_{Hs}(i) + B_{Fs}(i)$ である。(A9)式に関して1階の必要条件を求めると，以下のような t 期における自国家計 i の主体的均衡条件を得る。

$$(\text{A10}) \qquad C_t(i)^{-\rho} = \beta E_t[(\frac{1}{R_{t,t+1}})(\frac{P_t}{P_{t+1}})C_{t+1}(i)^{-\rho}] \qquad \cdots 消費オイラー方程式$$

$$(\text{A11}) \qquad C_t(i)^{\rho} = \frac{W_t}{P_t}(L_t(i))^{-\nu} \qquad \cdots 消費・余暇トレードオフ条件式$$

$$\forall t \in \{0,1,2,\cdots\}$$

ここで，名目債券ポートフォリオ・ペイオフに対する時間的割引率 $R_{t,t+1}$ が現行名目利子率 r_t によって表わされるとすれば（i.e. $E_t R_{t,t+1} = \frac{1}{1+r_t}$），(10)式の消費オイラー方程式はさらに

$$(\text{A10a}) \qquad C_t(i)^{-\rho} = \beta(1+r_t)E_t[\frac{P_t}{P_{t+1}}C_{t+1}(i)^{-\rho}]$$

と書き換えられる。

　外国家計 $i(\in(n,1))$ に関しても同様の条件式が求められる。

2　企　業

a　生産技術

　自国・外国の各企業（$\forall j \in (0,1) \subset R^1$）は，所与の固定的生産要素である資本ストックと可変的生産要素である労働を投入して差別化された1種類の財サービス$z(\in(0,1) \subset R^1)$を生産する[33]。また両国の各企業の生産技術構造はすべて同形であるとする。したがって，自国・外国企業 j の個別生産関数 F^j は，$A_t(A_t^*)(>0)$ を技術水準（i.e. ソロー残差）とすれば，

$$(\text{A12}) \qquad 自国企業：Y_t(j) = F^j(A_t, K, L_t) = A_t L_t(j), \qquad \forall j \in (0,n]$$

---

33)　ここで便宜的に $z \equiv j \in (0,1)$ としておく。また，企業 j の t 期における個別生産技術構造は，K_t を固定的生産要素である資本ストックとし，L_t を可変的生産要素である労働としたとき，本分析では K_t を時間を通じて一定で所与，すなわち $K_t = K$ と仮定したので，ソロー（Solow）残差 A_t と併せて $Y_t(j) = A_t L_t(j)$ という生産関数フォーミュラに縮約できる。

外国企業：$Y_t^*(j) = F^j(A_t^*, K^*, L_t^*) = A_t^* L_t^*(j),$　　　$\forall j \in (n,1)$,

ただし，$A_t = (A_{t-1})^\phi (\overline{A})^{1-\phi} \exp(\varepsilon_t^A),\ \varepsilon_t^A \sim i.i.d.(0, \sigma_A^2)\ \&\ \phi \in [0,1]$

$\qquad A_t^* = (A_{t-1}^*)^{\phi*} (\overline{A}^*)^{1-\phi*} \exp(\varepsilon_t^{A*}),\ \varepsilon_t^{A*} \sim i.i.d.(0, \sigma_{A*}^2)\ \&$

$\qquad \phi^* \in [0,1]$

$\forall t \in \{0,1,2,\cdots\}$

で表せる。それゆえ，t 期における自国・外国の各企業の財サービス生産量は，

（A13）　自国企業：$Y_t(j) \equiv Y_{Ht}(j) + Y_{Ht}^*(j)$,

　　　　　外国企業：$Y_t^*(j) \equiv Y_{Ft}^*(j) + Y_{Ft}(j)$,

　　　　　ただし，　Y_H：自国財サービスの自国向け供給量

　　　　　　　　　　Y_H^*：自国財サービスの外国向け供給量（i.e. 自国輸出量）

　　　　　　　　　　Y_F：外国財サービスの自国向け供給量（i.e. 自国輸入量）

　　　　　　　　　　Y_F^*：外国財サービスの外国向け供給量

で示される。

b　財サービス価格設定

　独占的競争の状況下で，自国企業 j の生産する財サービスに対する価格設定方式に対してカルボ型設定式を採用する。したがって，自国企業 j が任意の時点で価格を据え置く確率を $\omega_P\ (\in (0,1))$ とすれば，最適化行動様式は，

（A14）　$\max_{\{P_{Ht}(i)\}} : \tilde{\Phi}_t(j) = E_t \sum_{s=0}^{\infty} \beta_{t+s} \omega_P^s \left[\left(\frac{P_{Ht}(j)}{P_{H,t+s}} \right) Y_{t+s}(j) - MC_{t+s}(j) Y_{t+s}(j) \right]$

　　　　s.t. $Y_{t+s}(j) = A_{t+s} L_{t+s}(j)$

　　　　　　$Y_{t+s}(j) = \left(\frac{P_{Ht}(j)}{P_{H,t+s}} \right)^{-\theta} Y_{t+s}$

　　　　given $MC_{t+s}(j), P_{H,t+s}, Y_{t+s}$

　　　　$\forall t \in \{0,1,2,\cdots\}$

で定式化できる。ただし β_{t+s} は企業の最終所有者たる家計の限界効用で評価された企業の主観的割引率であり，$\beta_{t+s} = \beta^s \left(\frac{C_{t+s}}{C_t} \right)^{-\rho}$（$\beta \in (0,1)$）で定義され

174   第5章　東アジア経済の通貨金融分析

る。

　かくして，自国企業 j の最適化行動は，

（A15）　　$E_t[\sum_{s=0}^{\infty}\beta_{t+s}\omega^s Y_{t+s}\{(\frac{P_{Ht}(j)}{P_{H,t+s}})-\frac{\theta}{\theta-1}MC_{t+s}(j)\}]=0$　　　　…価格設定式

で示される。このことから，企業 j の価格設定に関し，

（A16）　　$\frac{P_{Ht}(j)}{P_{Ht}}=\frac{\theta}{\theta-1}E_t\sum_{s=0}^{\infty}f_{t+s}\frac{W_{t+s}}{P_{H,t+s}A_{t+s}}$

$$\text{ただし}\quad f_{t+s}\equiv\frac{\beta_{t+s}\omega_P^s\left(\frac{P_{Ht}}{P_{H,t+s}}\right)^{-\theta}Y_{t+s}}{E_t\sum_{s=0}^{\infty}\beta_{t+s}\omega_P^s\left(\frac{P_{Ht}}{P_{H,t+s}}\right)^{1-\theta}Y_{t+s}}$$

なる主体的均衡条件が得られる。外国企業 j（$\in(n,1)$）の主体的均衡条件も同様にして求められる。

　ここで自国企業 j に対して同質性条件を課せば，財サービス生産企業全般の集計的価格遷移式

（A17）　　$P_{Ht}=[(1-\omega_P)X_{Pt}^{1-\theta}+\omega_P P_{H,t-1}^{1-\theta}]^{\frac{1}{1-\theta}}$

が求まる。ただし X_{Pt} は t 期に価格改定の機会を得た自国企業群の設定する最適価格水準である。外国企業に関しても同様である。

3　政府部門

a　財政収支

　自国政府は，一括個人税（i.e. 人頭税）による税収ならびに満期1期の短期国債の発行を基に，消費財サービス指標 C で表示された財政支出 G ならびに国債の利払いを行うものとし，且つ財政収支は毎期単年度で均衡が達成されるものとする。したがって，自国政府部門の t 期の財政収支式は，

（A18）　　$\tau_t+(B_{H,t+1}-B_{Ht})=P_t G_t+r_t B_{Ht}$

　　　　　$\forall t\in\{0,1,2\cdots\}$

なる式で表せる。ただし，財政政策の政策目標を所与と仮定し，したがって各期の財政支出 G_t は一定値（$G_t=G,\ \forall t\in\{1,2\cdots\}$）と仮定しておく。外国政府も同様である。

補論　開放経済動学的一般均衡モデル　　*175*

b　金融政策

　自国通貨当局の金融政策反応関数としては，次のようなオーソドックスなテイラー・ルール型を採用するものと想定する。

$$(A19)\qquad 1+r_t=(1+r_{t-1})^{\chi_1}\Big(\Big(\frac{\Pi_t}{\Pi_t^0}\Big)^{\chi_2}\Big(\frac{Y_t}{Y_t^f}\Big)^{\chi_3}\Big(\frac{S_t}{S_t^0}\Big)^{\chi_4}\Big)^{1-\chi_1}$$

$$\forall t\in\{1,2,\cdots\}$$

ただし $\chi_i\,(i=1,2,3,4)$ はパラメータであり，且つ $\chi_1\in(0,1)$ とする。かくして，自国の通貨当局は 1 期前の金利水準 r_{t-1} の動向を踏まえつつ，現行インフレ率 $\Pi_t\equiv\dfrac{P_t}{P_{t-1}}$ と目標インフレ率 Π_t^0 との乖離や現行為替レート水準 S_t と目標為替レート水準 S_t^0 との乖離，さらには Y_t^f を実質潜在 GDP としたときの実質 GDP ギャップの現況にも対応して今期の政策金利を操作すると考える。外国の通貨当局も同様である。

4　市　場

a　金利平価・為替レート

　先に債券ポートフォリオ・ペイオフ額に対する t 期の時間的割引率を $E_t[R_{t,t+1}]=\dfrac{1}{1+r_t}$ とした。したがって，外国債券ポートフォリオ・ペイオフの自国通貨建て価値額に対する時間的割引率は，S_t を t 期の直物名目為替レートとすれば，

$$(A20)\qquad \frac{S_t}{1+r_t}=E_t[S_{t+1}R_{t,t+1}]$$

となる。国際債券市場は完全代替的且つ完全競争的と仮定したので，内外資金移動の結果，自国金利水準と外国金利水準とは等しくなるから（i.e. $r_t=r_t^*$），

$$(A21)\qquad \frac{1}{1+r_t^*}=\frac{1}{1+r_t}E_t\Big[\frac{S_{t+1}}{S_t}\Big]$$

を得る。かくして，この(A21)式に対し両辺の対数をとり，一次までのオー

176 第5章 東アジア経済の通貨金融分析

ダーのテイラー展開で近似させれば，次式のようなアンカバー・ベースの金利平価式が求まる。すなわち，

(A22) $r_t = r_t^* + E_t[\Delta s_{t+1}]$

である

b リスク・シェア

国際債券市場の完全競争性を仮定すれば，上述のごとく，$E_t[R_{t,t+1}] = \dfrac{1}{1+r_t}$ と置くとき，$r_t = r_t^*$ となるから，先の（A10）式を用いれば

(A23) $\dfrac{1}{\beta}\left(\dfrac{C_t(i)}{C_{t+1}(i)}\right)^{-\rho}\left(\dfrac{P_{t+1}}{P_t}\right) = 1 + r_t = \dfrac{1}{\beta}\left(\dfrac{C_t^*(i)}{C_{t+1}^*(i)}\right)^{-\rho}\left(\dfrac{S_{t+1}}{S_t}\right)\left(\dfrac{P_{t+1}^*}{P_t^*}\right)$

が，$\forall i \in (0,1)$ に対し自国・外国に対する異時点間のリスク・シェアを示す式として成立する。

c 財サービス市場

二国間開放経済の財サービス市場に関する集計的需給均衡式は，次のようにして示すことができる。

(A24) $Y_t = C_t + G + (Y_{Ht}^* - Y_{Ft})$

$Y_t^* = C_t^* + G^* + (Y_{Ft} - Y_{Ht}^*)$

$\forall t \in \{1,2,\cdots\}$

ここで $Y_{Ht}^* - Y_{Ft}$ $(Y_{Ft} - Y_{Ht}^*)$ は自国（外国）の経常収支である。

d 労働市場

労働市場は完全競争的なので，労働の国際間移動を考えないとき，例えば自国の労働市場では，自国家計の主体的均衡条件に基づく労働供給量と自国企業の主体的均衡条件から決まる労働需要量とを模索過程で賃金率がシグナル機能によって有効に調整することにより，$\exists W_t/P_t \in (0,\infty)$ に対し，

(A25) $L_t^D = L_t^S$

$\forall t \in \{0,1,2,\cdots\}$

となる。外国の労働市場も同様である。

e 債券市場

国際債券市場に関しては，完全代替的且つ完全競争的ゆえ，均衡条件として

$$
(A26) \quad \frac{B_{Ht}}{P_t} + \frac{B_{Ht}^*}{P_t^*} + \frac{B_{Ft}}{P_t} + \frac{B_{Ft}^*}{P_t^*} = \int_0^n \left(\frac{B_t(i)}{P_t} \right) di + \int_n^1 \left(\frac{B_t^*(i)}{P_t^*} \right) di,
$$

$$
\forall t \in \{0,1,2,\cdots\}
$$

を得る。左辺は債券ストックのグローバルな実質供給量であり，右辺は同じく債券ストックのグローバルな実質需要量である。

第6章 東アジア経済圏の国際通貨制度

1 はじめに

1 東アジア通貨危機

　東アジアの新興市場諸国・地域は，1980年代半ば以降"東アジアの奇跡"（The East Asian Miracle）と称されるほどの高成長を遂げ[1]，世界経済の成長センターとしての役割を担った。しかしながら，1997年7月に至り，タイ・バーツが膨大な通貨投機にみまわれてそれまでの通貨バスケット・ペッグ制を放棄し，変動相場制へ移行したことを契機に，その後，マレーシア・リンギ，インドネシア・ルピア，フィリピン・ペソ，シンガポール・ドル，台湾ドル，韓国ウォンなど，日本円を除く東アジア通貨の対外価値はいずれも軒並みドミノ現象的に下落した（第1図参照）。とりわけ，タイ，インドネシア，韓国は，国際流動性不足から国際通貨基金（IMF）を中心とする金融支援を受けることとなった。また，香港ドルのカレンシー・ボード制放棄や，中国人民元の再切下げなどの憶測を生むほどの広がりをもたらした。まさに，東アジア・エマージング諸国におけるこれら一連の国際通貨危機は，"1990年代の原子爆弾"[2]と称されるごとく，激しい破壊力をもって東アジアのマクロ経済にダメージを与えた。

2 地域間の連携

　東アジアは，その後あらゆる苦難を乗り越えつつこうした国際通貨金融危

---

1) World Bank (1993), Overview.
2) Altman (1998).

1 はじめに

第1-a図　東アジア主要国為替レート（対米ドル）

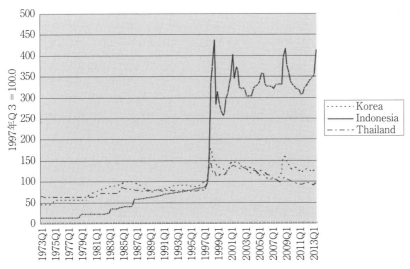

資料：IMF（2013b）*IFS*

第1-b図　東アジア主要国為替レート（対米ドル）

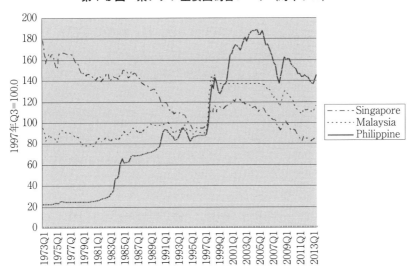

資料：IMF（2013b）*IFS*

第1-c図　東アジア主要国為替レート（対米ドル）

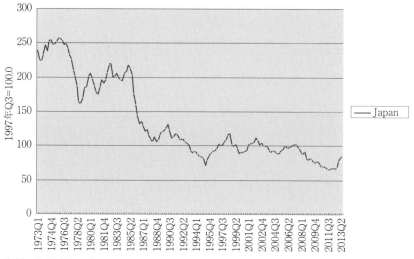

資料：IMF（2013b）*IFS*

機の痛手を克服し，経済の再生を果たした。そして今日，貿易，直接投資（FDI），金融フローを通じた域内市場統合を以前にも増して促進させつつある。多くの先行研究が指摘しているように[3]，そしてまた前章で見たごとく，東アジアでは日本・NIEs が中間財を生産し，ASEAN・中国がそれら中間財を輸入したあと完成財・最終財に組み立てて欧米の最終消費地へ輸出するという，いわゆる「工程分業」ないしは「垂直的」産業内分業の動きが加速し，その結果として域内貿易は急増した。こうした東アジアにおける効率的な生産ネットワークの確立は，日米欧企業や域内のアジア企業による活発な多国籍企業化と旺盛な直接投資に支えられた。また，多くの国々が通貨取引のグローバル化の進展と呼応して，為替管理・資本取引に関する対外開放化や金融サービスの規制緩和・自由化を推し進めたことにより，国際間資

---

3) 磯貝／森下／ルッファー（2002），経済産業省（2004）（20052，吉富（2003）第4章，Okamoto（2005a）（2005b）．Yoshitomi/ADBI Staff（2003）．

金フローも域内で活発化した。こうした東アジア域内の市場統合促進と相俟って，域内各国政府や通貨当局・中央銀行なども，ASEAN，ASEAN＋3，ASEM，APEC，EMEAPなど様々な枠組みの下で効果的な政策協調の機会を探ってきた。かくして，東アジアのマクロ経済は，例えば日本，韓国，台湾，シンガポール，マレーシア，タイの間で，GDP，民間最終消費支出，国内総固定資本形成，海外経常余剰，物価，市場金利などの経済変数に関し，その相関度が高まり，それら諸国・地域の景気変動に同期性・同調性の見られることが確認されるに至った[4]。したがって，東アジア諸国は，経済の開放度，輸出の多様性，財サービス・金融の統合度，労働の移動性，ショックの対称性というような域内為替レート安定を志向する最適通貨圏基準に照らして，20世紀末に共通通貨ユーロを導入し通貨統合を果たした欧州連合と今やある程度まで遜色ないほどとなり，域内為替レート安定化のためのコストが十分小さくなりつつある状況に至っている[5]。

3 東アジア経済圏の国際通貨制度

こうした一連の実物経済・金融に関する域内結合度の高まりに呼応して，為替レートが域内で安定的且つ国際通貨危機にも頑強であるような東アジアの国際通貨制度[6]に関する議論が深まりつつある。一般に，"開放経済のトリレンマ"と称されるごとく，為替レートの安定化と，自律的・独立的金融政策の確保並びに自由な資本移動とを同時に達成することは困難とされている。しかも，通貨取引が瞬時のうちに地球的規模で大量に行われるようにな

---

4) 河合（2005），経済産業省（2005）p.277，Brouwer/Dungey（2004）．

5) 河合（2005），Coeure（2004），Lee/Park/Shin（2004），Shin/Wang（2004），Takagi/Hirose（2004）．ただし，これら最適通貨圏基準に加え，今日顕著となった共通通貨における"通貨は一つ，財政はバラバラ"なる制度上の脆弱性克服にも配慮しつつ，東アジア各国が財政に関し集権的で一元的に管理する移転機能をどの程度までどのような形で組み込み得るかという議論もまた併せて必要且つ重要である。

6) 「国際通貨制度」ないしは「国際金融アーキテクチャー」は，「外国為替相場制度」をより
よく機能させるための公式・非公式に定まった規則・慣行から成る包括的・総体的枠組みを
指す場合が多い（河合（1994）p.312，McKinnon（1996）pp.23-24）。例えば，国際通貨制
度の一つである「金本位制」では，「固定相場制」という外国為替相場制度と「均衡財政政
策」とが組み合わさったものとされた。

182 第6章 東アジア経済圏の国際通貨制度

ると，自己実現的予想に基づく新しいタイプの通貨危機リスクが高まりつつある[7]。したがって，望ましい外国為替相場制度とは，ハード・ペッグ（カレンシー・ボード制，ドル化，通貨同盟など）もしくは完全フロート制かのいずれかであるという二極分化論[8]や，あるいはまたその中間のソフト・ペッグ制，すなわち通貨バスケット制[9]やBBC（バスケット，バンド，クロール）ルール[10]に則った制度などを主張する論等が数多く生じた[11]。さらにはG－3通貨バスケット制[12]や米ドル本位制[13]などの構想が東アジア経済圏の外国為替相場制度に対して具体的に提案され始めている。

4　為替レートの不安定性

ところで，今からおよそ40年前の1973年2～3月に主要通貨は変動相場制へ移行した。それより1年半前の1971年8月，米国政府は金ドル交換停止を含む新経済政策を発表した。この発表をもって，戦後の国際通貨制度を支えたブレトン・ウッズ体制は事実上崩壊した。国際通貨制度が変動相場制に移行すると，為替レートはシグナル機能の下，市場の需給に応じて完全競争下の市場メカニズムにより決まることとなった。したがって，売買される各国通貨の市場価格であり，各種通貨の交換比率を表す指標でもある為替レートは，他の主要マクロ経済変数，例えばGDP，消費，投資，経常収支，雇用量，貨幣残高，財サービス価格，利子率，賃金などとの相互関連性・相互依存性が格段に強まった[14]。かくして，通貨の価格たる為替レートは，財サービス市場，金融市場，労働市場など他の市場と相互に依存し関連しなが

---

7)　岡田（2001）第9章。

8)　Eichengreen（1999），Fischer（2001）．

9)　伊藤（2005），河合（2005），French and Japanese Staff（2001），Ito（2005），Kawai（2002）（2004），Tokyo Center for Economic Research（2002）．

10)　Williamson（1999）（2001）．

11)　French and Japanese Staff（2001），Urata（2002），Williamson（2000a）（2000b）．

12)　上述注8)・注9)文献参照。

13)　McKinnon（2004）．

14)　その結果，開放マクロ経済学ないしは国際マクロ経済学と称せられる分野がマクロ経済学に誕生した。1976年に発行されたScandinavian Journal of Economics，Vol.78，No.2掲載論文や1980年に上梓されたR．ドーンブッシュ『開放マクロ経済学』がその一例である。

ら，部分均衡的ではなく一般均衡的に外国為替市場での通貨需給に基づき均衡為替レートが決定されるに至った。加えて，各国金融資本市場の規制緩和や内外資本取引の自由化と相俟って，各国市場間のリンケージは飛躍的に高まり，外国為替取引やデリバティブ取引は瞬時のうちに地球的規模で大量に行われるようになった。こうしたグローバルな通貨取引の急増は，ひとたび為替レートが経済ファンダメンタルズと整合的と看做し得るような水準から逸脱すると，市場は暴走し，乱高下，過剰反応，バブル，ペソ問題，ミスアラインメントなど一層変動幅を増幅させるような不安定性を内包していることが市場によって示された[15]。

5 本章のねらい

したがって，東アジアにおける国際通貨制度ないしは国際金融アーキテクチャーを論ずる際重要なことは，他の経済変数を"ceteris paribus"として為替レートそれ自体を部分均衡的に捉えることはもはや正確さを欠くこととなり，他のマクロ経済変数の動向＝経済ファンダメンタルズと"整合的"か否かということを視野に入れながら一般均衡的に議論する必要のあることが明白となった。そこで本章において，動学的一般均衡モデルを基底とした新開放マクロ経済理論ないしは新 *IS-LM* 理論体系の下で，東アジア主要国の時系列統計データを用いて為替レートと主要マクロ経済変数との整合性を実証的に検証し，東アジアにおける域内通貨取引の制度的枠組み作りを検討する。

2 理論モデル

本章で東アジア新興国の国際通貨制度を論ずるにあたって，理論的フレームワークとして，ここで以下のような小国開放経済動学的一般均衡モデルを設定する。

---

15) 岡田（2006）第1章。

184 第6章 東アジア経済圏の国際通貨制度

1 経済の概要

　我々の想定するグローバルな開放マクロ経済は，単位閉区間に連続的に分布する小国経済の集合体と考える。各国の選好，技術，市場構造は同形的と仮定する。さらに各国は企業，家計，政府・通貨当局の3部門から構成されるものとする。

　国内・国外財サービス市場は独占的競争の状況下にあると仮定する。他方，国際的に取引される財サービスの決済には，満期が1期の自国通貨建ておよび外国通貨建て各債券が用いられる。さらに財サービスや債券の国際間取引には，自由に変動する名目為替レートが随伴する。また債券に関しては，完全代替的（したがってリスク・プレミアムがゼロ）な各債券が内外の完全競争的債券市場において利子率のシグナル機能を基に取引される。労働市場も同様に完全競争的と仮定し，伸縮的な賃金率によって労働の需給が調整されると考える。

　こうした開放経済の枠組みの下で，各家計は合理的予想に基づき，所得制約式を条件として将来に亘る効用を最大化する。また各企業はそれぞれの生産関数と自己の設定する価格水準に対する個別財サービス需要量とを制約条件として，同じく合理的予想に基づき将来に亘る利潤の最大化を図る。かくして，それら各部門の経済主体の主体的均衡によって一意的に定まった財サービス需給量，労働需給量，債券需給額が，それぞれの市場でグローバルにクリアーされ市場均衡が達成される。

　こうした各経済主体の最適化行動ならびに市場の運行メカニズムに加え，各国の政府・通貨当局はまた税収入と国債発行を基に財政支出をはかりつつ，名目金利水準を主要政策変数として一定の政策目標達成に努める。

　以下の項において，離散的時間の経過に伴うこれら開放マクロ経済の継起的運行をさらに厳密に定式化してみよう[16]。ただし，自国を h，外国を f，家計を i，企業を j とし，それぞれ1次元実空間の単位閉区間に連続的に分布すると仮定する（$\forall h,f,i,j \in [0,1] \subset R^1$）[17]。

---

16)　本節で展開した小国開放経済モデルは，主として Gali/Monacelli (2005)(2008) の先駆的論文に負う。

2 家 計

a 選 好

まず h 国の家計 i は，次のような効用関数を持つものとする。

$$(1) \qquad U_t = E_t[\textstyle\sum_{s=0}^{\infty} \beta^s u_{t+s}], \qquad \forall t \in \{0,1,2,\cdots\}$$

$$u_{t+s} = \frac{(C_{t+s})^{1-\rho}}{1-\rho} - \frac{(N_{t+s})^{1+\nu}}{1+\nu}$$

ただし　$\beta(\in(0,1))$：割引率

$\rho(>0), \nu(>0)$：定数

$E[\cdot]$：期待値オペレータ

ここで h 国の各家計による自国財サービス消費指標 C_H ならびに外国財サービス消費指標 C_F を，次のような Dixit=Stiglitz 型集計指標で定義する。すなわち，

$$(2) \qquad C_{Ht} = \left[\int_0^1 C_{Ht}(j)^{\frac{\theta-1}{\theta}} dj \right]^{\frac{\theta}{\theta-1}}$$

$$C_{Ft} = \left[\int_0^1 C_{Ft}(j)^{\frac{\theta-1}{\theta}} dj \right]^{\frac{\theta}{\theta-1}}$$

とする。ただし $C_H(j), C_F(j)$ は自国・外国企業 j が生産する財サービスの家計 i による個別消費指標を，また $\theta(>1)$ は各国財サービス需要の価格に対する代替の弾力性を表す。したがって，経済の開放度 $\alpha(\in(0,1))$ を全消費財サービスに占める輸入財サービスの比率で定義すれば，各家計の財サービス消費指標 C_t は，自国と外国の財サービス消費に対する価格の代替弾力性を $\eta(>1)$ として，

---

17)　以下，$i, j, h, f\ (\in[0,1]\subset R^1)$ を引数とする全ての経済変数は，実空間上の単位閉集合上で定義された連続な実関数とする。したがって，全ての経済変数に関し，定義域の上で通常の微分・積分が求められる。ただし，各家計を識別する引数 i は煩雑さを避けるべく本節では省略する。

186　第6章　東アジア経済圏の国際通貨制度

(3)　　　$C_t = \left[(1-\alpha)^{\frac{1}{\eta}} (C_{Ht})^{\frac{\eta-1}{\eta}} + \alpha^{\frac{1}{\eta}} (C_{Ft})^{\frac{\eta-1}{\eta}} \right]^{\frac{\eta}{\eta-1}}$

で表されるものとする。また N_t は各家計の労働供給時間を表す。さらにこれら(2)式・(3)式に対応した各価格指標は,

(4)　　　$P_{Ht} = \left[\int_0^1 P_{Ht}(j)^{1-\theta} dj \right]^{\frac{1}{1-\theta}}$

　　　　　$P_{Ft} = \left[\int_0^1 P_{Ft}(j)^{1-\theta} dj \right]^{\frac{1}{1-\theta}}$

ならびに

(5)　　　$P_t = [(1-\alpha)(P_{Ht})^{1-\eta} + \alpha(P_{Ft})^{1-\eta}]^{\frac{1}{1-\eta}}$

で表される[18]。ただし, ここで P_{Ht} は自国通貨建て表示による自国財サービス価格指標を, P_{Ft} は為替レートで換算された自国通貨建て表示による外国財サービス価格指標を, P_t は自国の総合的物価指標をそれぞれ示している。また各国の個別財サービスに関する上述価格標 $P_H(j), P_F(j)$ は後に本節・第3項で見るごとく, 独占的競争下にある各国企業の利潤最大化行動から決まってくる。

b　予算制約式

　内外債券市場では, 自国の総合的物価指標 P_t をニューメレールにとり, 且つ満期が1期の自国政府が発行する自国通貨建て名目短期国債 B_{Ht} ならびに外国政府の発行する自国通貨建て (為替レートで換算された) 名目外国短期国債 B_{Ft} が取引される。かくして i 国の各家計における t 期の予算制約式は,

---

18)　ある財サービス価格指標 $P_{Ht}(j), P_{Ft}(j)$ に対し, 各家計が(2)式に対応した実質財サービス消費量の制約式の下で各自の名目支出額を最小にするとすれば(4)式が導かれる。また P_{Ht}, P_{Ft} が所与のとき, 同様にして各家計が(3)式で示されるような実質財サービス消費量の制約式の下で, 制御変数 $\{C_{Ht}\}, \{C_{Ft}\}$ に対して各自の名目支出額 $P_{Ht}C_{Ht} + P_{Ft}C_{Ft}$ を最小化するときに計算される総合的物価指標を P_t と定義すれば, これより(5)式が求まる (岡田 (2013))。

$$\text{(6)} \qquad P_t C_t + E_t[R_{t,t+1} B_{t+1}] \leq B_t + \Phi_t + W_t N_t - TX_t$$

$$\forall t \in \{0,1,2,\cdots\}$$

で表わされる。ここで自国消費者物価指数 P_t は(5)式から，財サービス消費指標 C_t は(3)式からそれぞれ決まるものであるとする。また B_t は $B_t \equiv B_{Ht} + B_{Ft}$ として各家計の保有する名目債券ポートフォリオとし，R_t はそれらポートフォリオ・ペイオフに対する時間的割引率とする。さらに Φ_t は企業から家計に支払われる名目配当金，W_t は企業から家計に支払われる時間当たり名目賃金率，N_t は家計が企業に提供する労働時間，TX_t は C_t と共通のニューメレールによる家計が支払う名目一括個人税とする。

c 個別財サービス需要

次に h 国の各家計は，各国の個別財サービス消費需要を，名目総支出額一定の下でそれら個別財サービス消費の総実質量を最大にするようにそれぞれ決めるものとするものとすれば，$\forall j \in [0,1]$ に対して

$$\text{(7)} \qquad C_{Ht}(j) = \left(\frac{P_{Ht}(j)}{P_{Ht}}\right)^{-\theta} C_{Ht}$$

$$C_{Ft}(j) = \left(\frac{P_{Ft}(j)}{P_{Ft}}\right)^{-\theta} C_{Ft}$$

$$C_{Ht} = \left(\frac{1-\alpha}{\alpha}\right)\left(\frac{P_{Ht}}{P_{Ft}}\right)^{-\eta} C_{Ft}$$

となる[19]。ここで $C_{Ht}(j), C_{Ft}(j)$ は，h 国の各家計が自国・外国の企業 j から購入する個別財サービス実質量である。

かくして，(7)式より，

$$\text{(8)} \qquad P_{Ht}(j) C_{Ht}(j) = P_{Ht} C_{Ht}\left(\frac{P_{Ht}(j)}{P_{Ht}}\right)^{1-\theta}$$

$$P_{Ft}(j) C_{Ft}(j) = P_{Ft} C_{Ft}\left(\frac{P_{Ft}(j)}{P_{Ft}}\right)^{1-\theta}$$

となるから，これより

---

19) 岡田（2013）。

188　第6章　東アジア経済圏の国際通貨制度

(9)　　　$\displaystyle\int_0^1 P_{Ht}(j)C_{Ht}(j)dj = P_{Ht}C_{Ht}$

　　　　　$\displaystyle\int_0^1 P_{Ft}(j)C_{Ft}(j)dj = P_{Ft}C_{Ft}$

を得る。したがって，このことから，家計 i の名目総消費支出額が

(10)　　　$P_t C_t = P_{Ht}C_{Ht} + P_{Ft}C_{Ft}$

　　　　　$\forall t \in \{0,1,2,\cdots\}$

という関係を満たしていることが分る。

d　主体的均衡

　h 国の各家計は，財サービス価格，名目債券ポートフォリオ，ポートフォリオ割引率，名目配当金，名目賃金率，名目一括個人税が所与のとき，予算制約式の下で期待効用を最大とするように今期の消費需要量，労働供給量ならびに次期債券ポートフォリオをそれぞれ決めるものとする。したがって，家計 i の最適化行動は，合理的予想のもと，

(11)　　　$\max_{\{B_{t+1}\}\{C_t\}\{N_t\}}: U_t = E_t[\sum_{s=t}^{\infty} \beta^{s-t} u_s], \quad \forall t \in \{0,1,2,\cdots\}$

　　　　　$u_s = \dfrac{(C_s)^{1-\rho}}{1-\rho} - \dfrac{(N_s)^{1+\nu}}{1+\nu}$

　　　　　s.t.　$C_s + E_t[R_{s,s+1}(\dfrac{P_{s+1}}{P_s})(\dfrac{B_{s+1}}{P_{s+1}})] \leq \dfrac{B_s}{P_s} + \dfrac{\Phi_s}{P_s} + \dfrac{W_s}{P_s}N_s - \dfrac{TX_s}{P_s}$

　　　　　given $P_s, B_s, R_{s,s+1}, \Phi_s, W_s, TX_s$

なる制約条件付き最大化問題を解くことで得られる。

　(11)式に関して1階の必要条件を求めると，以下のような t 期における各家計の主体的均衡条件を得る[20]。すなわち，$\forall t \in \{0,1,2,\cdots\}$ に対して，

(12)　　　$(C_t)^{-\rho} = \beta E_t\left[\dfrac{P_t}{R_{t,t+1}P_{t+1}}(C_{t+1})^{-\rho}\right]$　　　　　…消費オイラー方程式

---

20)　ibid. さらに，非負のラグランジュ乗数に対し制約条件との積がゼロ，という条件が1階の必要条件(12)式・(13)式に付加される。

$$(13) \qquad (C_t)^\rho = \frac{W_t}{P_t}(N_t)^{-\nu} \qquad\qquad \cdots 消費・余暇トレードオフ条件式$$

である。ここで r_t を自国通貨建て名目債券ポートフォリオ B_t の利子率とすれば，ポートフォリオの時間的割引率に対してこの利子率を適用することにより（i.e. $E_t[R_{t,t+1}] = \dfrac{1}{1+r_t}$），(12)式の消費オイラー方程式はさらに

$$(12a) \qquad (C_t)^{-\rho} = \beta(1+r_t)E_t\left[\frac{P_t}{P_{t+1}}(C_{t+1})^{-\rho}\right]$$

と書ける。

3 企　業

a　生産技術

h 国の企業 j（$\in[0,1]\subset R^1$）は，固定的生産要素である資本ストックの投入を一定とし，さらに可変的生産要素である労働 N を投入して差別化された1種類の財サービスを生産する。したがって，各企業の個別生産関数は，$A(j)(>0)$ を時間的に不変の技術水準（i.e. ソロー残差）とすれば，$\forall t \in \{0,1,2,\cdots\}$ に対し，

$$(14) \qquad Y_t(j) = A(j)N_t(j), \qquad \forall j \in [0,1]$$

で表せる。また，各国の企業 j は，t 期において，生産した財サービスを国内の消費者に向けて販売するのみならず一部海外へも輸出すると考える。したがって，

$$自国企業： Y_t(j) \equiv Y_{Ht}(j) + Y_{Ht}^*(j),$$

$$外国企業： Y_t^*(j) \equiv Y_{Ft}^*(j) + Y_{Ft}(j),$$

ただし，　　$Y_H(j)$：自国財サービスの自国向け供給量

$\qquad\qquad Y_H^*(j)$：自国財サービスの外国向け供給量（i.e. 自国輸出量）

$\qquad\qquad Y_F(j)$：外国財サービスの自国向け供給量（i.e. 自国輸入量）

$\qquad\qquad Y_F^*(j)$：外国財サービスの外国向け供給量

によって示すことができる。

ところで，各国の実質国内総生産の t 期における需要総計を，

$$Y_t = \left[\int_0^1 Y_t(j)^{\frac{\theta-1}{\theta}} dj\right]^{\frac{\theta}{\theta-1}} （ただし，\theta(>1) は需要の価格に対する代替弾力性）と置$$

き，これを対数表示による1次のオーダーまでのテイラー展開式で近似すれば，$\ln Y_t = \int_0^1 \ln Y_t(j)dj$ なる関係式を得る[21]。また，各国企業の労働需要総計は $N_t = \int_0^1 N_t(j)dj$ であるから[22]，同じく対数表示による1次のオーダーまでのテイラー展開式で近似すると，$\ln N_t = \int_0^1 \ln N_t(j)dj$ なる関係式を得る。したがって，(14)式を用いて

(15) $\ln N_t = \int_0^1 \ln N_t(j)dj = \int_0^1 \{\ln Y_t(j) - \ln A(j)\}dj = \ln Y_t - \ln A$

より，ここに t 期の集計的な生産関数

(16) $y_t = a + n_t, \quad \forall\, t \in \{0,1,2,\cdots\}$

を得る。ここでアルファベット小文字はそれぞれ大文字変数の対数を表している。

b　最適化行動

　これら独占的競争関係にある各個別企業は，プライス・メーカーとして差別化された自社の財サービスに対し自ら価格を設定し得る。したがって，価格設定方式としてここでは生産者通貨建て価格設定（producers' currency pricing）を採用すると想定する。それゆえ，$P_{Ht}(j)$ を企業 j の設定する価格水準とし，W_t を完全競争的労働市場において決まる名目賃金率とすれば，当該企業の t 期の利潤は $\Phi_t(j) = P_{Ht}(j)Y_t(j) - W_t N_t(j)$ と表わすことができる。このことから，これら企業の最適化行動は，名目賃金率ならびに次の c 段で示される自らの設定価格水準を所与とし，且つ自社の生産技術構造を示す(14)式を制約条件として，今期における費用関数の最小化をはかるものと考えることができる。すなわち，

(17) $\min_{(N_t(j))} : \dfrac{W_t}{P_{Ht}(j)} N_t(j)$

　　　　s.t.　$Y_t(j) \leq A(j)N_t(j)$

---

21)　岡田（2014a）第6章，注27。また，本書第8章，注21も参照。
22)　仮定より，各国の労働は同質的としている。

given $W_t, P_{Ht}(j)$

なる制約条件付き最小化問題として定式化できる。かくして，各企業にとって，$\lambda_t(j)$ をラグランジュ乗数とすれば，(17)式に対する最適解のための1階の必要条件は，

$$(18) \qquad \frac{W_t}{P_{Ht}(j)} - \lambda_t(j) A(j) = 0$$

となる[23]。また，この(18)式より以下のような企業の実質限界費用 $MC(j)$ が求まる。

$$(19) \qquad MC_t(j) = \frac{1}{A(j)} \frac{W_t}{P_{Ht}(j)}$$

c　財サービス価格設定

　独占的競争下の財サービス市場では，各企業は差別化された自社の財サービスに対して自ら価格を設定し得るが，ただし，価格の設定機会は限定的であり，一定の確率に従ってランダムになし得ると想定する（i.e. カルボ型粘着価格モデル[24]）。すなわち，企業 j が任意の時点で価格を変更し得る確率を $1-\omega (\in (0,1))$ とする。したがって，将来に亘り価格を改定できないリスクがある状況下では，各企業は，価格設定に際しては，単に当期の利潤のみならず将来に亘る予想利潤の割引現在価値も含めてその最大化を図るものと考えられる。ところで，当該経済では財サービス生産企業数は十分に大きいと仮定していたので，このことは，毎期一定割合の企業だけ価格改定の機会が与えられることと同義である（i.e. 大数の法則）。

　かくして，t 期における企業 j の最適化行動様式は，自社の生産関数に加え，自社の設定価格水準 $P_{Ht}(j)$ によって与えられる各財の個別需要関数に直面したとき，物価水準や全体の財サービス生産額，限界費用を所与として，合理的予想の下で以下のように定式化できる。

---

23)　岡田（2013）。さらに，非負のラグランジュ乗数に対し制約条件との積がゼロ，という条件が1階の必要条件(18)式に付加される。

24)　Calvo (1983).

192 第6章 東アジア経済圏の国際通貨制度

(20) $\quad \max_{\{P_t(j)\}} : \tilde{\Phi}_t(j) = E_t[\sum_{s=0}^{\infty} \beta_{t+s}\omega^s\{(\frac{P_{Ht}(j)}{P_{H,t+s}})Y_{t+s}(j) - MC_{t+s}(j)Y_{t+s}(j)\}]$

$\quad$ s.t. $P_{H,t+s}(j) = P_{Ht}(j)$

$\qquad Y_{t+s}(j) = A(j)L_{t+s}(j)$

$\qquad Y_{t+s}(j) = \left(\frac{P_{H,t+s}(j)}{P_{H,t+s}}\right)^{-\theta} Y_{t+s}$

$\quad$ given $MC_{t+s}(j), P_{H,t+s}, Y_{t+s}$

$\qquad \forall j \in [0,1], \quad \forall t \in \{0,1,2,\cdots\}$

ただし β_{t+s} は企業の最終所有者たる家計の限界効用で評価された企業の主観的割引率であり, $\beta_{t+s} = \beta^s \frac{\lambda_{t+s}(j)}{\lambda_t(j)}$ ($\beta \in (0,1)$) で定義される。

　したがって, 各制約条件式を主方程式に代入し, 設定価格 $P_t(j)$ で偏微分してこれら制約条件つき最大化問題を解くと, (19)式を考慮することによって以下のような企業 j の最適化行動に関する1階の必要条件が導かれる[25]。

(21) $\quad E_t[\sum_{s=0}^{\infty} \beta_{t+s}\omega^s Y_{t+s}\{\frac{P_{Ht}(j)}{P_{H,t+s}} - \frac{\theta}{\theta-1}\frac{1}{A(j)}\frac{W_{t+s}}{P_{t+s}}\}] = 0 \qquad \cdots$価格設定式

　このことから, 企業 j の価格設定に関する主体的均衡条件, すなわち, 最適価格が限界費用の将来の流列に一定のマークアップ率 $(\frac{\theta}{\theta-1})$ を乗じたものと等しくなるという以下の関係式が得られる。

(22) $\quad \frac{P_{Ht}(j)}{P_{Ht}} = \frac{\theta}{\theta-1} E_t\sum_{s=0}^{\infty} f_{t+s}\frac{1}{A(j)}\frac{W_{t+s}}{P_{H,t+s}}$

$\qquad$ ただし $\quad f_{t+s} \equiv \dfrac{\beta_{t+s}\omega^s\left(\dfrac{P_{Ht}}{P_{H,t+s}}\right)^{-\theta}Y_{t+s}}{E_t\sum_{s=0}^{\infty}\beta_{t+s}\omega^s\left(\dfrac{P_{Ht}}{P_{H,t+s}}\right)^{1-\theta}Y_{t+s}}$

$\qquad \forall j \in [0,1], \ \forall t \in \{0,1,2,\cdots\}$

　ここで各企業に同質性条件を課せば企業を識別する引数 j が落とせる。これより, 企業全般の集計的価格遷移式

---

25)　岡田（2013）。

$$(23) \qquad P_{Ht} = [(1-\omega)(X_t)^{1-\theta} + \omega(P_{H,t-1})^{1-\theta}]^{\frac{1}{1-\theta}}$$

が求まる。ここで X_t は t 期に価格改定の機会を得た企業群の設定する最適価格水準である。

4 政府部門

a 金融政策

各国の通貨当局は，金融政策変数として名目金利水準をコントロールすると考える。したがって，通貨当局の政策反応関数としては，次のようなオーソドックスなテイラー・ルール型式を採用するものと想定する。

$$(24) \qquad 1+r_t = (1+r_{t-1})^{\chi_1}\{(\frac{\Pi_t}{\Pi_t^0})^{\chi_2}(\frac{Y_t}{Y_t^f})^{\chi_3}(\frac{EX_t}{EX_t^0})^{\chi_4}\}^{1-\chi_1}$$

$$\forall t \in \{1,2,\cdots\}$$

ただし $\chi_i (i=1,2,3,4)$ はパラメータであり，且つ $\chi_1 \in (0,1)$ とする。かくして，各国通貨当局は 1 期前の金利水準 r_{t-1} の動向を踏まえつつ，現行インフレ率 $\Pi_t \equiv \frac{P_t}{P_{t-1}}$ と目標インフレ率 Π_t^0 との乖離や Y_t^f を実質潜在 GDP としたときの実質 GDP ギャップ $\frac{Y_t}{Y_t^f}$ に加え，風に逆らう式ないしはスムージング・オペレーションのごとく EX_t^0 を目標為替レート水準としたときの為替レート EX_t のボラティリティ $\frac{EX_t}{EX_t^0}$ の現況も睨んで今期の政策金利を操作すると考える。

b 財政収支

他方，各国政府は，一括個人税（i.e. 人頭税）による税収ならびに満期 1 期の短期国債の発行を基に，消費財サービス指標（C）で表示された財政支出 G ならびに国債の利払いを行うものとし，且つ財政収支は毎期単年度で均衡が達成されるものとする。したがって，政府部門の t 期の財政収支式は，

194　第6章　東アジア経済圏の国際通貨制度

(25)　　　　$TX_t+(B_{t+1}-B_t)=P_tG_t+r_tB_t$

　　　　　　$\forall t\in\{0,1,2\cdots\}$

なる式で表せる。ただし，本章では金融事象を主たる分析対象とすることから財政支出 G は便宜的にゼロと置き，政府歳入は国債の利払い後すべて各国民に移転所得として給付されるものとする。

5　市　場

　第2項・第3項で見たような各企業・各家計の最適化行動に基づいて一意的に定まる個々の財サービスの需給量，労働の需給量，債券ポートフォリオの需給額が，第4項のような政府・通貨当局の政策の下で，各市場で全体として個別主体の均衡条件と整合的にそれぞれどのようにして過不足なく完全にクリアーされるであろうか。

a　交易条件・物価

　まず自国と外国 $f(\in[0,1])$ との交易条件 $TOT(f)$ を自国通貨建て自国財サービス価格と自国通貨建て f 国財サービス価格との比率と定義すれば，$TOT_t(f)\equiv\dfrac{P_{Ht}}{P_{Ft}(f)}$ となるから，t 期の実効交易条件（effective terms of trade）TOT_t は，$\forall t\in\{0,1,2,\cdots\}$ に対して

(26)　　　$TOT_t=\dfrac{P_{Ht}}{P_{Ft}}=\left(\int_0^1 TOT_t(f)^{1-\eta}df\right)^{\frac{1}{1-\eta}}$

で求められる。この(26)式は，$o_t\equiv\ln(TOT_t)$ としてさらにテイラー展開により1次までのオーダーの項を採ることにより，

(27)　　　$o_t=\displaystyle\int_0^1 o_t(f)df$

なる対数表示式にて近似できる[26]。

　つぎに先の(5)式の消費者物価指数 $P_t=[(1-\alpha)(P_{Ht})^{1-\eta}+\alpha(P_{Ft})^{1-\eta}]^{\frac{1}{1-\eta}}$ に対し，自国・外国の財サービスに関する代替の弾力性を $\eta\to1$ とすれば，「ロピタルの定理」を用いることによってこれはコブ=ダグラス・タイプの

---

26)　ibid.

$P_t=(P_{Ht})^{1-\alpha}(P_{Ft})^{\alpha}$ なるフォーミュラとなる[27]。したがって，この式の両辺に対し対数をとれば，

(28)　　　$p_t=p_{Ht}-\alpha o_t,$　　　$\forall t\in\{0,1,2,\cdots\}$

を得る。さらに自国のインフレ率に関して，$\Pi_t\equiv\dfrac{P_t}{P_{t-1}}=1+\pi_t$ および

$\Pi_{Ht}\equiv\dfrac{P_{Ht}}{P_{H,t-1}}=1+\pi_{Ht}$ と置けば，1 次のオーダーまでのテイラー展開で近似させるとそれぞれ $\ln\Pi_t\approx\pi_t$, $\ln\Pi_{Ht}\approx\pi_{Ht}$ となるから，(28)式はまた対数表示で

(29)　　　$\pi_t=\pi_{Ht}-\alpha\Delta o_t,$　　　$\forall t\in\{0,1,2,\cdots\}$

と書ける。

b　購買力平価

ここで，自国と外国 f $(\in[0,1])$ との二国間自国通貨建て名目為替レート $EX_t(f)$ を導入する。そして，$P_{ft}(f,j)$ を f 国の貿易財サービス j $(\in[0,1])$ に対する f 国通貨建て財サービス価格とすれば，国際間財サービス市場で財裁定が働くことにより，貿易財サービス j は一定期間後に名目為替レートで換算して一物一価の法則が成り立つと想定することができる。すなわち

(30)　　　$P_{Ft}(f,j)=EX_t(f)P_{ft}(f,j),$　　　$\forall f,j\in[0,1],$　　$\forall t\in\{0,1,2,\cdots\}$

なる関係式が成り立つと考えることができる。したがって，これら個別財サービスの価格指標を [0,1] 区間で積分すると，

(31)　　　$P_{Ft}=\left[\displaystyle\int_0^1\int_0^1 P_{Ft}(f,j)^{1-\theta}dfdj\right]^{\frac{1}{1-\theta}}$

$\qquad\qquad\quad=\left[\displaystyle\int_0^1\int_0^1\{EX_t(f)P_{ft}(f,j)\}^{1-\theta}dfdj\right]^{\frac{1}{1-\theta}}=EX_tP_{ft}$

であることから，(30)式に鑑みて，中長期的には自国・外国間で購買力平価の関係が成立すると考える[28]。すなわち，世界全体の物価指数が $P_t^*=\left[\displaystyle\int_0^1 P_{ft}(f)^{1-\theta}df\right]^{\frac{1}{1-\theta}}$ となることに留意すれば，

---

27)　西村（1990）pp.197-198。

28)　一般的には物価指数の構成品目において非貿易財サービスの割合が大きく，また国内の価格転嫁速度が緩慢であると，購買力平価式が常に成立するとは言い難い。

196　第6章　東アジア経済圏の国際通貨制度

(32)　　　$P_{Ft}=EX_t P_{ft}=EX_t P_t^*$

である。したがって，両辺の対数をとることにより，

(33)　　　$p_{Ft}=e_t+p_{ft}=e_t+p_t^*$

を得る。但し，e は自国通貨建て名目実効為替レート（対数表示）を表している。これを先の実効交易条件と併せれば，

(34)　　　$o_t=p_{Ht}-e_t-p_t^*$

が求められる。さらに自国の総合的物価指標 p_t は，対数表示で，

(35)　　　$p_t=(1-\alpha)p_{Ht}+\alpha(e_t+p_t^*)$

と表せる。

　上述自国通貨建て名目実効為替レート EX_t に加え，$S_t \equiv \dfrac{EX_t P_t^*}{P_t}$ により自国通貨建て実質実効為替レートを定義すれば，s_t を S_t に対する対数表示として，ここに実質実効為替レートと名目実効為替レートならびに実効交易条件との関係式

(36)　　　$s_t=e_t+p_t^*-p_t=(\alpha-1)o_t,$　　　$\forall t \in \{0,1,2,\cdots\}$

が導ける。

c　金利平価

　さきに名目債券ポートフォリオ額の t 期における割引率を $E_t[R_{t,t+1}]=\dfrac{1}{1+r_t}$ としたから，したがって，f 国通貨建て f 国債券ポートフォリオ額の自国通貨建て価値額に対する割引率は，

(37)　　　$\dfrac{EX_t(f)}{1+r_t(f)}=E_t[EX_{t+1}(f)R_{t,t+1}(f)]$

となる。ところで，$\int_0^1 r_t(f)df=r_t^*$ なので，(37)式の両辺を変数 f に関して [0,1] 区間で積分すれば，国際債券市場は完全代替的且つ完全競争的であるとの仮定と併せて，

(38)　　　$\dfrac{1}{1+r_t^*}=\dfrac{1}{1+r_t}E_t\left[\dfrac{EX_{t+1}}{EX_t}\right]$

を得る。かくして，この(38)式に対し両辺の対数をとり，一次までのオーダ

ーのテイラー展開で近似させれば，$\ln(1+x) \approx x$ であることから，次式のようなアンカバー・ベースの金利平価式が求まる。すなわち，

$$(39) \qquad r_t = r_t^* + E_t[\varDelta e_{t+1}]$$

である。

ところで，この(39)式を先の実質実効為替レート式(36)式と組み合わせると，

$$(40) \qquad s_t = (r_t - E_t[\pi_{H,t+1}]) - (r_t^* - E_t[\pi_t^*]) + E_t[s_{t+1}], \qquad \forall\, t \in \{0,1,2,\cdots\}$$

なる実質実効為替レート s に関する確率差分方程式が求まる。

d　リスク・シェア

我々は内外の債券市場はすべて完全代替的且つ完全競争的と仮定したので，$\forall\, t \in \{0,1,2,\cdots\}$ に対して

$$(41) \qquad \frac{1}{\beta}\left(\frac{C_t}{C_{t+1}}\right)^{-\rho}\left(\frac{P_{t+1}}{P_t}\right) = 1 + r_t = \frac{1}{\beta}\left(\frac{C_t^*}{C_{t+1}^*}\right)^{-\rho}\left(\frac{P_{t+1}^*}{P_t^*}\right)\left(\frac{EX_{t+1}}{EX_t}\right)$$

が各国家計における異時点間のリスク・シェアを示す式として成立する。したがって，

$$(42) \qquad C_t = VC_t^* S_t^{\frac{1}{\rho}}$$

が求まる。ここで $V(>0)$ は，外国家計の保有する債券ポートフォリオの初期条件によって定まる定数である。ところで，各国は同形的経済構造を持つという仮定に加え，さらに初期条件が各国すべて同一，すなわち $V=1$ とする。かくして，対数表示で，

$$(43) \qquad c_t = c_t^* + \frac{1}{\rho}s_t, \qquad \forall\, t \in \{0,1,2,\cdots\}$$

を得る。この(43)式は，t 期における自国消費，外国消費ならびに実質為替レートとの間の関係を示している。

e　財サービス市場

以上の a～d 段において展開した関係式を踏まえ，小国開放経済の財サービス市場に関する需給均衡条件は次のようにして示すことができる。

198　第6章　東アジア経済圏の国際通貨制度

　まず任意の国 h において，自国企業 j によって生産された t 期における個別財サービス供給量 $Y_t(j)$ に対し，その需要量は先の(7)式を考慮すれば，

$$(44)\qquad C_{Ht}(j)+\int_0^1 C_{Ht}(f,j)df$$

$$=\left(\frac{P_{Ht}(j)}{P_{Ht}}\right)^{-\theta}\left[(1-\alpha)\left(\frac{P_t}{P_{Ht}}\right)C_t+\alpha\int_0^1\left(\frac{P_t(f)}{P_{Ht}}\right)C_t(f)df\right]$$

で表すことができる[29]。大括弧内の第1項は国内への販売を，第2項は他国への輸出を表している。ここで上述した交易条件 TOT を考慮すれば，$Y_t(j)$ に対する需要量は，さらに

$$(45)\qquad \left(\frac{P_{Ht}(j)}{P_{Ht}}\right)^{-\theta}\left[(1-\alpha)TOT_t^{-\alpha}C_t+\alpha\int_0^1 TOT_t(f)^{-\alpha}C_t(f)df\right]$$

$$=\left(\frac{P_{Ht}(j)}{P_{Ht}}\right)^{-\theta}(TOT_t^{-\alpha}C_t)$$

となる。ところで，自国企業の財サービス供給量の需要総計は，

$Y_t=\left[\int_0^1 Y_t(j)^{\frac{\theta-1}{\theta}}dj\right]^{\frac{\theta}{\theta-1}}$ であったから，(45)式で示される自国企業 j によって

生産された財サービスの需要量に $\frac{\theta-1}{\theta}$ をべき乗して集計量をとると，

$\int_0^1\left(\frac{P_{Ht}(j)}{P_{Ht}}\right)^{1-\theta}dj=1$ であることを考慮すれば，$(Y_t)^{\frac{\theta-1}{\theta}}=(C_t\times TOT_t^{-\alpha})^{\frac{\theta-1}{\theta}}$ を得

る。したがって，h 国家計と f 国家計の消費構造は対称的ゆえ，t 期（$\forall t\in\{0,1,2,\cdots\}$）の小国開放経済における各国財サービス市場の需給均衡式は，

$$(46)\qquad Y_t=C_t\times TOT_t^{-\alpha}$$

ないしは対数表示で

---

29)　上述(7)式より $C_{Ht}=\left(\frac{P_{Ht}}{P_t}\right)^{-\eta}(1-\alpha)C_t$, $C_{Ht}^*=\left(\frac{P_{Ht}/EX_t}{P_t^*}\right)^{-\eta}\alpha C_t^*$ であるから，$Y_{Ht}(j)$ の需要量

は，$\left(\frac{P_{Ht}(j)}{P_{Ht}}\right)^{-\theta}\left[(1-\alpha)\left(\frac{P_{Ht}}{P_t}\right)^{-\eta}C_t+\alpha\int_0^1\left(\frac{P_{Ht}}{P_t(f)}\right)^{-\eta}C_t(f)df\right]$ で示される。したがって，自国・外国財サービス需要の価格に対する代替弾力性 η を $\eta\to 1$ とすれば，(44)式が求まる。

(46a) $y_t = c_t - \alpha o_t$

と表わせる。

f　債券・労働市場

　債券市場に関しては完全代替的且つ完全競争的と仮定したことから，内外資金移動の結果，自国金利水準と外国金利水準とは等しくなり，また，自国・外国双方における実質債券の金利を含む受け取り・支払いの差は符号が逆で絶対値が等しくなる。したがって，債券市場の均衡条件式として

(49)　　　$\dfrac{B_t}{P_t} + \int_0^1 \left(\dfrac{B_{ft}(f)}{P_{ft}(f)}\right) df = 0, \quad \forall t \in \{0,1,2,\cdots\}$

を得る。

　労働市場に関しては，各国市場はこれもまた完全競争的であるとしたから，例えば企業 j は，t 期において労働市場よりアナウンスされた名目賃金率 $W_t (>0)$ ならびに自社の生産技術構造を所与とし，加えて自ら設定した価格に基づく自社財サービスの需要予想量をもとに将来に亘る利潤が最大となるよう最適価格を決める。これより最適生産量が決まるから，生産関数の逆関数によって労働需要量 $N^D(j, W_t)$ を notional に決め，市場に提示する。他方，家計 i は，同じく労働市場からアナウンスされた名目賃金率 W_t をもとに主体的均衡条件に基づく消費・余暇トレードオフ式より notional な労働供給量 $N^S(i, W_t)$ を決めて市場に提示する。市場全体の労働需給集計量を $N^D(W_t) = \int_0^1 N^D(j, W_t) dj$ ならびに $N^S(W_t) = \int_0^1 N^S(i, W_t) dh$ とし，労働の国際間移動を考えないとき，$N^D(W_t) > N^S(W_t)$ であれば市場の見えざる手により賃金率は引き上げられるものとする（vice versa）。かくして，こうした模索過程により，最終的には今期の actual な正の均衡労働量 $\overline{N}_t$ と均衡賃金率 $\overline{W}_t$ が労働市場全体で一意的に決まる。すなわち，

(50)　　　$\exists \overline{W}_t \in (0, \infty): \overline{N}_t = N^D(\overline{W}_t) = N^S(\overline{W}_t), \qquad \forall t \in \{0,1,2,\cdots\}$

である[30]。

---

30)　岡田（2014a）第6章補論2「労働市場」参照。

200 第6章 東アジア経済圏の国際通貨制度

3 対数線形化とカリブレーション

　本節において，前節で展開した理論モデルに対し，定常状態からの近傍乖離に関する対数線形近似式を考えてみる。以下で，＾付き変数は定常状態からの対数線形乖離を表す。ただし，利子率 r_t，インフレ率 π_t に関しては単に定常状態からの線形乖離を表す。また，アルファベット小文字は利子率 r_t とインフレ率 π_t を除き大文字変数の自然対数変換表示とする。さらに各国すべての家計・企業は同形的ゆえ，i,j について [0,1] 区間で積分した変数の集計量を用いる。そして，経済は離散的時間の経過とともに $t\in\{0,1,2,\cdots\}$ と継起的ないしは逐次的に進行していくと想定する。

1 動学的 *IS* 曲線

　各家計の t 期における主体的均衡条件式である (12a) 式の消費オイラー方程式を対数表示すると，

$$(51) \qquad \ln C_t = E_t[\ln C_{t+1}] - \frac{1}{\rho}\Big\{\ln(1+r_t) + E_t\Big[\ln\big(\frac{P_t}{P_{t+1}}\big)\Big] + \ln\beta\Big\}$$

となる。この (51) 式で，$\frac{P_{t+1}}{P_t}=1+\pi_{t+1}$ と置いて，テイラー展開により $\ln(1+\pi_{t+1})\approx\pi_{t+1}$ と近似すると，各家計の消費に関する定常均衡解からの近傍乖離の対数線形近似式は，

$$(52) \qquad \hat{c}_t = E_t[\hat{c}_{t+1}] - \frac{1}{\rho}(\hat{r}_t - E_t[\hat{\pi}_{t+1}])$$

と表わされる。さらに先の各国家計における異時点間のリスク・シェアを示す (43) 式の $c_t = c_t^* + \frac{1}{\rho}s_t$ なる式において，外国家計の消費 c_t^* は与件として定数 c^* と置けば，$\hat{c}_t^*$ はゼロと看做し得るから，上述 (52) 式は

$$(53) \qquad \hat{c}_t = E_t[\hat{c}_{t+1}] - \frac{1}{\rho}(\hat{r}_t - E_t[\hat{\pi}_{t+1}] - \hat{s}_t)$$

と書ける[31]。ただしここで s_t は自国通貨建て実質実効為替レートの対数表

示である。

　ところで，本章では可変的生産要素（i.e. 労働）の変動のみを考慮して固定的生産要素（i.e. 資本ストック）を一定としたから貯蓄ないしは投資は存在せず，したがって(46a)式の財サービス市場における需給均衡式より，上述(53)式は，

$$(54) \qquad \hat{y}_t = E_t[\hat{y}_{t+1}] - \frac{1}{\rho}(\hat{r}_t - E_t[\hat{\pi}_{t+1}] - \hat{s}_t)) + \alpha E_t[\Delta \hat{o}_{t+1}]$$

と書ける。この(54)式は，実質利子率（＝名目利子率－予想インフレ率），実質実効為替レート，ならびに実効交易条件階差の予想値を含むところの財サービス市場の需給均衡条件式すなわち動学的 *IS* 曲線となっている。

2　新ケインジアン・フィリップス曲線

　先の(21)式(22)式を用いれば，本書第4章補論より，国内価格の上昇率に対する定常状態からの対数線形乖離は，

$$(55) \qquad \hat{\pi}_{Ht} = \beta E_t[\hat{\pi}_{H,t+1}] + \frac{(1-\beta\omega)(1-\omega)}{\omega}\hat{w}_t$$

で表せる。ただし $\hat{w}$ は実質賃金率 $w \equiv \dfrac{W}{P_H}$ の定常均衡解からの近傍乖離に対する対数線形近似である。

　ここで，各家計の労働供給関数として(13)式の消費・余暇トレードオフ条件式をとり，他方，各企業の労働需要関数として(14)式の生産関数の逆関数をとり，さらに各経済主体の同質性を基に経済全体の集計値を求めて労働市場ならびに財サービス市場の需給均衡を考慮すれば，

$$(56) \qquad \frac{W_t}{P_{Ht}} = (Y_t \times TOT_t^{\alpha})^{\rho}\left(\frac{Y_t}{A}\right)^{\nu}$$

を得る。したがって，各変数を自然対数に変換し，さらに定常均衡解の近傍で線形近似すると，

$$(57) \qquad \hat{w}_t = (\rho+\nu)\hat{y}_t + \rho\alpha\hat{o}_t$$

31）ここで，定常状態からの近傍の対数線形乖離幅 $\hat{c}_t \equiv \ln(C_t) - \ln(C)$ を僅少にとることにより，絶対値が余り大きくない a に対し，$\{\ln(C_t) - \ln(C)\} \approx a\{\ln(C_t) - \ln(C)\}$ のごとく re-scale が可能としておく。

202 第6章 東アジア経済圏の国際通貨制度

であるから，これを(55)式に代入すれば，(55)式はさらに

(58)　　$\hat{\pi}_{Ht} = \beta E_t[\hat{\pi}_{H,t+1}] + \kappa_1 \hat{y}_t + \kappa_2 \hat{o}_t$

　　　　ただし，$\kappa_1 \equiv \dfrac{(1-\beta\omega)(1-\omega)(\rho+\nu)}{\omega}$, 　$\kappa_2 \equiv \dfrac{(1-\beta\omega)(1-\omega)\rho\alpha}{\omega}$

と書くことができる。これら(55)式ないしは(58)式は，説明変数にインフレ率に関するラグ項が含まれるバックワード・ルッキング的要素の加味された伝統型フィリップス曲線に替わり，フォワード・ルッキング的要素の取り入れられた新ケインジアン・フィリップス曲線（NKPC）と称されるものである[32]。

3 為替レート・購買力平価・交易条件

　外国為替市場における実質実効為替レート s_t はカバーなし金利平価式(40)式によって決まると考えたから，実質実効為替レートに対する定常状態からの対数線形乖離は

(59)　　$\hat{s}_t = (\hat{r}_t - E_t[\hat{\pi}_{H,t+1}]) - (\hat{r}_t^* - E_t[\hat{\pi}_{t+1}^*]) + E_t[\hat{s}_{t+1}]$

で表せる。また，自国・外国間では中長期的には購買力平価が成立すると仮定したことから，(35)式・(36)式より

(60)　　$\hat{\pi}_t = \hat{\pi}_{Ht} + \dfrac{\alpha}{1-\alpha}(\hat{s}_t - \hat{s}_{t-1})$

なる式が導ける[33]。さらに，同じく(36)式より，実効交易条件に対する定常状態からの対数線形乖離式が

(61)　　$\hat{o}_t = \dfrac{1}{\alpha-1}\hat{s}_t$

として求められる。

---

32)　Roberts（1995）.

33)　ここで外国における財サービス国内価格指標 P_F^* は，輸入財サービス価格を加味した総合的物価指標 P_t^* とは近似的にほぼ等しいと仮定する。すなわち，$P_{Ft}^* \approx P_t^*$ と置けば，購買力平価式と総合的物価指標との関係を表す $\hat{\pi}_t = \hat{\pi}_{Ht} + \dfrac{\alpha}{1-\alpha}\{(\hat{s}_t - \hat{s}_{t-1}) + (\pi_{Ft}^* - \pi_t^*)\}$ の式に対して(60)式が成立する。

4 金融政策ルール式

通貨当局によるテイラー・ルール型金融政策反応関数(24)式に対し，$\Pi_t^0 = Y_t^f = EX_t^0 =$ 定数と置いて両辺の対数をとれば，名目利子率 r_t を政策変数としたところの

$$(62) \qquad \hat{r}_t = \chi_1 \hat{r}_{t-1} + (1-\chi_1)\{\chi_2 \hat{\pi}_t + \chi_3 \hat{y}_t + \chi_4 \hat{s}_t\}$$

なる金融政策ルール式を得る。

5 新 *IS-LM* モデル式

以上を纏めると，つぎのような新 *IS-LM* 理論モデル体系が導ける。

記号：

y：実質 GDP

r：名目利子率

π：総合的物価上昇率

π_H：国内価格指標上昇率

s：実質実効為替レート

o：実効交易条件

ρ：異時点間の消費代替弾力性の逆数

ν：異時点間労働供給の代替弾力性の逆数

ω：価格据置確率

β：時間的割引率

α：経済開放度

（ただし以下＊印は外国を表わす）

(Eq1) $\qquad \hat{y}_t = E_t[\hat{y}_{t+1}] - \dfrac{1}{\rho}(\hat{r}_t - E_t[\hat{\pi}_{t+1}] - \hat{s}_t) + \alpha E_t[\Delta \hat{o}_{t+1}]$ …動学的 *IS* 曲線式

(Eq2) $\qquad \hat{\pi}_{Ht} = \beta E_t[\hat{\pi}_{H,t+1}] + \kappa_1 \hat{y}_t + \kappa_2 \hat{o}_t$

$$\cdots \text{新ケインジアン・フィリップス曲線式}$$

$$\kappa_1 \equiv \frac{(1-\beta\omega)(1-\omega)(\rho+\nu)}{\omega}, \quad \kappa_2 \equiv \frac{(1-\beta\omega)(1-\omega)\rho\alpha}{\omega}$$

(Eq3) $\qquad \hat{s}_t = (\hat{r}_t - E_t[\hat{\pi}_{H,t+1}]) - (\hat{r}_t^* - E_t[\hat{\pi}_{t+1}^*]) + E_t[\hat{s}_{t+1}]$

$$\cdots \text{カバーなし金利平価式}$$

204　第6章　東アジア経済圏の国際通貨制度

$$(Eq4) \quad \hat{\pi}_t = \hat{\pi}_{Ht} + \frac{\alpha}{1-\alpha}(\hat{s}_t - \hat{s}_{t-1}) \qquad \cdots 購買力平価式$$

$$(Eq5) \quad \hat{o}_t = \frac{1}{\alpha-1}\hat{s}_t \qquad \cdots 実効交易条件式$$

$$(Eq6) \quad \hat{r}_t = \chi_1\hat{r}_{t-1} + (1-\chi_1)\{\chi_2\hat{\pi}_t + \chi_3\hat{y}_t + \chi_4\hat{s}_t\} \qquad \cdots 金融政策ルール式$$

　かくして，前節の理論モデル式を基に導出した定常状態からの近傍乖離の線形近似式(Eq1)式〜(Eq6)式に対し，内生変数は $\hat{y}, \hat{r}, \hat{\pi}, \hat{\pi}_H, \hat{s}, \hat{o}$ の6個となる。また，外生変数は $\hat{r}^*, \hat{\pi}^*$ の2個となる。

6　カリブレーション[34]

　ここで，上述した新 *IS-LM* 理論モデル体系に対して第1表のごとく構造パラメータを設定し，為替レートに1標準偏差だけ構造ショックを与えて減価させたときのインパルス応答を求めると，第2図のような結果を得る。これより，以下のような主要マクロ経済変数の動学過程が新 *IS-LM* モデル体系から再現できる。

　まず自国通貨建て実質実効為替レートが減価（i.e. 自国通貨売り）すると輸出数量は増加し，したがって実質 GDP 増とともに景気は拡大する。他方，国内物価インフレ率は，自国通貨建て輸入物価の上昇や財サービスの需要増により昂進する。それゆえ実質金利水準は低下し，この方面からも実質 GDP を増加させる。ただし実効交易条件は悪化するから海外への支払いを増加させ（i.e. 交易損失の発生），したがってこの点では国内の生産活動水準を引き下げる方向に働く。かくして通貨当局は，目標インフレ率を上回る現行インフレ率昂進の沈静化や実質 GDP ギャップ動向に配慮しつつ，加えて自国通貨売りによる為替レートのボラティリティを抑制するという政策目標

---

34)　本カリブレーションでは，これら線形合理的予想モデルを解く場合の Blanchard=Kahn 条件との適合性やその他計算上の技術的な問題から，(Eq3)式の為替レート決定式を金利平価式に換えて $\hat{s}_t = \varphi\hat{s}_{t-1} + \varepsilon_t^s$ なる1階の自己回帰過程とした。さらに同様の理由から総合物価上昇率と国内価格上昇率とはほぼ等しく（i.e. $\hat{\pi}_t \approx \hat{\pi}_{Ht}$），加えて自国輸出価格はグローバル市場での財裁定取引からドル・ベースで世界価格にほぼ等しくなる（i.e. $P_{Ht}/ER_t \approx P_t^*$）との仮定を置いた。また，構造パラメータの設定値に関しては，この分野における先行事例を参照した。

3 対数線形化とカリブレーション

第1表 構造パラメータ

パラメータ	値	説明
β	0.99	時間的割引率
ρ	1.50	異時点間の消費代替弾力性の逆数
ω	0.70	価格据え置き確率
ν	2.50	異時点間労働供給の代替弾力性の逆数
χ_1	0.80	金利ラグ・ウエイト
χ_2	1.20	インフレ率政策反応係数
χ_3	0.50	実質GDPギャップ政策反応係数
χ_4	0.20	為替ボラティリティ政策反応係数
φ	0.80	為替レート自己回帰係数
σ_{er}	0.20	為替レートショック標準偏差

第2図 為替レートショックのインパルス応答

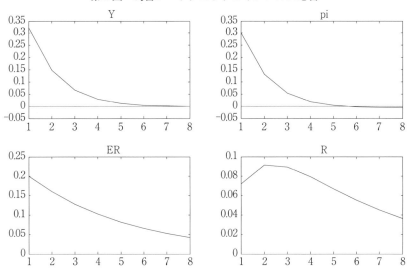

実現のために政策金利を引き上げる。

　以上のようなカリブレーション結果から，第2節で展開した動学的一般均衡モデルを基底とした新開放マクロ経済理論ないしは新 IS-LM 理論モデル体系は，我々の経験に照らして現実の経済の運行に合致したものと結論付け

206 第6章 東アジア経済圏の国際通貨制度

ることができる。

4 回帰式の推計

1 推 計

a 回帰式

前節の新 *IS-LM* モデル体系に対し東アジア6カ国の時系列データを適用して回帰計算を行うために，ここで以下のような回帰式を定式化する[35]。

(Eq1) $\quad \hat{y}_t = -\mu_1(\hat{r}_t - E_t\hat{\pi}_{t+1} - \hat{s}_t) + \mu_2 E_t\Delta\hat{o}_{t+1} + E_t\hat{y}_{t+1} + \varepsilon_{1t}$

$\qquad\qquad\qquad\qquad\qquad\qquad\qquad$ …動学的 *IS* 曲線式

(Eq2) $\quad \hat{\pi}_{Ht} = \kappa_1\hat{y}_t + \kappa_2\hat{o}_t + \beta E_t\hat{\pi}_{H,t+1} + \varepsilon_{2t}$

$\qquad\qquad\qquad\qquad\qquad$ …新ケインジアン・フィリップス曲線式

(Eq3) $\quad \hat{s}_t = -\xi\{(\hat{r}_t - E_t\hat{\pi}_{H,t+1}) - (\hat{r}_t^* - E_t\hat{\pi}_{t+1}^*)\} + E_t\hat{s}_{t+1} + \varepsilon_{3t}$

$\qquad\qquad\qquad\qquad\qquad\qquad\qquad$ …カバーなし金利平価式

(Eq4) $\quad \hat{\pi}_t = \hat{\pi}_{Ht} + \zeta(\hat{s}_t - \hat{s}_{t-1}) + \varepsilon_{4t}$ $\qquad\qquad\qquad$ …購買力平価式

(Eq5) $\quad \hat{o}_t = \tau\hat{s}_t + \varepsilon_{5t}$ $\qquad\qquad\qquad\qquad\qquad$ …実効交易条件式

(Eq6) $\quad \hat{r}_t = \chi_1\hat{\pi}_t + \chi_2\hat{y}_t + \chi_3\hat{s}_t + \varepsilon_{6t}$ $\qquad\qquad$ …金融政策ルール式

$\qquad\qquad \varepsilon_{it} \sim i.i.d.N(0,\sigma_t^2)\,(\forall i \in \{1,2,\cdots 6\})$

$\qquad\qquad \forall t \in \{1,2,\cdots 162\}$

そして，これらに Sims の解法を適用して線形合理的予想モデルの解を求め，さらにこれにカルマン・フィルター・アルゴリズムを $t \in \{1,2,\cdots T\}$ に対して適用すれば，得られた対数尤度関数を最大にすることにより，未知のパラメータ $\theta = (\mu_1,\mu_2,\kappa_1,\kappa_2,\xi,\zeta,\tau,\chi_1,\chi_2,\chi_3)$ を推計することができる。ただし，この対数尤度関数が単峰であることは必ずしも保証されない。したがって，尤度関数の非単峰性を回避すべく，本節ではパラメータ θ の事前分布に関しては正規分布を，撹乱項の分散に関しては逆ガンマ分布に従うと仮定し，さら

---

35) ただし，ここでは(Eq6)式の金融政策ルール式に対し，通貨当局は前期の政策行動にとらわれることなく毎期最適化を図る "裁量型" 金融政策を採用するものと考える。したがって，(24)式から利子率のラグ項が除かれている。

4　回帰式の推計　*207*

に事後分布もまた共役分布に従うと想定することによって「マルコフ連鎖モンテカルロ法によるベイズ推定法」(BI-MCMC) [36] を適用する。また，具体的な計算のアルゴリズムとしてはギブス・サンプラー (Gibbs sampler) を用いる。

b　推計対象・期間

推計対象は，1997 年から 1998 年にかけての東アジア通貨危機で深刻な打撃を受け，IMF の支援を受けることとなったタイならびにインドネシアの ASEAN 加盟国と，同じく IMF の支援を受けた韓国，そして新宮沢構想やチェンマイ・イニシアティブなど東アジアにおける地域的セーフティ・ネット作りの中心的役割を担った日本とする。ただし，タイ，インドネシア以外の ASEAN 主要加盟国であるシンガポール，マレーシア，フィリピンに関しても，データの制約から第 3 式の為替レート決定式であるカバーなし金利平価式のみ参考として推計する。

推計期間は，主要国通貨が変動相場制に移行した 1973 年第 1 四半期より最近時点までとし，ただしその間，標本期間を東アジア通貨危機（1997 年 7 月）以前（pre-crisis）の 1973Q1〜1997Q2（標本数：98 サンプルズ）と通貨危機以降（post-crisis）の 1997Q3〜2013Q2（標本数：64 サンプルズ）とに二分割する。

c　データ

データは IMF の *International Financial Statistics*，CD-ROM，November 2013 を用いる。これらデータの一覧を示せば以下のごとくである。なお，各指数はいずれも 2005 年＝100.0 である。

---

36)　マルコフ連鎖モンテカルロ法によるベイズ推定法の概略に関しては，本章補論参照。なお，ギブス・サンプラー・アルゴリズムの計算ソフトは，R の Markov Chain Monte Carlo Package (Copyright 2003-2010 by Martin, A.D., K.M. Quinn, and J.H. Park) を使用した。本プログラム内容については，Martin, A.D. et al. (2009) "Package 'MCMCpack'" (http://mcmcpack.wustl.edu) に説明されている。

208 第6章 東アジア経済圏の国際通貨制度

y：自国実質 GDP 指数

π：自国 GDP デフレータ対前期比増減率

π_H：自国国内物価指数対前期比増減率（名目 GDP に占める輸入等比率 α を用いて，通関ベース輸入物価指数前期比増減率 π_F に対し，$\pi_H = \dfrac{1}{1-\alpha}(\pi - \alpha\pi_F)$ より計算）

π^*：米国 GDP デフレータ対前期比増減率

r：自国短期市場金利期中平均

r^*：米国フェデラルファンド・レート期中平均

s：自国通貨建て対米ドル実質為替レート[37]

o：実効交易条件（通関ベース輸出物価指数÷通関ベース輸入物価指数にて計算）

　金利と為替レートを除くすべての四半期原数値に対し，センサス X12-ARIMA により季節調整を施す。また，定常均衡値からの近傍乖離幅を Hodrick=Prescott フィルターによる傾向値からの差で近似する。さらに定常状態の時間割引率 β を 0.99（四半期ベース）と置く。

2　推計結果

a　MCMC 計算

　かくして，マルコフ連鎖モンテカルロ法によるベイズ推定法により，第2表〜第8表のような新 *IS-LM* 体系の各パラメータに対する推計結果を得る[38]。各表は，ギブス・サンプラー・アルゴリズムにより，最初の 1,000 個を初期値に依存する稼動検査（burn-in）期間として捨て，その後の 10,000 個の標本を事後分布からの標本と考えて，事後分布の平均，標準誤差，標準

37）　分析対象国の自国通貨建て実質実効為替レートを 1973 年第一四半期から採るのは統計データの制約から難しく，したがってここでは米ドルが「基軸通貨」として対外通貨取引のウエイトの高い現状に鑑みて，s に対し自国通貨建て対米ドル実質為替レートを実質実効為替レートに替えて採用した。ただし対米ドル名目為替レートを実質化するに際しては，米国に加えそれぞれの国の GDP デフレータを用いたが，標本期間中の GDP デフレータが利用可能でない一部の国に対しては消費者物価と卸売物価の加重平均を代理変数として採用した。

38）　インドネシアに関しては，実質 GDP ならびに GDP デフレータの各データが四半期ベースでは 1997 年第1四半期以前は利用可能でないため，（Eq3）式以外は 1973Q1〜1997Q2 の期間における推計ができなかった。

偏差, 95%信頼区間を表示している。ただし, ここでギブス・サンプラーの初期値には OLS 推計値を用いた。なお添付図・第1図～第6図は, 日本に関するギブス・サンプラーで得られた各パラメータならびに分散の標本経路（左部分）と事後確率密度関数（右部分）を表示している。いずれの標本経路も安定した動きで十分に状態空間全体を行き来していると見なされ得ることから不変分布に収束していると判定され, かつ各推計値が事後確率密度関数の中央近辺に来ていることも分る。また, また, 標本のコレログラムを作成すると標本自己相関は急激に減衰しており, したがって効率的にサンプリングしていることも見て取れる。他の韓国, タイ, インドネシアの各式のパラメータ, ならびにシンガポール, マレーシア, フィリピンの為替レート決定式のパラメータに関しても同様のことが言える。

b　推計結果の解釈

　日本, 韓国, タイ, インドネシアの新 *IS-LM* モデル体系ならびにシンガポール, マレーシア, フィリピンのアンカバー・ベース金利平価式に関する推計結果を見ると, 以下の点が指摘できる。

【日本】

　まず, 日本経済においては, 動学的 *IS* 曲線式により, 実質金利水準が上昇したり実質為替レートが増価したりすると実質 GDP は減少するが, 他方において, 交易条件が改善すると交易利得が発生し, その結果国内での諸々の購買力が高まって実質 GDP は増加する。つぎに実質潜在 GDP を上回って実質需給ギャップが拡大すると, 新ケインジアン・フィリップス曲線式により物価は上昇する（但し, 通貨危機以前は物価への影響は他の要因に吸収されている）。また, カバーなし金利平価式に基づき, 実質自国金利水準が実質外国金利水準に比べて上昇すると, 自国通貨建て実質為替レートは増価する。さらに購買力平価式により, 自国通貨建て実質為替レートが減価すると自国総合物価指数は上昇する。加えて, 自国通貨建て実質為替レートが減価すると実効交易条件式より交易条件は悪化するので海外への支払いを増加させ（i.e. 交易損失の発生）, 国内財サービス需要が低下することによって国内の生産活動水準を引き下げる。

210　第6章　東アジア経済圏の国際通貨制度

第2-a表　Posterior Distributions of the Parameters（Japan: pre-crisis）

	Variable	Mean	Naïve SE	T-series SE	SD	95% Interval
(Eq1) *IS* Curve Eq.	$\mu1$	-0.00818	0.00015	0.00016	0.01490	[-0.03721　0.02098]
	$\mu2$	0.01055	0.00038	0.00043	0.03808	[-0.06384　0.08501]
(Eq2) NKP Curve Eq	$\kappa1$	-0.57664	0.00137	0.00143	0.13660	[-0.84270　-0.30934]
	$\kappa2$	0.04409	0.00029	0.00034	0.02945	[-0.01339　0.10136]
(Eq3) Interest Parity Eq	ξ	-0.21783	0.00224	0.00232	0.22409	[-0.65773　0.22412]
(Eq4) PP Parity Eq	ς	0.09079	0.00014	0.00014	0.01356	[0.06418　0.11750]
(Eq5) Terms of Trade Eq	τ	-0.57263	0.00063	0.00066	0.06341	[-0.69710　-0.44758]
(Eq6) Monetary Policy Rule	$\chi1$	0.30246	0.00127	0.00124	0.12700	[0.05827　0.55138]
	$\chi2$	0.00121	0.00098	0.00010	0.09846	[-0.18810　0.19780]
	$\chi3$	0.06900	0.00017	0.00019	0.01743	[0.03468　0.10352]

第2-b表　Posterior Distributions of the Parameters（Japan: post-crisis）

	Variable	Mean	Naïve SE	T-series SE	SD	95% Interval
(Eq1) *IS* Curve Eq.	$\mu1$	-0.00477	0.00019	0.00018	0.01882	[-0.04154　0.03168]
	$\mu2$	0.16592	0.00042	0.00046	0.04155	[0.08444　0.24734]
(Eq2) NKP Curve Eq	$\kappa1$	0.08081	0.00156	0.00147	0.15640	[-0.22483　0.38377]
	$\kappa2$	0.13019	0.00051	0.00049	0.05115	[0.02855　0.23174]
(Eq3) Interest Parity Eq	ξ	-0.48484	0.00127	0.00123	0.12649	[-0.73231　-0.23469]
(Eq4) PP Parity Eq	ς	0.08460	0.00022	0.00022	0.02221	[0.04115　0.12852]
(Eq5) Terms of Trade Eq	τ	-0.05374	0.00093	0.00091	0.09333	[-0.23632　0.13082]
(Eq6) Monetary Policy Rule	$\chi1$	0.03015	0.00155	0.00142	0.14190	[-0.24291　0.31000]
	$\chi2$	0.03034	0.00033	0.00033	0.03317	[-0.03415　0.09550]
	$\chi3$	0.00527	0.00009	0.00008	0.00781	[-0.01024　0.02081]

4 回帰式の推計 *211*

第 3-a 表　Posterior Distributions of the Parameters（Korea: pre-crisis）

	Variable	Mean	Naïve SE	T-series SE	SD	95% Interval
(Eq1) *IS* Curve Eq.	$\mu1$	0.01249	0.00025	0.00023	0.02346	[−0.03322　0.05840]
	$\mu2$	−0.08456	0.00064	0.00057	0.05695	[−0.19583　0.02685]
(Eq2) NKP Curve Eq	$\kappa1$	−0.04613	0.00211	0.00221	0.21111	[0.45740　0.36706]
	$\kappa2$	0.04663	0.00081	0.00095	0.08059	[−0.11549　0.20337]
(Eq3) Interest Parity Eq	ξ	−0.47340	0.00086	0.00089	0.08584	[−0.64191　−0.30411]
(Eq4) PP Parity Eq	ς	0.35057	0.00055	0.00057	0.05532	[0.24198　0.45967]
(Eq5) Terms of Trade Eq	τ	−0.02361	0.00096	0.00100	0.09629	[−0.21262　0.16630]
(Eq6) Monetary Policy Rule	$\chi1$	0.12805	0.00115	0.00112	0.11460	[−0.09224　0.35261]
	$\chi2$	−0.01690	0.00099	0.00100	0.09864	[−0.19997　0.18493]
	$\chi3$	−0.01021	0.00036	0.00042	0.03619	[−0.08130　0.06137]

第 3-b 表　Posterior Distributions of the Parameters（Korea: post-crisis）

	Variable	Mean	Naïve SE	T-series SE	SD	95% Interval
(Eq1) *IS* Curve Eq.	$\mu1$	0.01715	0.00024	0.00023	0.02410	[−0.02995　0.06384]
	$\mu2$	0.32503	0.00094	0.00104	0.09447	[0.13881　0.51056]
(Eq2) NKP Curve Eq	$\kappa1$	0.33822	0.002683	0.00252	0.26825	[−0.18699　0.85784]
	$\kappa2$	0.32358	0.00206	0.00207	0.20631	[−0.08297　0.73297]
(Eq3) Interest Parity Eq	ξ	−0.37259	0.00132	0.00129	0.13212	[−0.63106　−0.11133]
(Eq4) PP Parity Eq	ς	0.31699	0.00066	0.00064	0.06563	[0.18860　0.44676]
(Eq5) Terms of Trade Eq	τ	0.15535	0.00035	0.00038	0.03948	[0.07812　0.23342]
(Eq6) Monetary Policy Rule	$\chi1$	0.40665	0.00166	0.00189	0.21630	[−0.00927　0.83296]
	$\chi2$	0.10951	0.00039	0.00038	0.14751	[−0.17878　0.39993]
	$\chi3$	0.10027	0.00062	0.00072	0.03816	[0.02505　0.17641]

212 第6章 東アジア経済圏の国際通貨制度

第4-a表 Posterior Distributions of the Parameters (Thailand: pre-crisis)

	Variable	Mean	Naïve SE	T-series SE	SD	95% Interval
(Eq1) *IS* Curve Eq.	$\mu1$	0.00384	0.00058	0.00060	0.05802	[−0.10940 0.12095]
	$\mu2$	−0.06833	0.00287	0.00323	0.28672	[−0.64864 0.48860]
(Eq2) NKP Curve Eq	$\kappa1$	0.46700	0.00287	0.00295	0.28704	[−0.09328 1.04638]
	$\kappa2$	1.31619	0.00705	0.00812	0.70522	[−0.09851 2.69374]
(Eq3) Interest Parity Eq	ξ	−0.91459	0.00136	0.00141	0.13597	[−1.18430 −0.64535]
(Eq4) PP Parity Eq	ς	0.12237	0.00244	0.00253	0.24373	[−0.36106 0.60498]
(Eq5) Terms of Trade Eq	τ	0.05485	0.00052	0.00054	0.05196	[−0.04822 0.15773]
(Eq6) Monetary Policy Rule	$\chi1$	1.17524	0.00797	0.00913	0.79659	[−0.38263 2.76910]
	$\chi2$	0.20883	0.00270	0.00272	0.27030	[−0.33281 0.74559]
	$\chi3$	0.04164	0.00124	0.00131	0.12376	[−0.20171 0.29008]

第4-b表 Posterior Distributions of the Parameters (Thailand: post-crisis)

	Variable	Mean	Naïve SE	T-series SE	SD	95% Interval
(Eq1) *IS* Curve Eq.	$\mu1$	0.02458	0.00061	0.00058	0.06104	[−0.09476 0.14277]
	$\mu2$	−0.19174	0.00321	0.00224	0.20863	[−0.60197 0.21455]
(Eq2) NKP Curve Eq	$\kappa1$	−0.09738	0.00290	0.00274	0.29025	[−0.66487 0.46463]
	$\kappa2$	0.18063	0.00331	0.00352	0.33079	[−0.46734 0.82966]
(Eq3) Interest Parity Eq	ξ	−0.39761	0.00064	0.00059	0.06401	[−0.52277 −0.27101]
(Eq4) PP Parity Eq	ς	0.88383	0.00103	0.00094	0.10270	[0.68302 1.08694]
(Eq5) Terms of Trade Eq	τ	−0.05875	0.00056	0.00052	0.05599	[−0.16823 0.05199]
(Eq6) Monetary Policy Rule	$\chi1$	0.75203	0.00279	0.00302	0.27878	[0.21566 1.30031]
	$\chi2$	0.22708	0.00117	0.00116	0.11732	[−0.00275 0.46104]
	$\chi3$	0.24686	0.00055	0.00057	0.05520	[0.13795 0.35545]

4 回帰式の推計　*213*

第 5-a 表　Posterior Distributions of the Parameters（Indonesia: pre-crisis）

	Variable	Mean	Naïve SE	T-series SE	SD	95% Interval
(Eq1) *IS* Curve Eq.	$\mu 1$	N.A.	N.A.	N.A.	N.A.	N.A.
	$\mu 2$	N.A.	N.A.	N.A.	N.A.	N.A.
(Eq2) NKP Curve Eq	$\kappa 1$	N.A.	N.A.	N.A.	N.A.	N.A.
	$\kappa 2$	N.A.	N.A.	N.A.	N.A.	N.A.
(Eq3) Interest Parity Eq	ξ	-0.39184	0.00171	0.00169	0.17125	[-0.72830　-0.05575]
(Eq4) PP Parity Eq	ς	N.A.	N.A.	N.A.	N.A.	N.A.
(Eq5) Terms of Trade Eq	τ	N.A.	N.A.	N.A.	N.A.	N.A.
(Eq6) Monetary Policy Rule	$\chi 1$	N.A.	N.A.	N.A.	N.A.	N.A.
	$\chi 2$	N.A.	N.A.	N.A.	N.A.	N.A.
	$\chi 3$	N.A.	N.A.	N.A.	N.A.	N.A.

第 5-b 表　Posterior Distributions of the Parameters（Indonesia: post-crisis）

	Variable	Mean	Naïve SE	T-series SE	SD	95% Interval
(Eq1) *IS* Curve Eq.	$\mu 1$	-0.02587	0.00016	0.00015	0.01569	[-0.05654　0.00450]
	$\mu 2$	-0.05107	0.00012	0.00012	0.01229	[-0.07536　-0.02649]
(Eq2) NKP Curve Eq	$\kappa 1$	-1.03159	0.00241	0.00228	0.24120	[-1.50319　-0.56456]
	$\kappa 2$	0.06325	0.00031	0.00031	0.02890	[0.00576　0.12116]
(Eq3) Interest Parity Eq	ξ	-0.13119	0.00175	0.00161	0.17472	[-0.47280　0.21433]
(Eq4) PP Parity Eq	ς	-0.14264	0.00122	0.00112	0.12159	[-0.38038　0.09783]
(Eq5) Terms of Trade Eq	τ	-1.55380	0.00034	0.00031	0.03363	[-1.61956　-1.48729]
(Eq6) Monetary Policy Rule	$\chi 1$	1.10413	0.00335	0.00363	0.33497	[0.45964　1.76293]
	$\chi 2$	0.64198	0.00599	0.00584	0.59886	[-0.51442　1.82202]
	$\chi 3$	0.19538	0.00113	0.00112	0.11334	[-0.02605　0.42160]

214   第6章　東アジア経済圏の国際通貨制度

第6-a表　Posterior Distributions of the Parameters（S'pore: pre-crisis）

	Variable	Mean	Naïve SE	T-series SE	SD	95% Interval
(Eq3) Interest Parity Eq	ξ	0.23387	0.00153	0.00160	0.15321	[−0.06712　0.53689]

第6-b表　Posterior Distributions of the Parameters（S'pore: post-crisis）

	Variable	Mean	Naïve SE	T-series SE	SD	95% Interval
(Eq3) Interest Parity Eq	ξ	−0.22388	0.00073	0.00071	0.07299	[−0.36667　−0.07953]

第7-a表　Posterior Distributions of the Parameters（Malaysia: pre-crisis）

	Variable	Mean	Naïve SE	T-series SE	SD	95% Interval
(Eq3) Interest Parity Eq	ξ	−0.05847	0.00111	0.00115	0.11085	[−0.27607　0.16015]

第7-b表　Posterior Distributions of the Parameters（Malaysia: post-crisis）

	Variable	Mean	Naïve SE	T-series SE	SD	95% Interval
(Eq3) Interest Parity Eq	ξ	−0.19325	0.00107	0.00104	0.10741	[−0.40339　0.01917]

第8-a表　Posterior Distributions of the Parameters（Philippine: pre-crisis）

	Variable	Mean	Naïve SE	T-series SE	SD	95% Interval
(Eq3) Interest Parity Eq	ξ	0.01043	0.00124	0.00129	0.12348	[−0.23203　0.25315]

第8-b表　Posterior Distributions of the Parameters（Philippine: post-crisis）

	Variable	Mean	Naïve SE	T-series SE	SD	95% Interval
(Eq3) Interest Parity Eq	ξ	−0.23810	0.00108	0.00105	0.10827	[−0.44992　−0.02399]

最後に，金融政策ルール式より，通貨当局はこうしたマクロ経済変数の動向を睨みながら，現行インフレ率が目標インフレ率を上回ったり，実質GDP ギャップが拡大したり，あるいは為替レートの減価水準が著しく高まったりすると，政策金利水準を引き上げ，景気の沈静化を図ることや，あるいは風に逆らう式もしくはスムージング・オペレーションのごとく為替レートのボラティリティ緩和を図ることが示される。

　その他東アジア通貨危機前と通貨危機後とを比較すると，外国為替市場において，相対的な実質金利水準変化に対する実質円レート変化の市場参加者による感応度が一層高まる傾向にあることが明らかである。また，政策当局にとって，通貨危機後は日本銀行による「ゼロ金利政策」を反映して政策の"糊しろ"が無くなり，インフレ動向に対する名目金利水準操作の余地の低下したことが窺える。さらに名目金利水準操作の為替レート政策への割り当てウエイトも低まる傾向にあることが指摘できる。すなわち，対米ドル実質円レート乱高下の幅とスピードを政策金利操作によって抑制する傾向は弱まる方向にあることが見て取れる。

【韓国】

　韓国経済においては，実質金利水準が上昇したり実質為替レートが増価したりしても，実質国内総生産量は必ずしも減少しない。これは韓国の国内総生産が，高度経済成長に伴う財閥系産業の設備投資を中心とする旺盛な実需等に裏付けられたことによるものと思われる。つぎに実質需給ギャップが拡大し，景気が過熱すると物価は上昇する。また，実質自国金利水準が実質外国金利水準に比べて上昇すると，カバーなし金利平価が市場に働いて実質韓国ウオン・レートは増価する。さらに実質為替レートが減価すると，購買力平価により自国総合物価指数は上昇する。最後に，韓国通貨当局の金融政策ルール式に関し，東アジア通貨危機前は通貨当局はインフレ昂進には政策金利の変更で対応したものの，実質GDP ギャップが拡大したりあるいは実質為替レートの減価水準が高まったりしても，経済成長を優先し，必ずしも政策金利たる名目市場金利水準を引き上げて景気の沈静化を図ることはなく，むしろ金利水準を引き下げて経済拡大路線を推し進めたことが窺える。しかしながら，東アジア通貨危機以降はオーソドックスなテイラー・ルール型金

216　第6章　東アジア経済圏の国際通貨制度

融政策に転じている。

【タイ】

　タイ経済においては，実質金利水準が上昇したり実質為替レートが増価したりしても，韓国経済同様，実質国内生産量は必ずしも減少しない。これは，タイが①東アジアの奇跡と称されるほどの高成長を遂げ，高い投資機会を提供したこと，②為替管理自由化やオフショア市場（BIBF）の創設など，積極的な外資流入規制緩和策をとったこと，③通貨バスケット・ペッグ制により為替リスクを軽減したこと，などの理由により，むしろ国内実質金利水準上昇による内外金利差拡大を利用して海外資金を取り入れ，実質 GDP の拡大を図ったことによるものと思われる[39]。また，交易条件が悪化し，交易損失が高まることによって企業収益や雇用者所得が減少しても旺盛な国内需要増がそれら減少分を上回り，実質 GDP が低下することはない。さらに実質自国金利水準が実質外国金利水準に比べて上昇すると，カバーなし金利平価が市場に働いて自国通貨建て実質為替レートは増価する。さらに自国通貨建て実質為替レートが減価すると，購買力平価により自国総合物価指数は上昇する。最後に，タイの通貨当局はテイラー・ルール型金融政策に則り，現行インフレ率が目標インフレ率を上回ったり，実質 GDP ギャップが拡大したり，あるいは対米ドル実質タイバーツ・レートの減価水準が高まったりすると，政策金利を引き上げて景気の沈静化を意図したり，あるいは同じく政策金利を引き上げて実質為替レートのボラティリティ緩和を図ることが示される。とりわけ，東アジア通貨危機前に比べ通貨危機後では，政策当局にとって，インフレ動向に対する名目金利水準操作の余地の低下したことが窺える。逆に金利操作の為替レート安定化政策への割り当てウエイトは高まった。すなわち，対米ドル実質タイバーツ・レート乱高下を金利操作で風に逆らう式やスムージング・オペレーションによって抑制する傾向は以前にも増して強まる方向にあることが見て取れる。

【インドネシア】

　インドネシア経済において，実質金利水準が上昇したり実質為替レートが

39）　岡田（2001）第6章。

増価したりすると実質国内生産量は減少する。また，交易条件が悪化し，交易損失が発生しても企業や家計の旺盛な国内需要増がそれら損失分を上回ることにより実質 GDP は低下しない。つぎに実質需給ギャップが拡大すると物価は上昇する。また，実質自国金利水準が実質外国金利水準に比べて上昇すると，カバーなし金利平価が作用して自国通貨建て実質為替レートは増価する。さらに購買力平価により，自国通貨建て実質為替レートが減価すると自国総合物価指数は上昇する。加えて，実効交易条件式より，自国通貨建て実質為替レートが減価すると交易条件は悪化する。最後に，インドネシアの通貨当局はテイラー・ルール型金融政策の採用により，インフレ率の高騰や，実質 GDP ギャップの拡大，あるいはインドネシア・ルピアの対米ドル実質レート安圧力が強まったりすると，名目金利水準を引き上げて景気の沈静化を図ったりあるいはルピア安緩和を狙ったりすることが示される。

【シンガポール・マレーシア・フィリピン】

　シンガポール・ドルやフィリピン・ペソの対米ドル実質為替レート決定に関しては，東アジア通貨危機以前は必ずしもアンカバー・ベースの金利平価式が市場で妥当しなかった。しかしながら，通貨危機以降は，マレーシア・リンギも含めてそれら3通貨は，内外実質金利差の拡大に呼応して先物カバーを採ることなく直物外国為替市場で取引することが活発化している。

　かくして，ASEAN 主要5カ国に日本，韓国が加わった東アジア7カ国間では，東アジア通貨危機以降，均衡為替レートが開放マクロ経済学のロジックに則って決定されていることが上述実証分析結果から明らかとなった。加えて，多くの場合，為替レートの変動が他のマクロ経済変数と整合的であることが確認される。それゆえ，域内の為替レート安定化に向けた国際通貨制度の構築に関する議論が，開放マクロ経済学のフレームワークの下で検討可能であることは明らかである。

5 東アジア経済圏の国際通貨制度

前節での実証分析結果を踏まえ，本節において，主要マクロ経済変数と整合的な東アジア経済圏における一つの国際通貨制度を検討する[40]。

a 通貨バスケット制

東アジアにおける統合度の進展や多様的な現状から，対米ドルを中心として安定化を図る国際通貨制度よりも，日本円，ユーロ，その他通貨を加味した通貨バスケット制のほうが，自国（実効）為替レートの安定化を図り，貿易・直接投資・金融取引を促進させるという政策目標に照らして現実的と言えるであろう。例えば，米ドルが日本円に対して大幅にフロート・アップするとき，米ドル主体の自国為替レートでは日本円に対して増価し，したがって全体として当該国の輸出競争力を著しく減ずる結果となり得るからである。ユーロやその他の通貨に対しても同様である。それ故，ここに米国以外の他国・地域との関係を考慮した通貨バスケット制の考えが出てくる。

b 検討課題

こうした東アジアの新興市場諸国で通貨バスケット制の導入を考えるとき，①構成通貨の種類，②構成通貨ウエイトの算定法，③個別ウエイトか共通ウエイトか，④通貨バスケットの管理法，などが重要な検討課題となる[41]。

---

40)　以下の議論は，岡田（2006）第10章に基づく。

41)　こうした国際通貨制度の議論では，通貨統合に関して先行した欧州の欧州通貨制度（EMS）に関する事例が役立つであろう。EMSはEC域内通貨の為替レートを安定させ，域内の貿易や直接投資，金融取引を促進させることを目的に1979年3月にEC加盟8カ国で発足した。その後，89年6月にスペインが，90年10月にイギリスが，そして92年4月にはポルトガルがそれぞれ参加した。これらEMSの経験がその後の欧州の経済通貨同盟（EMU）につながった。

5 東アジア経済圏の国際通貨制度 *219*

（ⅰ） 構成通貨の種類

通貨バスケットの構成通貨に関して，米ドル，日本円，ユーロの主要三通貨とするか，あるいはさらに中国人民元など域内通貨その他を含めるか否かという問題が生ずる。

（ⅱ） 構成通貨ウエイトの算定法

各構成通貨のウエイト関しては，貿易取引のシェアに応じて算定するか，資本取引のシェアまで含めるかどうかという問題に加えて，仮に貿易取引シェアに限定したとしても，構成通貨との兼ね合いで，米国，日本，欧州，東アジア域内の取引以外の，例えば中南米地域や中近東諸国，南アジア，オセアニア，アフリカ諸国等との貿易取引をどこまで考慮するかという問題が残る。

（ⅲ） 個別ウエイトか共通ウエイトか

次に構成通貨の算定法が決まったとき，そうしたウエイトを各国が各々個別に自国の貿易シェアに基づいて計算し採用するのか（個別ウエイト方式），あるいはなんらかの単一ウエイト・共通ウエイトなるものを決め，それらをメンバー各国全員が一致して採用するのか（共通ウエイト方式）という問題が生ずる。全てのメンバー国が同時に共通ウエイト（プラス共通通貨構成）を一致して採用すれば，少なくとも域内為替レートは相対的に安定化する。しかしながら共通のウエイトや共通の通貨構成を採用するためには，参加メンバー国間の利害調整に必要な交渉や拘束力のある取り決めに加え，さらにはサーベイランス／モニタリング制度の構築などが前提となることから，個別ウエイト方式のほうが実現は遥かに容易であろう。

（ⅳ） 通貨バスケットの管理法

最後に，通貨バスケットの上述内容が決まったとして，①通貨バスケット・レートをペッグするのか，②ペッグを一定の基準に従ってクロールさせるのか（クローリング・ペッグ），③（固定）変動幅を設定するのか，④変動幅自体をクロールさせるのか，⑤管理フロートとするのか，⑥完全フロートとするのか，という通貨バスケットの管理問題が残っている。もし，通貨バスケットをできるだけ安定化させようとすると，共通ウエイト方式の場合は参加メンバー国間で米ドル，日本円，ユーロに対する為替介入の共通ルール

220 第6章 東アジア経済圏の国際通貨制度

設定が重要となる。

c 具体的制度

かくして，上述した（ⅰ）～（ⅳ）の諸点を勘案すると，東アジア経済における政治・経済・金融・資本の結合度や成熟度，社会的・文化的・宗教的多様性など，様々な側面の現状を考慮するとき，以下のような"市場メカニズム"に立脚した通貨バスケット制（個別ウエイト方式）が第1段階として極めて妥当と言えるであろう。

（ⅴ）構成通貨として米ドル，日本円，ユーロを採用する。すなわち，東アジア域内では米ドルがインボイス通貨，決済通貨，投資通貨として用いられることが多く，したがって域内通貨同士の取引に際し直接取引より米ドルを媒介とした「クロス取引」が一般的である。また，介入通貨や準備通貨という公的レベルの通貨機能を発揮するためにも米ドルに加え，日本円やユーロ等発行残高の大きな通貨が選ばれる必要があろう。中国人民元は，為替レート変動や交換の自由性が制限されている現状から見て算入は時期尚早と言える。

（ⅵ）計算の便宜性・簡便性・透明性から対世界の貿易取引シェアに基づいて通貨ウエイトを計算する[42]。

（ⅶ）これらウエイトは各国が個別に算定して採用する（個別ウエイト方式）。

（ⅷ）こうして算定される米ドル建てバスケット通貨に対しては緩やかな管理フロート制を採る。管理フロート制として，もう少し具体的に，例えば"ハネムーン効果"を狙って一定の変動幅（例えば±2.25%～±5.00%）を設定し，さらに中心レートを日米欧インフレ率の加重平均値と自国のインフレ率との比較に応じてクロールさせることも考えられる（basket, band, and crawl; BBC ルール）。あるいは，スムージング・オペレーションもしくは風に逆らう式程度の為替レートコントロールは許容されるところの完全フロート制も最終的には視野に入れておく必要があろう。

---

42) 具体的計算手順としては，岡田（2006）第10章参照。

（ix） 上述した通貨バスケット制度（個別ウエイト方式）の有用性を各国とも十分に認識したうえで，つぎの段階として，共通ウエイト方式への拡張，東アジア通貨単位（ACU）の導入，為替レート・メカニズム（ERM）の採用，信用供与制度の構築など，東アジア経済圏における国際通貨制度構築のための様々な検討が始まってくるであろう。

6 結 び

　本章において，小国開放経済動学的一般均衡モデルを基底とした新開放マクロ経済理論ないしは新 *IS-LM* 理論体系の下で，東アジア主要国の時系列統計データを用いて為替レートと主要マクロ経済変数との整合性を実証的に検証し，東アジアにおける域内通貨取引の制度的枠組み作りを試論的に検討した。

　新 *IS-LM* 理論体系として，動学的 *IS* 曲線式，新ケインジアン・フィリップス曲線式，カバーなし金利平価式，購買力平価式，実効交易条件式，金融政策ルール式の6本の回帰式を導き，主要通貨が変動相場制に移行した1973年第1四半期より最近時点まで，東アジア通貨危機で深刻な打撃を受け IMF の支援を受けることとなったタイならびにインドネシアの ASEAN 加盟国と，同じく IMF の支援を受けた韓国，そして東アジアにおける地域的セーフティ・ネット作りの主導的役割を担った日本に対してマルコフ連鎖モンテカルロ法によるベイズ推定法を適用してそれら回帰式を推計した。また，他の ASEAN 主要メンバーであるシンガポール，マレーシア，フィリピンに関しては，統計データの制約から同様の推定法で為替レート決定式のみを推計した。その結果，ASEAN 主要国に日本，韓国が加わった東アジアでは，東アジア通貨危機以降，均衡為替レートが開放マクロ経済学のロジックに則って決定されていることがそれら実証分析結果から明らかとなった。加えて，多くの場合，為替レートの変動が他のマクロ経済変数の継起的・逐次的な運行と整合的であることも確認された。それゆえ，域内の為替レート安定化に向けた国際通貨制度の構築に関する議論が，開放マクロ経済学のフレームワークの下で検討可能であることが明らかとなった。

222　第6章　東アジア経済圏の国際通貨制度

　かくして，一般均衡論的な視点に立って，東アジア新興国においていかなる通貨投機にも対抗し得る頑強で且つ現状より便益性の高い外国為替相場制度を，第一段階として以下のごとく考えることができる。

　すなわち，①各国通貨と対米ドル，対ユーロ，対円との各為替レートに各国貿易額でそれぞれ加重平均した通貨バスケット指標を作成し（個別ウエイト方式），②それに一定の変動幅を設定してさらに中心レートをインフレ率格差に応じてクロールさせるような緩やかな管理フロート制か，あるいは，③スムージング・オペレーションもしくは風に逆らう式程度の為替レートコントロールは許容されるところの完全フロート制を導入する，というものである。

　こうした他の主要マクロ経済変数と整合的で且つ市場メカニズムに立脚した通貨バスケット制度（個別ウエイト方式）の有用性を各国とも十分に認識したうえで，つぎの段階として，共通ウエイト方式への拡張，東アジア通貨単位（ACU）の導入，為替レート・メカニズム（ERM）の採用，信用供与制度の構築など，東アジア経済圏における国際通貨制度構築のための様々な検討課題が俎上に載ってくるであろう。

補論　マルコフ連鎖モンテカルロ法によるベイズ推定法

　本章においてパラメータ推計に用いた「マルコフ連鎖モンテカルロ法によるベイズ推定法」（The Bayesian Inference with a Markov Chain Monte Carlo Method; BI-MCMC）とは凡そ以下のような内容の統計手法である[43]。

1　BI-MCMC 法

（a）まず事前分布 $\pi(\theta)$ を設定する，

（b）マルコフ連鎖と呼ばれる確率過程の性質を利用して，事後分布

43）　詳細に関しては岡田（2014a）第1章補論1参照。

$f(\theta|data)$ から θ の確率標本（モンテカルロ標本）を生成する（サンプリング），(c) これらサンプリングされた値を用いて未知パラメータ θ を求める，という一連の手続きで計算される。

2　ベイズ推定

　ベイズの定理にしたがえば，θ を未知パラメータ，x を観測データとしたとき，

（A1）　　$f(\theta|x)=\dfrac{g(x|\theta)\pi(\theta)}{\int g(x|\theta)\pi(\theta)d\theta}\propto g(x|\theta)\pi(\theta)$

すなわち，事後分布 ∝ 尤度関数×事前分布で表せる。ここで，ある尤度関数 g に対して事前分布 π と事後分布 f が同じ形状の確率分布となれば扱いやすくなる。これを共役分布と称する。

3　マルコフ連鎖

　確率変数列 $\{X_n\}(\forall n\in\{0,1,2\cdots\})$ が状態空間 Ω で一定の値をとるとき，

（A2）　　　$\Pr(X_{n+1}=x_{n+1}|X_n=x_n,X_{n-1}=x_{n-1}\cdots,X_0=x_0)$
　　　　　　$=\Pr(X_{n+1}=x_{n+1}|X_n=x_n)$

であるならば，$\{X_n\}$ はマルコフ連鎖と称される。すなわち，$n+1$ 期における条件付確率分布が時点 n よりも以前の履歴には依存しない確率過程がマルコフ性と呼ばれるものである。さらに（A2）式の条件付確率が n から独立的なとき，

（A3）　　　$\Pr(X_{n+1}=x_j|X_n=x_i)=p(i,j),\quad i,j=1,2,\cdots k,\quad \forall n\in\{0,1,2\cdots\}$
　　　　　　$p(i,j)\geq0,\ \sum_{j=1}^{k}p(i,j)=1$

と表わし，これを推移確率と称する。さらにこの推移確率 $p(i,j)$ を第 i,j 要素とする $k\times k$ 行列 T を推移行列と称する。

4　マルコフ連鎖の収束定理

　ここで以下のようなマルコフ連鎖の収束定理を適用する。
マルコフ連鎖の収束定理[44]：

224　第6章　東アジア経済圏の国際通貨制度

マルコフ連鎖 $\{X_0, X_1, \cdots\}$ が既約的でかつ非周期的であるとき，その推移行列を T とする。さらに π が T の不変分布であれば，π^n が任意の初期分布 π^0 から出発して $n \to \infty$ で不変分布に収束する，すなわち，$\frac{1}{2}\sum_{i=1}^{k} |\pi_i^n - \pi_i| \to 0$ $(n \to \infty)$ となる。

　こうして，不変分布が目標分布となるようにマルコフ連鎖を構成することにより，適当な初期値から始めて十分な回数の連鎖の反復をしていくとき，マルコフ連鎖の確率標本を目標分布からの確率標本とすることができる。

5　回帰モデルへの BI-MCMC 法の応用

　ここで次のような多変数線形回帰モデルを考える。

$$(\text{A4}) \qquad y = X\beta + \varepsilon, \quad \varepsilon \sim N(0, \sigma^2 I_n)$$

　　　　　ただし　$y = (y_1, \cdots y_n)'$：確率変数で被説明変数ベクトル

　　　　　　　　$X = (x_1, \cdots x_n)'$ & $x_i = (1, x_{2i}, \cdots x_{ki})'$：既知の定数で説明変数行列

　　　　　　　　$\beta = (\beta_1, \cdots \beta_k)'$：未知のパラメータで回帰係数ベクトル

　　　　　　　　ε：n 次元正規分布に従う確率変数で攪乱項，I_n は n 次元単位行列，σ^2 は攪乱項の分散スカラー

このとき尤度関数は，

$$(\text{A5}) \qquad f(y|\beta, \sigma^2) = \frac{1}{(\sigma\sqrt{2\pi})^n} \exp\left\{ -\frac{1}{2\sigma^2}(y - X\beta)'(y - X\beta) \right\}$$

となる。また β, σ^2 の事前分布をそれぞれ $\beta \sim N(b_0, B_0)$（正規分布），$\sigma^2 \sim IG(\frac{n_0}{2}, \frac{S_0}{2})$（逆ガンマ分布[45]）に独立して従うと仮定すれば，同時事前分

---

44)　既約的，非周期的，不変分布などの定義に関しては，ibid. 参照。

45)　(α, β) をパラメータとする逆ガンマ分布の確率密度関数は

$$\pi(x|\alpha, \beta) = \frac{\beta^\alpha}{\Gamma(\alpha)} x^{-(\alpha+1)} \exp\left(-\frac{\beta}{x}\right) \qquad x > 0, \quad \alpha > 0, \quad \beta > 0$$

ただし，$\Gamma(\alpha) = \int_0^\infty x^{\alpha-1} e^{-x} dx$

で定義される（$\Leftrightarrow X \sim IG(\alpha, \beta)$）。$X \sim IG(\alpha, \beta)$ であれば，$X^{-1} \sim G(\alpha, \beta)$ であるから，逆ガンマ分布からのサンプリングは，したがって，ガンマ分布からサンプリングして逆数をとればよいことが分かる。

布は

(A6)
$$\pi(\beta, \sigma^2) = \pi(\beta)\pi(\sigma^2)$$
$$\propto \exp\left\{-\frac{1}{2}(\beta - b_0)' B_0^{-1}(\beta - b_0)\right\} \times (\sigma^2)^{-(\frac{n_0}{2}+1)} \exp\left\{-\frac{S_0}{2\sigma^2}\right\}$$

となる。これより同時事後分布が

(A7)
$$\pi(\beta, \sigma^2 | y) \propto (\sigma^2)^{-(\frac{n_0}{2}+1)-\frac{n}{2}} \exp\left\{-\frac{S_0 + (y - X\beta)'(y - X\beta)}{2\sigma^2}\right\}$$
$$\times \exp\left\{-\frac{1}{2}(\beta - b_0)' B_0^{-1}(\beta - b_0)\right\}$$

として導かれる。したがって、(A7)式を平方完成法[46]を用いて展開すれば、以下のような条件付確率分布が得られる。

(A8)
$$\pi(\beta | \sigma^2, y) \propto \exp\left\{-\frac{1}{2}(\beta - b_1)' B_1^{-1}(\beta - b_1)\right\}$$
$$\pi(\sigma^2 | \beta, y) \propto (\sigma^2)^{-(\frac{n_1}{2}+1)} \exp\left\{-\frac{S_1}{2\sigma^2}\right\}$$

ただし、$b_1 = B_1(B_0^{-1} b_0 + \sigma^{-2} X' y)$
$B_1^{-1} = B_0^{-1} + \sigma^{-2} X' X$
$n_1 = n_0 + n$
$S_1 = S_0 + (y - X\beta)'(y - X\beta)$

これから、たとえば具体的計算アルゴリズムとしてのギブス・サンプラーが以下のようにして求まる。

1) 初期値 $\beta^{(0)}, \sigma^{2(0)}$ を決める。

2) $\beta^{(n)}, \sigma^{2(n)}$ $(n = 0, 1, 2, \cdots)$ が得られたら、

（i） $\beta^{(n+1)} | \sigma^{2(n)}, y \sim N(b_1, B_1)$ を発生させる。
　　　ただし、$b_1 = B_1^{(n)}(B_0^{-1} b_0 + \sigma^{-2(n)} X' y)$, $B_1 = (B_0^{-1} + \sigma^{-2(n)} X' X)^{-1}$

（ii） $\sigma^{2(n+1)} | \beta^{(n+1)}, y \sim IG(\frac{n_1}{2}, \frac{S_1}{2})$ を発生させる。
　　　ただし、$S_1 = S_0 + (y - X\beta^{(n+1)})'(y - X\beta^{(n+1)})$

---

46) 平方完成法に関しては、ibid. 参照。

226   第6章　東アジア経済圏の国際通貨制度

3)　n を $n+1$ として 2) に戻る。これら手順を繰り返しつつ，初期値の影響を受けていそうな最初の部分のサンプリングを捨て，残りをパラメータ推計に利用する。

BI-MCMC 推計添付図

各推計式に関するパラメータ：
分散の標本経路（左部分）と事後確率密度関数（右部分）
【日本】
第 11 図：Eq01　動学的 *IS* 曲線式（東アジア通貨危機前：1973Q1-1997Q2）
第 12 図：Eq01　動学的 *IS* 曲線式（東アジア通貨危機後：1997Q3-2013Q2）
第 21 図：Eq02　新ケインジアン・フィリップス曲線式
　　　　　　　　（東アジア通貨危機前：1973Q1-1997Q2）
第 22 図：Eq02　新ケインジアン・フィリップス曲線式
　　　　　　　　（東アジア通貨危機後：1997Q3-2013Q2）
第 31 図：Eq03　カバーなし金利平価式（東アジア通貨危機前：
　　　　　　　　1973Q1-1997Q2）
第 32 図：Eq03　カバーなし金利平価式（東アジア通貨危機後：
　　　　　　　　1997Q3-2013Q2）
第 41 図：Eq04　購買力平価式（東アジア通貨危機前：1973Q1-1997Q2）
第 42 図：Eq04　購買力平価式（東アジア通貨危機後：1997Q3-2013Q2）
第 51 図：Eq05　実効交易条件式（東アジア通貨危機前：1973Q1-1997Q2）
第 52 図：Eq05　実効交易条件式（東アジア通貨危機後：1997Q3-2013Q2）
第 61 図：Eq06　テイラー・ルール型金融政策反応式
　　　　　　　　（東アジア通貨危機前：1973Q1-1997Q2）
第 62 図：Eq06　テイラー・ルール型金融政策反応式
　　　　　　　　（東アジア通貨危機後：1997Q3-2013Q2）

228 第6章 東アジア経済圏の国際通貨制度

第11図

第12図

第21図

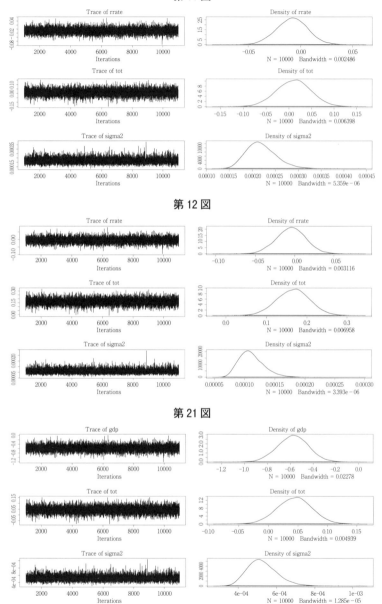

BI-MCMC 推計添付図　*229*

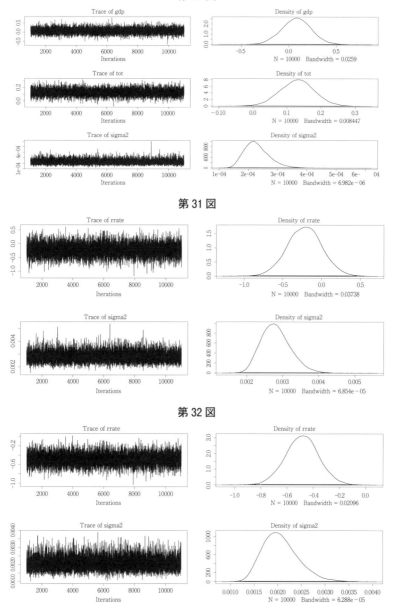

第 22 図

第 31 図

第 32 図

230　第6章　東アジア経済圏の国際通貨制度

第41図

第42図

第51図

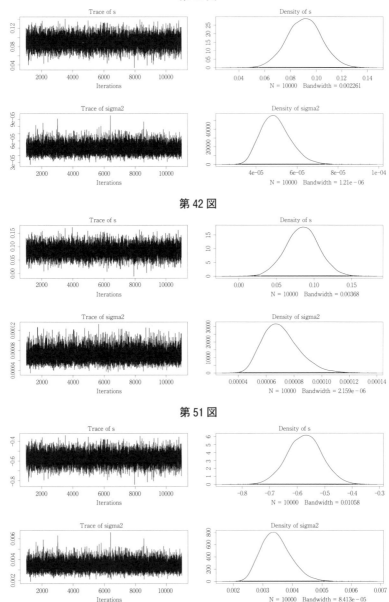

BI-MCMC 推計添付図 231

第 52 図

第 61 図

第 62 図

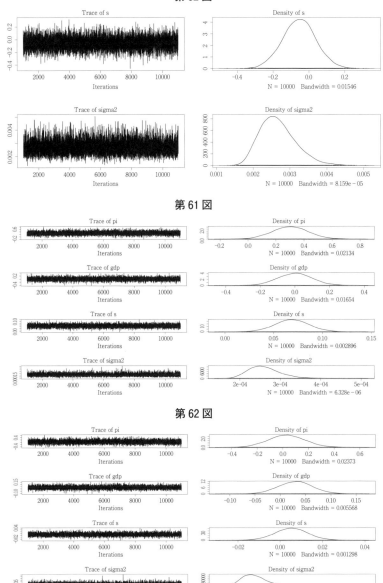

第7章　東アジア新興市場への国際資本流入

1　はじめに

1　東アジア経済の発展と外資導入

　東アジア経済は 1980 年半ば以降急速な発展を遂げ，世界経済の成長セン
ターとしての役割を担った。世界は東アジア経済に注目し，世界銀行はこれ
を "東アジアの奇跡" として賞賛した。第1図は主要アセアン5カ国の最近
に至る凡そ四半世紀間の実質経済成長率を表わしたものである。1990 年代
後半，東アジア各国はタイ・バーツの膨大な通貨投機に端を発した通貨金融
危機に見舞われ，一時的に成長率は急落を余儀なくさせられた。しかしなが
ら，その後，各国の政府や通貨当局・中央銀行は，国内の経済構造改革に加
え，ASEAN，ASEAN + 3，ASEM，APEC，EMEAP など様々な枠組み
の下で効果的な政策協調を図ることにより，東アジアの経済は再び安定軌道
に復した。さらに 2008 年秋には米国におけるサブプライム・ローン市場の
混乱に基づく世界的金融危機の影響を受けたが，この危機も無事克服した。

　こうした東アジアの高成長を実現させた要因として，今日様々な視点から
分析が試みられている。2，3例を挙げれば以下のようなものである。

　（i）　マクロ経済の安定化，教育制度の充実，広範囲な農業育成策，価格
の歪みの是正，外国の知識・技術の積極的導入などの基礎的条件整備政策に
加え，特定産業育成，金利抑制と借入金上限の維持，輸入代替品の保護，衰
退産業への補助金，政府系銀行の設立及び金融支援，応用研究への公的投
資，など種々の介入政策の組み合わせが奏効して高成長を実現させた[1]。

---

　1)　World Bank (1993) Overview.

1 はじめに　　233

第1図　主要アセアン実質成長率

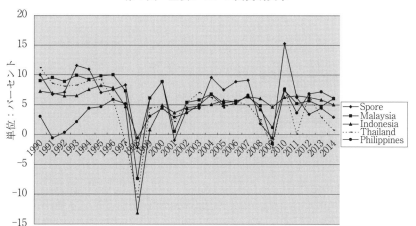

資料：IMF (2015)

（ⅱ）東アジア地域の多様性から出発し,「後発の利益」概念を援用して, 高い転換能力と構造転換連鎖, 域内循環構造などが同地域の経済発展のダイナミズムを形成した[2]。

（ⅲ）東アジアにおける市場の拡大と分業の進展は, 最終的には市場や政策のような枠組みを超え, 経済の担い手である企業自身の能力や創造性により, 企業レベルで技術能力・経営能力を高め, 組織強化をはかり, さらに有効なネットワークを創造・開発した[3]。

（ⅳ）東アジア経済の高成長の持続は, 輸入代替型に替わる輸出重視の「外向きの経済政策」(e.g. 企業や産業ごとの輸出目標の設定, 輸出マーケティング機関の育成, 輸入自由化, 適切な外国為替管理, 外資規制緩和, 民間活力の重視と非効率な国営企業の民営化等）を効果的に採用したことによる[4]。

ところで, このような高成長を支える旺盛な資金需要に対しては, 当然のことながら国内の貯蓄だけでは賄いきれず, 多くの場合, 積極的な外国資本

---

2) 渡辺 (1996)。
3) 鄭 (1997) pp.17-21。
4) 谷内 (1997) 第1章。

234　第7章　東アジア新興市場への国際資本流入

の導入が必要となる。かくして，東アジア各国は，国内金融の自由化や外国
為替管理・外資導入の規制緩和ないしは自由化により大量の資本を国外から
導入した。

2　国際資金導入と金利平価

　こうした東アジアへの国際資本移動を説明するものとして，いかなる理論
モデルが適切であろうか。

　一般に国際投融資を決める基本的要因は，内外資産の予想収益ならびにリ
スクとされている[5]。しかるに，東アジア新興国の金融資本市場では一般に
中長期の市場が未発達・未整備であることに加え，新興国に固有のソブリ
ン・リスクが存在することなどから中長期的な金融資本取引は馴染まず，
「短期性」の投融資が強く志向される。ところで，経済諸量の需給均衡を価
格のシグナル機能によって模索する場である市場，すなわち金融市場，財サ
ービス市場，労働市場などにおいて，価格‐数量の調整速度をそれぞれ比較
すると，金融市場の調整速度は，他の市場に比べて相対的に速い。したがっ
て，時間軸を「短期」とした場合，短期の資本移動では，各主体の投融資単
位取引期間中に金融市場体系の一部として金融資産の需給のみに焦点を当て
て，財サービス産出量や消費・投資需要，雇用など他の経済変数は所与と看
做し得る。加えて，東アジア新興市場では外国為替の先物市場が未発達・不
完全ゆえ先物カバーが取り難く，したがって，為替取引は必然的にアンカバ
ーベースとならざるを得ない。

　かくして，これら状況を勘案すると，東アジア新興市場の国際資金移動を
説明する理論式として，内外金利差に予想為替レートを考慮したところの
「カバー無し金利平価式」を設定するのが妥当と言える。

---

　5)　MacDougall（1960），Markovitz（1959），Frankel（1979）。ただし，MacDougall（1960）で
　　は実物資本の国際資本移動を対象としているが，完全競争市場では実物資本の限界生産性は
　　実質資本レントに等しくなることから，ここでは金融資産の利子率をもって資本レントの代
　　理変数と考えることができる。

3　本章のねらい

　そこで本章では，東アジア新興市場への国際資本流入に焦点を当てて分析すべく，まずカバー無し金利平価式に対してキー変数たる予想為替レート変動率を，推計に必要な情報量に依拠した「フィルタリング」の考えを用いて定式化する。ついでこれら状態空間表現の線形確率モデルに対してカルマンフィルター・アルゴリズムを適用し，東アジア新興市場の時系列統計データを基に実証分析を行う。このことにより，1990年代半ばの国際通貨危機を境に国際資本流入の決定要素に大きな構造的変化が生じた東アジアの金融資本市場に対し，国際的な投融資事象の分析枠組みに対する新たな視点の提供を意図する。

2　理論モデルと実証分析

　本節において，まず東アジア新興市場における国際資本移動の分析フレームワークとして，小国開放経済の下での将来の予想為替レート変数を明示的に導入したカバー無し金利平価式ないしは金利裁定式を導き，それら理論式を基に「状態空間モデル」を構築する。そのうえで東アジア新興市場の時系列統計データに当該モデルを適用し，カルマンフィルター・アルゴリズムによって最尤法にて状態変数ならびに未知パラメーターを推計しつつ，得られた結果の妥当性とその含意を検討する。

1　理論式[6]

　分析の時間軸を短期と設定したことから，東アジアの国際資本移動を分析する枠組みは金融市場体系のみに焦点を当て他のマクロ経済諸量はとりあえず所与とすることができる。

　そこでまず3種類の金融資産が存在するところの n 人（$N=\{1,2,\cdots n\}$）の経済主体から構成される小国開放経済を考える。すなわち，ある経済主体 i

---

　6)　以下の説明は岡田（2009）第1章に拠る。また，金利平価式の最近の展開に関する包括的なサーベイ論文としては Engel（2013）（2015）がある。

236 第7章 東アジア新興市場への国際資本流入

($\in N$) は, 利子率 r の自国通貨建て金融資産 $A(i)$, 外生的に決定される利子率 r^* の外国通貨建て金融資産 $A^*(i)$ (外国通貨, 外国株式・債券などを一括した合成財ストック), ならびに自国通貨 $M(i)$ のポートフォリオを保有すると想定する。但し, $A(i)$ と $M(i)$ は non-tradable assets とする。したがって, $A^*(i)$ のみが貿易取引決済や投融資を目的に外国と取引され, それはまた時間を通じて経常収支ないしは資本収支の黒字によってのみ自国に蓄積されるものとする。さらに, 各金融資産市場は, 価格 (e.g. 利子率ならびに為替レート) のシグナル機能を基に取引され, (ⅰ)同質性, (ⅱ)多数性, (ⅲ)完備性, (ⅳ)自由性, の観点から完全競争市場を想定する[7]。加えて $A(i)$ と $A^*(i)$ は完全代替的, すなわちリスク・プレミアムはゼロと仮定する。かくして, 利子率や為替レートが市場から提示されるとき, 各経済主体は, 以下のような最適化行動を図るものと考える。

(1) $\max_{\{M_t(i)\}\{A_t(i)\}\{A_t^*(i)\}} : E_t[\pi_{t+1}(i)]$

$$\pi_{t+1}(i) = M_t(i) + A_t(i)(1+r_t) + E_t S_{t+1} A_t^*(i)(1+r_t^*)$$

s.t. $M_t(i) + A_t(i) + S_t A_t^*(i) \leq W_t(i)$

given $r_t, r_t^*, S_t, W_t(i)$

$\forall i \in N, \forall t \in \{1, 2, \cdots T-1\}$

ここで, $\pi_t(i)$ は t 期における経済主体 i の利潤関数, $W_t(i)$ は同じく経済主体 i の総所得額, S_t は直物名目為替レート, $E_t S_{t+1}$ は名目為替レートの次期予想値とする[8]。この経済主体 i に対する制約条件付き最大化問題を解くと

(2) $1 + r_t = \dfrac{E_t S_{t+1}}{S_t}(1 + r_t^*)$

なる主体的均衡条件式を得る[9]。さらに上述式で両辺の対数をとり, 1次までのオーダーのテイラー展開によって近似させると[10], $\ln S_t \equiv s_t$ として,

---

7) 完全競争市場の条件である(ⅰ)同質性, (ⅱ)多数性, (ⅲ)完備性, (ⅳ)自由性, に関しては岡田 (2014b) pp.36-37参照。したがって, 金融市場はこれら条件をすべて満たす市場であるゆえ, 完全競争的と言える。

8) 先物市場が完全に整備され機能している場合, 外国為替取引で"先物カバー"を採ることができるならば, その部分の名目為替レート予想値 $E_t S_{t+1}$ は $t+1$ 期を約定日とする先物為替レート $S_{t,t+1}$ に取って替わられる。

$$(3) \qquad r_t = r_t^* + (E_t s_{t+1} - s_t)$$

が得られる。この(3)式は，先物手当てをせず裸のまま「持ち」を作って為替変動リスクを負うところのアンカバー・ベースの金利平価式ないしは金利裁定式と称されるものである。もし，(3)式で左辺の方が右辺より大きければ，各経済主体にとって自国通貨建て金融資産を保有した方が外国通貨建て金融資産を保有するよりも高い収益が確保できることから，自国通貨建て金融資産の需要が高まり，他方，外国通貨建て金融資産は売却される（vice versa）。(3)式の両辺が等しい場合は，自国通貨建て金融資産と外国両通貨建て金融資産は無差別となる。

2　予想為替レート

　上述(3)式では予想為替レートの変数 $E_t s_{t+1}$ が導入されている。一般にはこれら将来の予想変数には（ⅰ）静学的予想，（ⅱ）外挿的予想，（ⅲ）適応的予想，（ⅳ）回帰的予想，（ⅴ）分布ラグ予想，（ⅵ）合理的予想，などの予想形成フォーミュラが適用される[11]。ところで，東アジアでは1997年半ばに深刻な国際通貨危機を経験したことから，たとえば，合理的予想形成に基づく金利平価式を当てはめてシンガポール，マレーシア，インドネシア，タイ，フィリピンの主要アセアン5カ国に対して1990年1月～直近までの回帰計算を行うと，以下のごとくCUSUMSQ検定[12]によりいずれもその逐次残差は5％の信頼水準区間の範囲を超えていることが分かる（第2図参照）。したがってこれら5カ国の予想形成には大きな構造変化のあったことが窺える。

　そこで本章では，こうした状況を踏まえ，以下 t 期（$t=1,2,\cdots T-1$）までに利用可能な情報に基づいて逐次的に $t+1$ 期の次期為替レート予想を形成

---

　9)　さらに，非負のラグランジュ乗数に対し制約条件との積がゼロ，という条件が(2)式に加わる。

　10)　上述(2)式で $y=\ln(1+r)$ と置いてこれをテイラー展開し，1次のオーダーまでの項を採用すると $1+r=\exp(y)\approx 1+y$ となるゆえ，$y=r$ なる近似式を得る。

　11)　岡田（2009）pp.17-18。

　12)　松浦／マッケンジー（2012）pp.127-133。合理的予想では $E_t s_{t+1}=s_{t+1}$ と考えられるから，$s_{t+1}-s_t=\alpha+\beta(r_t-r_t^*)$（$s$：自国通貨建て対米ドル名目為替レート，$r$：自国金利，$r^*$：米国金利）と置いて，この回帰式の OLS 推定量 $\hat{\alpha},\hat{\beta}$ に基づく逐次残差に対し CUSUMSQ 検定を施した。

第2図　CUSUMSQ 検定

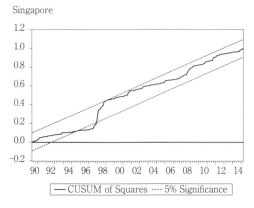

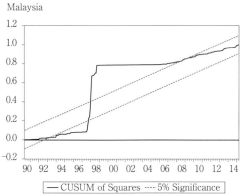

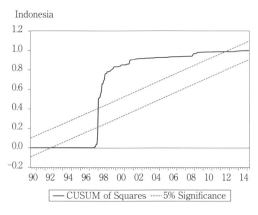

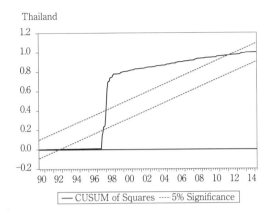

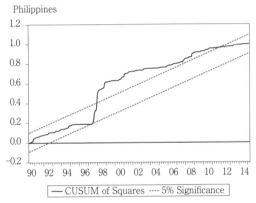

していくところのいわゆるフィルタリングの考えを応用した状態空間モデルを構築し，カルマンフィルター・アルゴリズムを適用しつつ最尤法によりモデルの状態変数と各パラメターの推計を試みる。

3 推計式[13]

先の(3)式において，自国通貨建て金融資産 $A_t(i)$ と外国通貨建て金融資産 $A_t^*(i)$ の予想利潤率に差異があるとすれば，この差異を z_t と置き，

(4) $(r_t - r_t^*) - (E_t s_{t+1} - s_t) \equiv z_t$

240　第7章　東アジア新興市場への国際資本流入

とする。したがって，予想利潤率が正（$z_t > 0$）のときは自国への資金流入を招来し，他方，予想利潤率が負（$z_t < 0$）のときは自国からの資金流出を招く。

　ところで(4)式で採用された予想為替レート $E_t s_{t+1}$ は事前には観察不可能な値であるために，事後的に観察される実現値 s_{t+1} をもってこれを予測誤差と予想為替レート変動率とに分解し，それぞれに確率的な仮定を置くことによって両者を推計する。すなわち，

(5)　　　$s_{t+1} - s_t = (s_{t+1} - E_t s_{t+1}) + (E_t s_{t+1} - s_t)$

　　　　　　　$= u_{t+1} + \xi_{t+1}$

としたとき，

(6)　　　$u_{t+1} = s_{t+1} - E_t s_{t+1}$　　　…予測誤差

　　　　　$\xi_{t+1} = E_t s_{t+1} - s_t$　　　　　…予想為替レート変動率

である。そして予測誤差 u_{t+1} は期待値ゼロ，分散 σ_u^2 で系列相関のない正規分布に従うものとし，さらに予想為替レート変動率 ξ_{t+1} は同じくホワイト・ノイズに従う1階の自己回帰過程（AR(1)）ないしはドリフト項無し（もしくはドリフト項付き）のランダムウォークのいずれかの確率過程で表せるものと仮定する。かくして，これより次のような「状態空間モデル」が得られる。

(7)　　　$s_{t+1} - s_t = \alpha + \xi_{t+1} + u_{t+1}$

　　　　　$\xi_{t+1} = \varphi \xi_t + v_{t+1}$　　（$\forall \varphi \in (0,1)$）　…自己回帰過程

　　　　　または，$\xi_{t+1} = (d+) \xi_t + v_{t+1}$　…ランダムウォーク

$$\begin{pmatrix} u_{t+1} \\ v_{t+1} \end{pmatrix} \sim i.i.d.N \left[\begin{pmatrix} 0 \\ 0 \end{pmatrix}, \begin{pmatrix} \sigma_u^2 & 0 \\ 0 & \sigma_v^2 \end{pmatrix} \right]$$

　　　　　$t = 1, 2, \cdots T - 1$

　ここで1番目の式は観測可能な変数から成る観測方程式と称されるものであり，2番目ないしは3番目の式は観測不可能な変数から成る遷移方程式あ

---

13)　以下のカバー無し金利平価式に基づく状態空間モデルの構築に関しては，Ito（2002），伊藤（2004）に依拠した。

るいは状態方程式と称されるものである。これら状態空間表現によるところの撹乱項の正規性を仮定した連立線形確率方程式体系に「カルマンフィルター」のアルゴリズムを適用し，これを最尤法によって推計すると[14]，観測されたデータから状態変数 $\{\xi_{it}\}_{t=1}^{T}$ ならびにパラメター $(\varphi, \alpha, \sigma_u^2, \sigma_v^2)$ の最尤推計量を得ることが可能となる。かくして，これら推計結果を用いれば，予想為替レート変動率の推計値を明示的に取り込んだカバー無し金利平価式を求めることができる。

4 実証分析

a 統計データ

実証分析の対象は，東アジア新興国としてシンガポール，マレーシア，インドネシア，タイ，フィリピンの主要アセアン5カ国を採る。推計期間は1990年1月から直近までとする。データは IMF の *International Financial Statistics*, CD-ROM, June 2015 を用いる。すべての統計データは月次である。データの一覧を示せば以下のごとくである。

r：自国マネーマーケット・レート（月中平均，p.a.，小数表示）もしくは3ヶ月もの債券イールド（同）

r^*：米国フェデラルファンド・レート（月中平均，p.a.，小数表示）もしくは3ヶ月ものコマーシャル・ペーパー利子率（同）

S：自国通貨建て対米ドル名目直物為替レート（月中平均）

これら各統計データに対し，為替レート S の1階の対数階差ならびに内外金利差 $r-r^*$ の1階の階差をとって拡張 Dickey-Fuller 単位根検定を施すと，第1表のようにすべて1％の有意水準で定常時系列変数 $I(1)$ であること

---

14) 「状態空間モデル」ならびに「カルマンフィルター」に関しては，谷崎（1993）（2007），Durbin/Koopman（2012）Part Ⅰ, Hamilton（1994）Chap.13, Harvey（1989），Koopman et al.（1998）（2003）を参照。また，線形確率システムの状態空間表現と，「直交射影の定理」を応用した最小分散推定の理論とを組み合わせた説明に関しては，Luenberger（1969）Chap.4 を参照。

242　第7章　東アジア新興市場への国際資本流入

第1表　ADF 単位根検定

	為替レート	金利差
シンガポール	-12.80536***	-16.81513***
マレーシア	-13.12782***	-8.285385***
インドネシア	-13.32205***	-15.42772***
タイ	-11.93522***	-20.79731***
フィリピン	-11.32033***	-10.32239***

***：1％有意水準，**：5％有意水準，*：10％有意水準

が確認される。

b　計算結果[15]

　シンガポール，マレーシア，インドネシア，タイ，フィリピン各国のカルマンフィルターに基づく観測方程式・状態方程式の推計結果をまとめると第2表〜第6表のごとくである[16]。また，上述状態方程式から導かれる予想為替レート変動率と実際の事後的な為替レート変動率とを重ね合わせて図示すると第3図のごとくである。状態方程式は各統計量から判断してドリフト項無しのランダムウォークに従う確率過程を採用したが，その説明力は，表のSV1欄における final state 推計値の P 値で表示されるように，シンガポールが1％水準で有意であるのを除くと他の国々は余り芳しくない。一般にカルマンフィルターに基づく推計は，事前情報のみで将来の予想為替レート変動を得ることであり，したがって予測値がどの程度当たったかはずれたかと

---

15)　本章では，カルマンフィルターに基づく最尤推計プログラムとして Quantitative Micro Software 社のパッケージソフト EViews 8 を用いた。

16)　観測方程式において，定数に関する最尤推計量が各国とも有意でないため，これを方程式のスペックから落とした。また，3ヶ月もの債券イールド・同コマーシャル・ペーパー利子率を基にした内外金利差では，マネーマーケットによる金利差に比べて各推計値の統計量が押し並べて劣るため，本計算では後者のマネーマーケットによる金利差の方を採用した。さらに本推計結果において，パラメータ推定値の z 値が大きく，且つ状態方程式の誤差項分散が小さいことから，初期条件の与え方に関して改善の余地があると言える（補論参照）。

2 理論モデルと実証分析　*243*

第2表　シンガポール

Sspace: Singapore Method: Maximum likelihood Sample: 1990M01 2015M03 Included observations: 303 Valid observations: 302 Convergence achieved after 1 iteration				
Obsevation eq.: s = sv1*d(r(-1)) + [var = exp(c(1))] State eq.: sv1 = sv1(-1) + [var = exp(-10)]				
	Coefficient	Std. Error	z-Statistic	Prob.
C(1)	-8.633691	0.058272	-148.1622	0
	Final State	Root MSE	z-Statistic	Prob.
SV1	0.52835	0.20301	2.602577	0.0093
Log likelihood	867.05	Akaike info criterion		-5.73543
Parameters	1	Schwarz criterion		-5.723144
Diffuse priors	1	Hannan-Quinn criter.		-5.730514

第3表　マレーシア

Sspace: Malaysia Method: Maximum likelihood Sample: 1990M01 2015M03 Included observations: 303 Valid observations: 302 Convergence achieved after 1 iteration				
Obsevation eq.: s = sv1*d(r(-1)) + [var = exp(c(1))] State eq.: sv1 = sv1(-1) + [var = exp(-12)]				
	Coefficient	Std. Error	z-Statistic	Prob.
C(1)	-7.748838	0.023281	-332.8399	0
	Final State	Root MSE	z-Statistic	Prob.
SV1	-0.203541	0.192117	-1.059466	0.2894
Log likelihood	733.4794	Akaike info criterion		-4.850857
Parameters	1	Schwarz criterion		-4.838571
Diffuse priors	1	Hannan-Quinn criter.		-4.845941

いうような精度それ自体を問題視するのではないとされている[17]。およそ事後的に定まった為替レート水準には，ノイズによる乱高下，外的ショックへの過剰反応，攻撃的為替投機，バブル（ファンダメンタルズとは無関係な為替レートの一方的・累積的な変動），ペソ問題（ファンダメンタルズないしは政策

---

17)　伊藤（2004）p.121。

244　第7章　東アジア新興市場への国際資本流入

第4表　インドネシア

Sspace: Indonesia
Method: Maximum likelihood
Sample: 1990M01 2015M03
Included observations: 303
Valid observations: 302
Convergence achieved after 1 iteration

Obsevation eq.: s = sv1*d(r(-1)) + [var = exp(c(1))]
State eq.: sv1 = sv1(-1) + [var = exp(-12)]

	Coefficient	Std. Error	z-Statistic	Prob.
C(1)	−5.530471	0.016044	−344.7059	0
	Final State	Root MSE	z-Statistic	Prob.
SV1	0.078373	0.087045	0.900372	0.3679

Log likelihood	397.6393	Akaike info criterion	−2.62675
Parameters	1	Schwarz criterion	−2.614464
Diffuse priors	1	Hannan-Quinn criter.	−2.621834

第5表　タイ

Sspace: Thailand
Method: Maximum likelihood
Sample: 1990M01 2015M03
Included observations: 303
Valid observations: 302
Convergence achieved after 1 iteration

Obsevation eq.: s = sv1*d(r(-1)) + [var = exp(c(1))]
State eq.: sv1 = sv1(-1) + [var = exp(-12)]

	Coefficient	Std. Error	z-Statistic	Prob.
C(1)	−7.367403	0.023824	−309.247	0
	Final State	Root MSE	z-Statistic	Prob.
SV1	0.097846	0.10229	0.956556	0.3388

Log likelihood	675.1861	Akaike info criterion	−4.464809
Parameters	1	Schwarz criterion	−4.452522
Diffuse priors	1	Hannan-Quinn criter.	−4.459893

レジームの変化の予想に基づき為替レートが変動する現象で，予想が実現しないと大きな乖離が生ずる），突発的な国際通貨危機など，大変動が含まれる。当然のことながら，事前情報のみでこれら大変動を予測するのは困難なのである。したがってこの図から確認されるごとく，シンガポールのケースでも，推計された状態方程式から導かれた予想為替レート変動率は，事後的に定まった大きな為替レート変動率を高精度で予測するものとは必ずしもなってい

3 結 び　*245*

第6表　フィリピン

Sspace: Philippines
Method: Maximum likelihood
Sample: 1990M01 2015M03
Included observations: 303
Valid observations: 302
Convergence achieved after 4 iterations

Observation eq..: $s = sv1*d(r(-1)) + [var = exp(c(1))]$
State eq.: $sv1 = sv1(-1) + [var = exp(-12)]$

	Coefficient	Std. Error	z-Statistic	Prob.
C(1)	-7.761237	0.03495	-222.0671	0
	Final State	Root MSE	z-Statistic	Prob.
SV1	-0.05867	0.051304	-1.143558	0.2528
Log likelihood	733.5447	Akaike info criterion		-4.85129
Parameters	1	Schwarz criterion		-4.839004
Diffuse priors	1	Hannan-Quinn criter.		-4.846374

ない。

　他方，観測方程式に関しては各国とも各パラメーターの推計値が1％水準で有意となっている。

3　結　び

　東アジア新興市場は1980年代半ば以降高成長を遂げた。これを支える旺盛な資金需要に対しては，国内の貯蓄のみならず金融の自由化や為替管理の規制緩和・開放化を通して積極的な外国資本の導入に頼った。しかして，新興経済にありがちな金融資本市場の構造的未成熟性ゆえ，時には "1990年代の原子爆弾"[18]と称されるごとく深刻なダメージをもたらす国際通貨危機に遭遇することもあった。それゆえ，こうした東アジア新興市場への国際資本流入動向を分析し，安定した資金導入を促進する方策を検討する必要性・重要性が近年頓に高まりつつある。

　そこで本章において，まず将来の予想為替レート変数を明示的に取り入れた小国開放経済下でのカバー無し金利平価式を定式化した。ついでこれら予

---

18)　Altman (1998) p.34.

第3図　予想為替レートと実際値

シンガポール

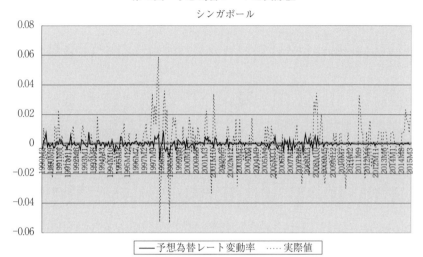

マレーシア

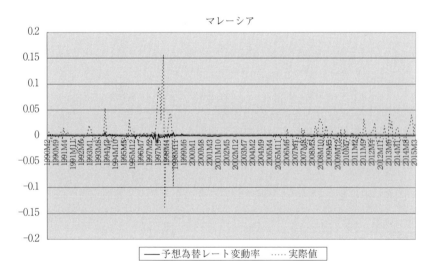

3 結 び　247

インドネシア

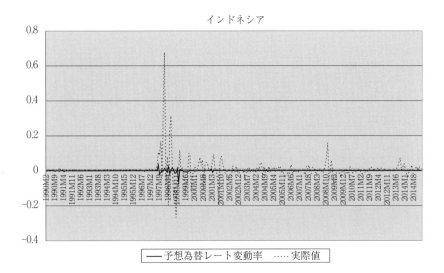

タイ

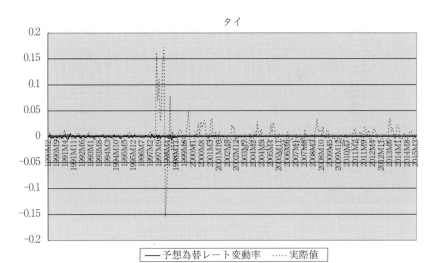

248　第7章　東アジア新興市場への国際資本流入

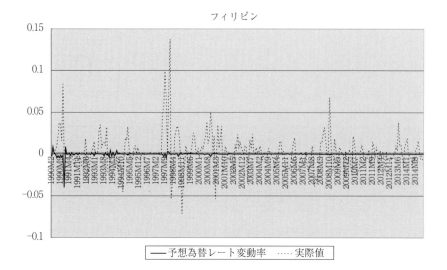

想利潤関数を基に，状態空間表現によるところの撹乱項の正規性を仮定した線形確率システム（i.e. 観察方程式と状態方程式）を導いた。さらにこの状態空間モデルを主要アセアン5カ国（シンガポール，マレーシア，インドネシア，タイ，フィリピン）の時系列統計データ（1990年1月～直近，月次）に適用してカルマンフィルター・アルゴリズムに最尤法を組み合わせた推計方法により，未知の状態変数ならびに各パラメターの最良推計値を求めた。こうした手続きにより，従来の機械的な予想形成（e.g. 外挿的，適応的，回帰的，分布ラグ等）とは異なるところのいわば事前情報のみに依存した一定の確率過程に従う予想為替レート変動率——現時点では観測不可能ゆえ事前情報のみによる逐次的予測変数——を組み入れた新たな分析枠組みの構築とそれによる統計的計算を行った。その結果，予測精度それ自体は劣るものの，事前情報のみで将来の為替レート変動を予想する状態空間モデルの"第一次接近"として概ね妥当な推計値が得られた。

東アジア新興国では，1990年代半ばの国際通貨危機を境に国際資本流入を決定する予想利潤率関数のスペックやパラメターに大きな構造的変化が生

じた（e.g. CUSUMSQ 検定）。したがって，本章で展開したような新たな視点から分析枠組みを磨き上げる作業は，今後の国際資本移動動向を議論する上で益々その重要性を増してくるであろう。

補論　カルマンフィルタリング

本補論において，国際資本移動分析を目的とする状態空間モデルに対し本章で適用したカルマンフィルター・アルゴリズムの概要を示す。

1 カルマンフィルター・アルゴリズム

まず，状態空間モデルを確率線形式の連立体系で

$$y_t = z_t \Gamma_t + u_t \qquad \cdots 観測方程式$$

$$\Gamma_t = \Phi \Gamma_{t-1} + \Psi_t \qquad \cdots 状態方程式$$

但し，$\Gamma_t = (\alpha_t, \beta_{1t}, \cdots \beta_{kt})'$，$z_t = (1, x_{1t}, \cdots x_{kt})$，$\Psi_t = (\eta_t, \varepsilon_{1t}, \cdots \varepsilon_{kt})'$，

$\Phi_t = (\phi_2, \phi_{11}, \cdots \phi_{1k})'$

$E[u_t] = 0$，$E[\Psi_t] = (0, 0)'$，

$$V[u_t] = H_t = H \equiv \begin{bmatrix} \sigma_u^2 & & 0 \\ & \ddots & \\ 0 & & \sigma_u^2 \end{bmatrix}$$

$$V[\Psi_t] = \begin{bmatrix} R_t & 0 \\ 0 & Q_t \end{bmatrix}, \quad R_t = R \equiv \begin{bmatrix} \sigma_\eta^2 & & 0 \\ & \ddots & \\ 0 & & \sigma_\eta^2 \end{bmatrix}, \quad Q_t = Q \equiv \begin{bmatrix} \sigma_{\varepsilon_1}^2 & & 0 \\ & \ddots & \\ 0 & & \sigma_{\varepsilon_k}^2 \end{bmatrix}$$

と設定する。ここで，y_t の予測誤差を $v_t = y_t - \hat{y}_t = y_t - z_t \hat{\Gamma}_{t|t-1}$ と置く。ただし，$\hat{\Gamma}_{t|t-1}$ は $t-1$ 期までの事前情報による t 期の状態変数推計量とする。さらに $Y_s = \{y_s, y_{s-1}, \cdots y_0\}$ として，$E[\Gamma_t | Y_t] = a_{t|t}$，$V[a_t | Y_t] = \Sigma_{t|t}$ とそれぞれ置くと，撹乱項の正規性の仮定の下で，以下のような最良フィルタリング推計量 $a_{t|t}$ を求め得るアルゴリズムが得られる[19]。

$$a_{t|t-1} = \Phi a_{t-1|t-1}$$

$$\Sigma_{t|t-1} = \Phi \Sigma_{t-1|t-1} \Phi' + (R \quad Q)'$$

250　第7章　東アジア新興市場への国際資本流入

$$y_{t|t-1} = z_t a_{t|t-1}$$
$$F_{t|t-1} = z_t \Sigma_{t|t-1} z'_t + H$$
$$K_t = \Sigma_{t|t-1} z'_t F_{t|t-1}^{-1}$$
$$a_{t|t} = a_{t|t-1} + K_t v_t$$
$$\Sigma_{t|t} = \Sigma_{t|t-1} - K_t F_{t|t-1} K'_t$$

これら計算式に初期条件 $a_{0|0} = a_0$，$\Sigma_{0|0} = \Sigma_0$ ならびに Φ, $(R\ Q)$, H, データベクトル z_t を各々与えれば，$t = 1,2,\cdots T$ で逐次計算が可能となる。上述式で $F_{t|t-1}$ は $y_{t|t-1}$ に関する予測誤差の共分散行列を表しており，したがって，K_t は $y_{t|t-1}$ の予測誤差 v_t とフィルタリング推計値 $a_{t|t}$ との共分散がゼロという条件を満たしている（↔ カルマンゲイン）。共分散がゼロであれば両者は直交するから，ここで直交射影定理[20]を用いることにより，$a_{t|t}$ の最小分散推定量を求めることができる[21]。かくしてカルマンフィルター・アルゴリズムとは，そのような最良線形推計量を逐次的（$t = 1,2,\cdots T$）に計算するものである。

　加えてこれら観測・状態方程式に含まれる未知パラメーターに対しては，最尤法等で推計され得る。

2　初期条件

　こうしたカルマンフィルター・アルゴリズムを実際に計算する場合，最も難しいのはパラメーターの初期値の与え方であるとされる[22]。これらが不適切

---

19)　谷崎（1993）（2007），Durbin/Koopman（2012）Part Ⅰ，Hamilton（1994）Chap.13，Koopman et al.（1998）（2003）．

20)　直交射影定理：
　　　R をユークリッド空間とし，$\|\bullet\|$ をユークリッド・ノルムとする。このとき，$\forall x \in R$ に対し，ある一意的なベクトル $m_0 \in M \subset R$ が存在して，
　　　$\|x - m_0\| \leq \|x - m\|$ for $\forall m \in M$
　　　になるための必要十分条件は，ベクトル $x - m_0$ が M と直交することである（Luenberger（1969）pp.49-52）。
　　　すなわち，ベクトル $x - m_0$ が M と直交していれば，ベクトル $x - m_0$ のノルムはすべてのベクトル $x - m$（$\forall m \in M$）のなかで"最小"となっている。

21)　Luenberger（1969）Chap.4．

22)　森平爽一郎（2015）「カルマンフィルターのファイナンスへの応用」第2回 Stata ユーザ会配布資料 pp.46-49。

であると，

（ⅰ）　状態変数やパラメターの推定値が有意でない，

（ⅱ）　各推定値の標準誤差が極めて小さくなり，したがって z 値が 500
とか 1000 とかのオーダーとなる，

（ⅲ）　観測方程式や状態方程式の確率誤差に関し，その共分散行列が
$V[u_t] \approx 0$，$V[\Psi_t] \approx [0]$ となる，

（ⅳ）　尤度関数が収束しない，

などがしばしば生ずる。本計算では，初期条件として Koopman/Shephard/
Doornik（1998）に倣って（i.e. diffuse priors）$a_0=0$，$\Sigma_0=kI$（$k=10^6$）とし
たほか，他のパラメターの初期値に関しては，上述（ⅰ）〜（ⅳ）に留意しつつ
繰り返し計算を行うことによって最大尤度を与える値を採用した。

第8章　ユーロ圏と最適政策スキーム

1　はじめに

1　ユーロ危機[1]

2016年6月，イギリスは国民投票により欧州連合（EU）からの離脱を決めた。「英なきEU」の再構築が今やイギリスを除く欧州27カ国の今後の最重要問題となった。加えて，欧州にとり，様々な問題を抱えるユーロ圏に対して制度改革を成功させ構造的脆弱さを克服することもまた喫緊の政策課題である。欧州にとって二重の試練の克服と言える。

ところで，2010年春，ユーロ圏は金融危機に陥った。ギリシャの財政問題が発端であった。20世紀末に発足したユーロ圏に遅れること2年して参加したギリシャでは，公共部門の肥大化，税金の低捕捉率，公務員の高賃金・年金優遇などにより大幅財政赤字を記録した[2]。こうしたギリシャの国家債務残高増は，政府による粉飾操作の疑念も加わって債務不履行（デフォルト）懸念を惹き起こし，南欧他国へ危機（i.e. ソブリン・リスク）を波及させた。

20世紀に二度にわたる世界大戦を経験した欧州にとって，政治的・経済的統合は悲願であった。1970年に欧州共同体（EC）がウェルナー報告をまとめ，経済通貨同盟（EMU）の段階的実現を展望した。そして，1989年に

---

1)　以下，ユーロ危機の経緯に関する議論は岡田（2014a）第6章を踏襲する。

2)　2009年におけるギリシャの財政赤字比率は15.4%に達していた（岩田（2011）p.16）。ユーロ圏参加のための収斂4条件の一つである「財政ポジションの健全化：財政赤字がGDPの3%以内であり，また政府債務残高がGDPの60%以内であること」からすれば，財政赤字比率が約5倍という数字はかなり大きい。

は「ドロール委員会報告」によって経済通貨同盟形成の三段階論（i.e. 政策協調，中央銀行創設，統一通貨の流通）が提唱された。さらに 1993 年のマーストリヒト条約により 1999 年 1 月からは共通通貨「ユーロ」が導入され，ここにユーロ圏が誕生した。2000 年代に入ると，ユーロは揺籃期から国際通貨としての定着期を経て，2004 年秋に始まる EU の中・東欧諸国への東方拡大もあり，米ドルに匹敵する双極的地位を獲得した。しかしながら，2009 年秋には上述したごとくギリシャの財政赤字問題が顕現し，その支援策を巡ってユーロ圏各国の利害対立が顕著となった。その結果，同様の財政赤字を抱えるアイルランド，ポルトガルに対しても国債の債務不履行危機が波及した。それゆえ，そうした国々の国債を保有する EU 全域の銀行に対するシステミック・リスクが高まり，資金調達困難・貸し渋りが発生して銀行経営不安を生んだ。2011 年にはスペイン，イタリアに対し信用不安・流動性懸念が広がり，政府それ自身が妥当な利率によって市場から資金を調達することが困難となった。かくして，欧州金融資本市場は縮小し，加えてギリシャのユーロ圏からの離脱懸念など，ユーロ圏の存立そのものが問われる事態に陥った。

こうしたユーロ・"パニック"も関係者間の各種対応策が功を奏して 2012 年秋にはとりあえず沈静化の方向に向かった。しかしながら，その後の「ポスト・ユーロ危機」では不況，デフレーション，中核国・周縁国問題など新たな"慢性型"の危機に陥っている。そして，これら問題点の要因究明と，その結果に基づくユーロ圏に対する多様な制度改革の検討が始まっている[3]。

2 問題の所在

これら一連の金融危機の過程で，発生因の一つとしてユーロ圏の制度設計不備にあることが明らかとなった[4]。すなわち，ユーロ圏＝欧州経済通貨同盟（EMU）は，当初の理念型として水平型同盟であった。しかしながら，

---

3) 例えば，河村（2015），田中（素）（2016），田中（素）他（2014），Giddens（2013）を参照。

4) 以下ユーロ圏制度設計の不備に関する議論は，田中（素）（2002）（2010）（2016）に拠る。

254　第8章　ユーロ圏と最適政策スキーム

やがては現実的要請から垂直型同盟へと転換せざるを得なくなった。当初企図された案は，理論的背景としての「最適通貨圏」[5]の議論もあり，同質的な先進国同士の通貨同盟という性格のものであった。だが，経済のグローバル化の進展とともに通貨圏のエリア拡大が要請された。ただしユーロ圏参加に際しては，物価，為替，財政ポジション，金利に関する厳しい事前審査，すなわち「収斂4条件」がある。にもかかわらず，現実にはその後経済パフォーマンスの相対的に劣る南欧諸国も参加した。また，加盟後も「安定と成長の協定（SGP）」（1997年6月採択）によるペナルティ付きの財政規律遵守ルールがあるものの，各種事例が示すように，この基本規定は必ずしも的確には運用されなかった[6]。したがって域内の経済格差は解消できず，ユーロ圏に不均一な要素が残存した。こうした状況に対し，「通貨は一つ，財政はバラバラ」なる制度的欠陥も災いした。単一市場，共通通貨，欧州中央銀行[7]によって構築された制度は，通常，国家と類似の構造を有するが[8]，財政は一元化・集権化されず各国の主権に委ねられた。それゆえ，リージョナル・インバランス問題ないしは中核国・周縁国問題の発生は不可避であった。例えば，企業，技術，情報，高質労働力・資本，金融などが集積する中核国では，高い技術水準により貿易部門の生産性を高めることで所謂バラッサ・サミュエルソン効果[9]が働き，さらに相対的に低いインフレ率も幸いして，実質実効為替レートや実効交易条件で示されるごとく，増価圧力が高まった。だが，一元的・集権的に運営される中央銀行制度や単一市場・共通通貨によって中核国は本来の通貨価値よりも安い水準を確保し得たことから，

---

5)　Kenen（1969），McKinnon（1963），Mundell（1961）．

6)　田中（素）（2010）pp.93-96。

7)　ユーロ中央銀行制度（Eurosystem）は，上部機関である欧州中央銀行（European Central Bank; ECB）と下部機関のユーロ圏加盟各国中央銀行（National Central Banks; NCBs）から構成され，ECBが"通貨価値の安定"を最優先課題として政策金利その他の決定を行うとともにNCBsがそれら決定事項を実行する。また，ECBはNCBsとともに唯一の法定通貨たるユーロを発行する（欧州中央銀行ウェブサイト：www.ecb.europa.eu）。したがって，ECBは，個別国々における各中央銀行の目的，役割，機能，組織，金融政策内容とその決定機構などに照らしてほぼ同一のものと言える。

8)　田中（俊）（1998）第3章。

9)　岡田（2014a）p.226注10）。

域内・域外への輸出は拡大し経済繁栄を享受した。他方，周縁国は逆に高失業，低賃金，経済停滞に悩まされ，また通信，運輸，教育など社会的インフラも相対的に貧弱であった。それゆえ，国家であればそうした場合，一般的には財政による「富の再配分機能」を活用して経済の格差是正をはかるという方策が採られる。だが，ユーロ圏のような分権的な財政制度では，効果的な財政資金のトランスファー・システムがビルトインされ得なかったことから，各国の利害・得失が衝突して財政による富の再配分機能は必ずしも有効には働かなかった。

　かくして，財政による集権的・一元的な富の再配分機能を欠くユーロ圏は，とりわけリーマン・ショックが顕現して以降，深刻なリージョナル・インバランス問題ないしは中核国・周縁国問題に悩まされることとなった[10]。

3　本章のねらい

　本章では，このような制度的脆弱さを有するユーロ圏（＝共通通貨同盟）に対し，有効な経済政策スキームを検討する。

　まず，共通通貨同盟に属する国々の経済活動を描写すべく，開放経済動学的一般均衡モデルの一類型を分析の枠組みとして構築する。ついで「財政による富の移転機能」が体系に明示的に組み込まれたとき，すなわち，"通貨は一つ，財政はバラバラ"なる制度から"通貨は一つ，財政も一つ"に制度転換したとき，通貨同盟の全体的な経済厚生がどう高まるかに関してそれら枠組みのもとで思考実験を行う。かくして共通通貨同盟における集権的・一元的な財政政策運営の重要性を，直感・主観や印象論を排し普遍性・一般性をもって厳密に論証する。

---

10)　田中（素）によれば，ユーロ圏では少なくともリーマン・ショックが顕現する以前の2000年代は民間資金が財政資金の移転に代替し，深刻な中核国・周縁国問題が生じなかったとしている（田中（素）（2010）pp.200-202）。

256　第8章　ユーロ圏と最適政策スキーム

2　理論モデル

1　モデルの素描

　本節において，欧州におけるユーロ圏のような一つの共通通貨同盟（common currency union; CCU）としての開放マクロ経済体制を想定する。そして，これら通貨同盟は，実直線上の単位閉区間 $I=[0,1]\subset R^1$ に連続的に分布する小国経済の集合体と考える。さらにこれら集合体は次のような二つのグループに分類される。すなわち，経済成長率や所得水準が高く，且つ経済の基礎的条件や経済パフォーマンスに優れた上位国グループ $I'=[0,n]$ と，ファンダメンタルズや活動成果が劣る下位国グループ $I''=(n,1]$ である。加えてこれら集合体の内と外との経済取引を便宜的に捨象し，また，各国経済主体の選好・技術や各市場構造は同形的と仮定する。

　通貨同盟に属する各国は企業，家計，政府・通貨当局の3部門から構成されるものとする。各国企業は生産要素である労働を雇用して財サービスを生産し，自国ならびに自国以外の同盟内各国（i.e. 外国）に販売・輸出する。他方，各国家計は労働を自国企業に提供して賃金を受け取るとともに，個人所得税（一括人頭税）を差し引いたそれら可処分所得を対価に自国・外国の財サービスを購入・消費する。さらに消費支出を上回る余剰可処分所得に対しては，期をまたがる価値保蔵手段としての共通通貨建て利付き国債の購入・保有に充てる。他方，消費支出に対して収入が不足する場合は政府より移転所得の給付を受ける。

　国内の財サービス市場ならびに労働市場は各々完全競争的で，伸縮的な財サービス価格や賃金率のシグナル機能を基にそれぞれ需給が調整され，一物一価の市場均衡が達成される。他方，財サービスの国境をまたがる通貨同盟内取引に関しては関税や保険，運賃などの取引コストを考慮し，各国の共通通貨建て表示財サービス価格比率で定義された交易条件が随伴するものと考える。

　これら小国開放経済の枠組みの下で，各家計は，合理的予想形成に基づき，生涯所得の現在価値額を制約条件式として将来に亘る効用の現在価値評

価額を最大化する。また各企業は，それぞれの生産関数を制約条件として，各期の利潤最大化をはかる。かくして，それら各部門の経済主体の主体的均衡によって一意的に定まった通貨同盟内の各国ないしは同盟全体における財サービス需給量，労働需給量が，それぞれのローカルもしくはグローバルな市場でクリアーされ今期の市場均衡が達成される。

　最後に，通貨同盟は単一の中央銀行を持ち，各国に共通した名目利子率を主要政策変数としてそれら水準をコントロールしつつ通貨同盟全体の経済厚生最大化という政策目標を追求する。

　以下，これら共通通貨同盟に関する小国開放経済動学的一般均衡モデルのスケッチをさらに厳密に定式化してみよう[11]。ただし，t時点（$\forall t \in T = [0, \infty) \subset R^1$）で通貨同盟に属する自国を$i$，他の同盟各国を$j$とし，それぞれ1次元実空間$R^1$の単位閉区間に連続的に分布すると仮定する（$\forall i, j \in [0,1] \subset R^1$）[12]。

2 家　計

a 選　好

　通貨同盟に属するi国の代表的家計は，次のような無限時点に亘る効用を$t = 0$時点での現在価値で評価した効用関数を持つものとする。ただし他の同盟各国における代表的家計も同形的な選好を有すると仮定する。

$$(1) \qquad U_0(i) = \int_0^\infty \exp(-\rho t) u_t(i) dt$$

$$u_t(i) = \frac{(C_t(i))^{1-\theta}}{1-\theta} - \frac{(N_t(i))^{1+\nu}}{1+\nu}$$

---

11)　本節で展開した理論モデルの構築にあたっては，Gali/Monacelli（2005）（2008），Kaplan/Moll/Violante（2016）に依拠した。その他，Romer（2012）Chap.2，Végh（2013）を参照した。

12)　以下，t時点（$\forall t \in T = [0, \infty) \subset R^1$）に対し，$i, j$（$\in [0,1] \subset R^1$）を引数とする全ての経済変数（e.g. F）は，実空間上の開集合Tならびに単位閉集合上で定義された連続な実関数，すなわち

　　$F : R^3 \rightarrow R^1$ & $F \in C^1(T \times \{[0,1] \times [0,1]\})$

とする。したがって，全ての経済変数に関し，定義域の上で通常の微分・積分の値が求められる。

258　第8章　ユーロ圏と最適政策スキーム

　　　　　ただし　$\rho(\in(0,1))$：時間的割引率

　　　　　　　　$\theta,\nu(>0)$：定数

　ここで i 国の代表的家計による輸入財サービス消費指標 $C_{Ft}(i)$ を，次のような Dixit=Stiglitz 型集計指標[13]で定義する。すなわち，

$$(2) \qquad C_{Ft}(i)=\left[\int_0^1 C_{Ft}(i,j)^{\frac{\xi-1}{\xi}}dj\right]^{\frac{\xi}{\xi-1}}$$

とする。ただし $C_{Ft}(i,j)$ は通貨同盟の j 国で生産され i 国に輸入された個別財サービス消費指標を表し，また $\xi(>1)$ は各国財サービス需要に対する価格の代替弾力性を表す。したがって，経済の開放度 $\alpha(\in(0,1))$ を財サービスの全消費量に占める輸入財サービスの比率で定義すれば，i 国の代表的家計による財サービス消費指標 $C_t(i)$ は，$C_{Ht}(i)$ を自国財サービス消費指標とし，自国と外国の財サービスにおける価格の代替弾力性を $\eta(>1)$ として，

$$(3) \qquad C_t(i)=\left[(1-\alpha)^{\frac{1}{\eta}}(C_{Ht}(i))^{\frac{\eta-1}{\eta}}+\alpha^{\frac{1}{\eta}}(C_{Ft}(i))^{\frac{\eta-1}{\eta}}\right]^{\frac{\eta}{\eta-1}}$$

で表される。さらに $\eta\to1$ とすれば，"ロピタルの定理" を用いて(3)式の消費指標は，コブ=ダグラス型の

$$(3a) \qquad C_t(i)=\frac{(C_{Ht}(i))^{1-\alpha}(C_{Ft}(i))^{\alpha}}{(1-\alpha)^{1-\alpha}\alpha^{\alpha}}$$

というフォーミュラーをとる[14]。また，上述 $N_t(i)$ は代表的家計の労働供給時間を表し，さらに θ は異時点間の消費代替弾力性の逆数を，ν は異時点間労働供給の代替弾力性の逆数をそれぞれ表す。

　これら(2)式・(3)式・(3a)式に対応した各価格指標は，

$$(4) \qquad P_{Ft}(i)=\left[\int_0^1 P_{Ft}(i,j)^{1-\xi}dj\right]^{\frac{1}{1-\xi}}$$

---

13)　Dixt/Stigliz (1977).
14)　西村（1990）pp.197-198。

(5) $\qquad P_t(i) = [(1-\alpha)(P_{Ht}(i))^{1-\eta} + \alpha(P_{Ft}(i))^{1-\eta}]^{\frac{1}{1-\eta}}$

(5a) $\qquad P_t(i) = (P_{Ht}(i))^{1-\alpha}(P_{Ft}(i))^{\alpha} \qquad (\eta \to 1)$

で表される[15]。ただし，$P_{Ht}(i)$ は i 国の共通通貨建て表示による自国財サービス価格指数を，$P_{Ft}(i,j)$ は i 国による j 国からの共通通貨建て表示輸入財サービス価格指数を，$P_t(i)$ は i 国の総合的財サービス物価指数をそれぞれ示している。自国内財サービス市場に関しては完全競争的ゆえ，一物一価の均衡市場価格が達成されるが，他方，国境をまたがる通貨同盟内の取引に関しては関税や保険，運賃などの取引コストを考慮し，各国の共通通貨建て財サービス価格比率で定義された交易条件が随伴すると考える。

b 予算制約式

i 国の代表的家計における予算制約式を，通貨同盟の中央銀行が設定する名目金利水準 R_t で割り引いた現在価値表示で

(6) $\qquad \displaystyle\int_0^\infty \exp\left(-\int_0^t R_s ds\right) P_t(i) C_t(i) dt$

$$\leq \int_0^\infty \exp\left(-\int_0^t R_s ds\right) \{W_t(i) N_t(i) + G_t(i)\} dt + B_0(i)$$

として表す。ここで総合的財サービス物価指数 $P_t(i)$ は(5)式から，財サービス消費指標 $C_t(i)$ は(3)式からそれぞれ決まるものである。さらに $G_t(i)$ は代表的家計の支払う名目個人税（一括人頭税）ならびに自国政府の発行する共通通貨建て利付国債の購入・保有額ないしは自国政府からの名目移転所得給付額とする。また $B_0(i)$ は代表的家計におけるこれら国債の初期保有額を表す。$W_t(i)$ は企業から i 国の代表的家計に支払われる時間当たり名目賃金率である。

c 個別財需要

次に i 国の代表的家計は，t 時点での自国・外国の個別財サービス消費需

---

15) 岡田（2016）。

要を，名目総支出額一定の下でそれら個別財サービス消費の総実質量を最大にするようにそれぞれ決めるものとすれば，$I_t(i)(\equiv I_{Ht}(i)+I_{Ft}(i))$と$I_{Ft}(i)$をそれぞれ全財サービス（≡自国＋外国）および外国財サービスに対する一定の名目総支出額として，

(7) $\max_{(C_{Ht}(i))} : C_t(i)=\left[(1-\alpha)^{\frac{1}{\eta}}(C_{Ht}(i))^{\frac{\eta-1}{\eta}}+\alpha^{\frac{1}{\eta}}(C_{Ft}(i))^{\frac{\eta-1}{\eta}}\right]^{\frac{\eta}{\eta-1}}$

s.t. $[(1-\alpha)(P_{Ht}(i))^{1-\eta}+\alpha(P_{Ft}(i))^{1-\eta}]^{\frac{1}{1-\eta}}C_t(i)\leq I_t(i)$

given $P_{Ht}(i),P_{Ft}(i),I_t(i)$

ならびに

(8) $\max_{(C_{Ft}(i,j))} : C_{Ft}(i)=\left[\int_0^1 C_{Ft}(i,j)^{\frac{\xi-1}{\xi}}dj\right]^{\frac{\xi}{\xi-1}}$

s.t. $\int_0^1 P_{Ft}(i,j)C_{Ft}(i,j)dj\leq I_{Ft}(i)$

given $P_{Ft}(i,j),I_{Ft}(i)$

を同時に解くことで得られる。したがって，

(9) $C_{Ht}(i)=\left(\frac{1-a}{a}\right)\left(\frac{P_{Ht}(i)}{P_{Ft}(i)}\right)^{-\eta}C_{Ft}(i)$

$C_{Ft}(i,j)=\left(\frac{P_{Ft}(i,j)}{P_{Ft}(i)}\right)^{-\xi}C_{Ft}(i)$

となる[16]。

d 主体的均衡

i国の代表的家計は，財サービス価格，名目利子率，名目賃金率，個人税，国債購入保有額（または移転所得給付額）が所与のとき，予算制約式の下，合理的予想形成に基づきつつ将来に亘る期待効用の現在価値を最大とするように消費需要量および労働供給量をそれぞれ決めるものとする。したが

---

16) ibid. i国の国内財サービス価格 $P_{Ht}(i)$ は財サービス市場が完全競争的であるゆえこれら（均衡）価格は市場参加者にとって同一となるが，j国からの共通通貨建て表示輸入財サービス価格指数 $P_{Ft}(i,j)$ は，関税や保険，運賃などの取引コストを加味して各国ごとに異なる。したがって，$P_{Ht}(i)\neq P_{Ft}(i,j)\neq P_{Ft}(i)$ となるから，(9)式の条件が必要となってくる。

って，家計の最適化行動は，

(10)　　$\max_{\{C_t\}\{N_t\}} : U_0(i) = \int_0^\infty \exp(-\rho t) u_t(i) dt$

$u_t(i) = \dfrac{(C_t(i))^{1-\theta}}{1-\theta} - \dfrac{(N_t(i))^{1+\nu}}{1+\nu}$

s.t. $\int_0^\infty \exp(-\int_0^t R_s ds) P_t(i) C_t(i) dt$

$\leq \int_0^\infty \exp(-\int_0^t R_s ds)\{W_t(i) N_t(i) + G_t(i)\} dt + B_0(i)$

given $P_t(i), B_0(i), R_s, W_t(i), G_t(i)$

なる制約条件付き最大化問題を解くことで得られる。そこで，動学的ラグランジュ方程式として，

(11)　　$\mathcal{L} = \int_0^\infty \exp(-\rho t)(\dfrac{(C_t(i))^{1-\theta}}{1-\theta} - \dfrac{(N_t(i))^{1+\nu}}{1+\nu}) dt$

$+ \lambda(i)\left[\dfrac{B_0(i)}{P_0(i)} + \int_0^\infty \exp(-\int_0^t r_s(i) ds)\{w_t(i) N_t(i) + \dfrac{G_t(i)}{P_t(i)} - C_t(i)\} dt\right]$

と置く。ただし $r_s(i) \equiv R_s - \dfrac{\dot{P}_s(i)}{P_s(i)}$, $w_t(i) \equiv \dfrac{W_t(i)}{P_t(i)}$ とする。この (11) 式に「Kuhn=Tucker 定理」[17]を適用して 1 階の必要条件を求めると，以下のような i 国家計の主体的均衡条件を得る[18]。すなわち，$\forall t \in T, \forall i \in I$ に対し

(12)　　$\dfrac{\dot{C}_t(i)}{C_t(i)} = \dfrac{1}{\theta}(r_t(i) - \rho)$　　　　　…消費オイラー方程式

(13)　　$\dfrac{\dot{C}_t(i)}{C_t(i)} = \dfrac{1}{\theta}(\dfrac{\dot{w}_t(i)}{w_t(i)} + \nu \dfrac{\dot{N}_t(i)}{N_t(i)})$　　…消費・余暇トレードオフ条件式

(14)　　$\lim_{t \to \infty} \exp(-\int_0^t r_s(i) ds) \dfrac{B_t(i)}{P_t(i)} = 0$　　…no-Ponzi-game 条件式

である[19]。

---

17)　Kuhn/Tucker (1951).
18)　岡田 (2016)。

3 企 業

a 生産技術

通貨同盟に属する i 国の代表的企業は，固定的生産要素である資本 $K(i)$（一定）と可変的生産要素である労働 $L_t(i)$ を投入して財サービスを生産する。ただし他の同盟各国における代表的企業の生産技術構造もすべて同形的であるとする。したがって，各国企業の個別生産関数 F^i は，

(15) $\quad Y_t(i) = F^i(K, L_t) = L_t(i)$

で表せる。ここで $Y_t(i)$ のうち $Y_{Ht}(i)$ は自国市場向けに販売され，$Y_{Ht}^*(i)$ は外国市場向けに販売（＝輸出）される（i.e. $Y_t(i) = Y_{Ht}(i) + Y_{Ht}^*(i)$）。

b 最適化行動

i 国の代表的企業による最適化行動は，完全競争的な自国の財サービス市場ならびに労働市場において"見えざる手"からアナウンスされる財サービス価格水準 $P_{Ht}(i)$ と名目賃金率 $W_t(i)$ に加え外国市場の共通通貨建て表示財サービス価格水準 $P_{Ft}(i)$ を所与とし，且つ自社の生産技術構造を示す(15)式を制約条件として，各期における利潤関数 $\Pi(Y_t(i))$ の最大化をはかるものとして表わせ得る。すなわち，

(16) $\quad \max_{\{Y_t(i)\}} : \Pi(Y_t(i)) = \{P_{Ht}(i)Y_{Ht}(i) + P_{Ft}(i)Y_{Ht}^*(i)\} - W_t(i)L_t(i)$

$\quad$ s.t. $Y_t(i) = L_t(i)$

$\qquad Y_t(i) = Y_{Ht}(i) + Y_{Ht}^*(i)$

$\quad$ given $W_t(i), P_{Ht}(i), P_{Ft}(i)$

である。ここで x を関税や保険，運賃などの貿易コスト率として $P_{Ft}(i) \equiv P_{Ht}(i)(1+x)$ で定義する。かくして，各企業にとり(16)式に対する最適解のための１階の必要条件は，制約条件式を主方程式に代入し $Y_{Ht}(i), Y_{Ft}(i)$ でそれぞれ偏微分することによって，$\forall t \in T, \forall i \in I$ に対し

(17) $\quad Y_{Ht}(i) : P_{Ht}(i) = W_t(i)$

---

19) これら(12)式〜(14)式にさらに最大化のための必要条件として

$$\lambda(i) \geq 0 \ \& \ \lambda(i) \left[\frac{B_0(i)}{P_0(i)} + \int_0^\infty \exp\left(-\int_0^t r_s(i)ds\right)\{w_t(i)N_t(i) + \frac{G_t(i)}{P_t(i)} - C_t(i)\}dt \right] = 0$$

が加わる。

$$Y_{Ht}^*(i): P_{Ft}(i) = W_t(i)(1+x)$$

として求まる。すなわち，自国市場の財サービス価格水準 $P_{Ht}(i)$ ならびに外国市場の財サービス価格水準 $\dfrac{P_{Ft}(i)}{1+x}(\equiv P_{Ht}(i))$ に対し，名目限界費用曲線 $W_t(i)(F^i)^{-1}$ との交点で決まる $Y_{Ht}(i)$ と $Y_{Ht}^*(i)$ が最適解である。

4　財政金融政策

a　各国政府

通貨同盟に属する各国政府は，歳入＝税収入＋国債市中売却と歳出＝移転所得給付＋国債買い取りに対し，

$$(18) \qquad \int_0^\infty \exp\left(-\int_0^t R_s ds\right) G_t(i) dt + B_0(i) = 0$$

なる予算式を満たすものとする[20]。

b　通貨当局

また通貨同盟の中央銀行は，政策変数たる名目利子率水準 R_t をテイラー・ルール型金融政策式，すなわち，$\forall t \in T$ に対し

$$(19) \qquad R_t = \int_0^1 \left\{ r_t(i) + \zeta_1 \left(\frac{\dot{P}_t(i)}{P_t(i)} - \pi^0 \right) - \zeta_2 (z_t(i) - z^0) \right\} di$$

$$\zeta_1, \zeta_2 (\geq 0): 定数$$

に則って設定すると考える。ただし $z_t(i)$ は i 国の失業率で，$\tilde{N}(i)$ を所与の労働賦存量（i.e. 時間を通じて一定）とし，$L_t(i)$ を労働需要量としたとき，$\tilde{N}(i) \geq L_t(i)$ に対して $z_t(i) \equiv \dfrac{\tilde{N}(i) - L_t(i)}{L_t(i)}$ で定義される。また，π^0 は通貨同盟全体のインフレ率目標値であり，z^0 は失業率目標値である。かくして，中央銀行は，通貨同盟各国の現行利子率に配慮しつつ，通貨同盟の平均インフレ率がインフレ率目標値に比して昂進すれば政策金利 R_t を引き上げ，他方，平均失業率が目標値を上回って景況感が悪化すれば引き下げる。

---

20)　$t>0$ における国債の新規発行額と既発債償還額とは各国とも毎時点で同額としておく。したがって，$B_t(i) = B_0(i)$ $(t>0)$ である。

5 交易条件

　通貨同盟内における自国 i と外国 j との二国間（bilateral）交易条件 $S(i,j)$ を，共通通貨建て j 国財サービス価格 $P_{Ft}(j)$ と共通通貨建て自国財サービス価格 $P_{Ht}(i)$ との比率と定義すれば，$S_t(i,j) \equiv \dfrac{P_{Ft}(j)}{P_{Ht}(i)}$ となるから，t 時点における i 国の実効（effective）交易条件 $S_t(i)$ は，

$$(20) \qquad S_t(i) = \frac{P_{Ft}}{P_{Ht}(i)} = \left(\int_0^1 S_t(i,j)^{1-\eta} dj \right)^{\frac{1}{1-\eta}}$$

で求められる。この(20)式をさらにテイラー展開における1次のオーダーまでの項で近似させれば，

$$(21) \qquad s_t(i) = \int_0^1 s_t(i,j) dj$$

なる対数表示による実効交易条件式が求められる[21]。

　つぎに(5)式で示される i 国の総合物価指数 $P_t(i) = [(1-\alpha)(P_{Ht})^{1-\eta} + \alpha(P_{Ft})^{1-\eta}]^{\frac{1}{1-\eta}}$ に対し，自国・外国の財サービスに関する代替の弾力性を $\eta \to 1$ とすれば，既述のごとく $P_t(i) = (P_{Ht})^{1-\alpha}(P_{Ft})^{\alpha}$ なるフォーミュラとなる。したがって，この式の両辺に対し対数をとれば，

$$(22) \qquad p_t(i) = p_{Ht} + \alpha s_t$$

を得る。ただし，(22)式のアルファベット小文字は大文字変数の対数表示とする。

6 市　場

a　財サービス市場

　通貨同盟内の小国開放経済における財サービス市場の需給均衡条件は，次

---

21)　$S_t = \left(\int_0^1 S_t(j)^{1-\eta} dj \right)^{\frac{1}{1-\eta}}$ は $S_t^{1-\eta} = \left(\int_0^1 S_t(j)^{1-\eta} dj \right)$ と書けるから，1次のオーダーまでの項のテイラー展開で近似させると，

$$1 = \int_0^1 \left(\frac{S_t(j)}{S_t} \right)^{1-\eta} dj = \int_0^1 \exp\{(1-\eta)(\ln S_t(j) - \ln S_t)\} dj \approx \int_0^1 \{1 + (1-\eta)(\ln S_t(j) - \ln S_t)\} dj$$

$$= j|_0^1 + (1-\eta) \int_0^1 (\ln S_t(j) - \ln S_t) dj$$

となる。したがって，これより $\ln S_t = \int_0^1 \ln S_t(j) dj$ なる対数表示の関係式が得られる。

のようにして示すことができる。

まず任意の i 国において，自国の代表的企業によって生産された t 時点における個別財サービス供給量 $Y_t(i)$ に対しその需要量は，先の(9)式を考慮すれば第6章注29)で見たごとく，

(23)
$$C_{Ht}(i) + \int_0^1 C_{Ht}(i,j)dj$$
$$= \left(\frac{P_{Ht}(i)}{P_{Ht}}\right)^{-\xi}\left[(1-\alpha)\left(\frac{P_t}{P_{Ht}}\right)C_t + \alpha\int_0^1\left(\frac{P_t(j)}{P_{Ht}}\right)C_t(j)dj\right]$$

で表すことができる。大括弧内の第1項は国内への販売を，第2項は他国への輸出を表している。ここで上述した交易条件を考慮すれば，$Y_t(i)$ に対する需要量は，さらに

(24)
$$\left(\frac{P_{Ht}(i)}{P_{Ht}}\right)^{-\xi}\left[(1-\alpha)S_t^{\alpha}(i)C_t + \alpha\int_0^1 S_t(i,j)^{\alpha}C_t(j)dj\right]$$

$$= \left(\frac{P_{Ht}(i)}{P_{Ht}}\right)^{-\xi}(S_t^{\alpha}(i)C_t(i))$$

となる。ところで，i 国企業の財サービス供給量の需要総計は $Y_t(i) = \left[\int_0^1 Y_t(i,j)^{\frac{\xi-1}{\xi}}dj\right]^{\frac{\xi}{\xi-1}}$ であったから，(24)式で示される i 国企業によって生産された財サービスの需要量に $\frac{\xi-1}{\xi}$ をべき乗して集計量をとると，$\int_0^1\left(\frac{P_{Ht}(j)}{P_{Ht}}\right)^{1-\xi}dj = 1$ であることを考慮すれば，$(Y_t(i))^{\frac{\xi-1}{\xi}} = (C_t(i) \times S_t^{\alpha}(i))^{\frac{\xi-1}{\xi}}$ を得る。したがって，i 国家計と j 国家計の消費構造は対称的で且つ $S_t(i) = S_t(j)$ ゆえ，通貨同盟各国における t 時点の財サービス市場に関する需給均衡式は

(25)
$$Y_t(i) = C_t(i)S_t^{\alpha}(i)$$
$$\forall t \in T, \forall i \in I$$

で示せる。

b 労働市場

労働市場に関しても各国市場は完全競争的であるとしたから，i 国におい

266　第 8 章　ユーロ圏と最適政策スキーム

て $N_t(i)$（$\leq\bar{N}(i)$）を家計の労働供給量とし，$L_t(i)$ を企業の労働需要量とした
とき，t 時点において自国労働市場よりアナウンスされる名目賃金率 $W_t(i)$
（>0）に対し，仮に notional な需給が $L(W_t(i))>N(W_t(i))$ であれば市場の見え
ざる手によって賃金率は引き上げられるものとする（vice versa）。それゆ
え，労働の国際間移動を考えないとき，こうした模索過程により最終的には
i 国における t 時点での労働市場に関する需給均衡式

$$(26) \quad \exists\,\overline{W}_t(i)\in(0,\infty){:}L(\overline{W}_t(i))=N(\overline{W}_t(i))$$

$$\forall t\in T,\forall i\in I$$

が一意的に求まる。他の通貨同盟国の労働市場も同様である。

3　経済厚生と財政金融政策

　本節において，第 2 節で展開したユーロ圏＝共通通貨同盟を対象とする小
国開放マクロ経済理論モデルを基に，通貨同盟全般における経済厚生の最大
化を齎す最適財政金融政策スキームを検討する[22]。

1　縮約モデル

　ここで，第 2 節の理論モデルにおいて，通貨同盟に属する t 時点
（$\forall t\in T$）での i 国（$\forall i\in I$）経済に対し以下のような三つの前提条件を設
ける。

(a) i 国における価格体系で，自国財サービス価格 $P_{Ht}(i)$ は各時点で 1 に基
　　準化される，

(b) 実質賃金率 $w_t(i)$ もまた適当な方法で 1 に基準化される[23]，

(c) i 国における代表的家計の各時点での労働供給量は常に完全雇用が確保
　　される（i.e. $N_t(i)=L_t(i)$（$\forall t\in T$））。

　このうち(a)(c)の前提条件より，(19)式のテイラー・ルール型金融政策式
は

---

22)　本節の論証は Kaplan/Moll/Violante（2016）に依拠する。

23)　一つの方法として，例えば i 国経済の縮約モデル(28)式〜(31)式において，生産物 $Y_t(i)$，
　　消費財サービス $C_t(i)$，個人税 $G_t(i)$，国債 $B_0(i)$ をすべて賃金財タームで評価することである。

$$(27) \qquad R_t = r_t \quad (\forall t \in T)$$

と簡略化し得るから，通貨同盟の中央銀行が設定する政策変数すなわち名目利子率水準 R_t は実質利子率水準 r_t に代替する。これにより，第2節で展開した理論モデル体系は，$\forall i \in I$ に対して

$$(28) \qquad U_0(i) = \int_0^\infty \exp(-\rho t) \frac{(C_t(i))^{1-\theta}}{1-\theta} dt \ : 家計の効用関数$$

$$(29) \qquad \int_0^\infty \exp\left(-\int_0^t r_s ds\right) C_t(i) dt$$

$$\leq \int_0^\infty \exp\left(-\int_0^t r_s ds\right) \{Y_t(i) + G_t(i)\} dt + B_0(i) \ ; 家計の予算制約式$$

$$(30) \qquad \int_0^\infty \exp\left(-\int_0^t r_s ds\right) G_t(i) dt + B_0(i) = 0 \ ; 政府の予算式$$

$$(31) \qquad Y_t(i) = C_t(i) \ (\forall t \in T) \ ; 財サービス市場の市場均衡式$$

という縮約モデルに帰着できる。したがって，第2節の理論モデルにおいて（ⅰ）家計・企業の主体的均衡が図られる，（ⅱ）政府の予算式が妥当する，（ⅲ）財サービス市場ならびに労働市場の市場均衡が達成される，という均衡状態が導かれることと，上述(29)式の制約条件のもとで(28)式を最大化する，(30)式を満たす，ならびに(31)式が達成される，という3条件を満たすこととは同値となる[24]。

2 最適金融政策

---

[24] 前提条件(a)の $P_{Ht}(i) = 1$（$\forall i \in I$）より通貨同盟各国の対称性から $P_{Ft} = \int_0^1 P_{Ht}(i) di = 1$ が言える。したがって(20)式によって i 国の実効交易条件 S_t は1となるゆえ（$\Leftrightarrow s_t = 0$），(22)式より $P_t(i) = 1$ が言え，また(26)式から $Y_t(i) = C_t(i)$ が言える。さらに，前提条件(a)(b)より $1 = w_t(i) = \frac{W_t(i)}{P_t(i)} \Rightarrow P_{Ht}(i) = W_t(i) = 1$ となるから企業の主体的均衡条件は満たされ，同時に生産関数のフォーミュラと前提条件(c)の完全雇用と相俟って家計の予算制約式における $W_t(i) N_t(i) = Y_t(i)$ が言える。加えて前提条件(c)より家計の労働供給に対する主体的均衡条件(13)式が消滅し，且つ家計の効用関数から労働供給変数の項が除かれる。さらに労働市場の市場均衡状態が達成される。

268　第8章　ユーロ圏と最適政策スキーム

a　経済厚生

ここで，共通通貨同盟全体の t 時点における社会的厚生関数を

$$(32)\qquad V_t = \int_0^1 \int_t^\infty \exp\left(-\rho\tau\right)\frac{(C_\tau(i))^{1-\theta}}{1-\theta}d\tau\, di$$

と定義する。それゆえ，通貨同盟の中央銀行が設定する政策金利水準 $\{r_t\}_{t\in T}$ により i 国経済の時系列変数 $\{Y_t(i),G_t(i)\}_{t\in T}$ が (28) 式～(31) 式をすべて満たすとき，i 国家計の消費関数 $C_t(\{r_t,Y_t(i),G_t(i)\}_{t\in T})$ においてこれら変数 $\{r_t,Y_t(i),G_t(i)\}_{t\in T}$ から一意的に定まる消費量 $\{C_t(i)\}$ は，通貨同盟全体の経済厚生 V_t が最大となっているという意味で "最適" 消費量であり，またこれを達成する利子率水準 $\{r_t\}$ は "最適" 利子率水準と称することができる。

ところで，こうした最適利子率に関する時間経路 $\{r_t\}_{t\in T}$ のうち，$r_t\to\rho$ ($t\to\infty$) となる利子率経路を選ぶと，これは (12) 式の消費オイラー方程式によって $\dot{C}_t(i)\to 0) \Leftrightarrow C_t(i)\to\overline{C}(i))$ が言える。したがって，(31) 式の $Y_t(i)=C_t(i)$ より $Y_t(i)\to\overline{Y}(i)$ ($t\to\infty$) となるから，i 国経済 $\{Y_t(i),G_t(i)\}_{t\in T}$ は上述利子率経路 $\{r_t\}_{t\in T}$ により定常状態に収斂することが分かる。この i 国経済が定常状態に収斂するところの中央銀行が設定する最適利子率経路 $\{r_t\}_{t\in T}$ に対し，さらに

$$(34)\qquad r_t = \rho + \exp\left(-\delta t\right)(r_0-\rho)$$
$$\delta > 0,\ t\in T$$

と設定する。ここで定数 δ は，$t=0$ 時点で最適利子率水準が r_0 から $r_0\pm\Delta r_0$ だけ変化したときの最適利子率経路 $\{r_t\}$ に復帰し得る調整速度を表している。すなわち，δ の値が大きければ（小さければ），$t=0$ 時点で乖離した金利水準は最適利子率経路 $\{r_t\}$ 上に速やかに（緩やかに）戻ることを意味している[25]。

---

25)　$t=0$ 時点で最適利子率水準が r_0 から $r_0\pm\Delta r_0$ だけ変化したときの $t>0$ 時点の利子率経路 $\{\tilde{r}_t\}$ を $\tilde{r}_t = \rho + \exp\left(-\delta t\right)(r_0\pm\Delta r_0-\rho)$ と置いたとき，$\tilde{r}_t - r_t = \exp\left(-\delta t\right)(\pm\Delta r_0)$ であるから，δ の値が大きければ t の進行とともに急速に $\tilde{r}_t\to r_t$ となることが言える。したがって，これより $\tilde{r}_t$ は早急に最適利子率経路 $\{r_t\}$ 上に乗ることが見て取れる。

b　政策的影響

上述(34)式で示されるような中央銀行の設定する最適政策利子率が，初期時点 ($t=0$) で構造ショックにより r_0 から $r_0 \pm \Delta r_0$ だけ変化したとき，通貨同盟に属する i 国の代表的家計の定常状態に至る消費経路にその変化がどう及ぶか，その政策的影響を考えてみよう。

まず時点 $t\,(\in T)$ に関する1階の常微分方程式である i 国家計の消費オイラー方程式を定常状態から逆向きに解くことにより

$$(35) \qquad C_t(i) = \overline{C}(i)\exp\left\{-\frac{1}{\theta}\int_t^\infty (r_s - \rho)ds\right\}$$

が導ける。したがって両辺の対数をとり，ゼロ時点での最適利子率 r_0 で微分すれば，(34)式を考慮することによって

$$(36) \qquad \frac{d\log C_0(i)}{dr_0} = -\frac{1}{\theta\delta}$$

が求まる[26]。かくして，初期時点で中央銀行により設定される最適政策金利が構造ショックによって微小分だけ変化したとき，通貨同盟に属する i 国家計の任意の2時点間における消費の代替弾力性 ($1/\theta$) が大きいか，あるいは通貨同盟の政策金利が粘着的 (sticky) ないしは持続的 (persistent) であれば (i.e. δ が小)，i 国家計における消費支出 $C_0(i)$ への全般的な影響度は高まることになる。

2　金融政策変化の影響分解

つぎにこれら通貨同盟の中央銀行による政策利子率変化の家計消費に及ぼす影響に対し，これを直接的影響と間接的影響に分解してみよう。

---

26)　消費オイラー方程式 $C_0(i) = \overline{C}(i)\exp\left(-\frac{1}{\theta}\int_0^\infty (r_s-\rho)ds\right)$ において，(34)式を代入して両辺の対数をとれば $\log C_0(i) = \log \overline{C}(i) - \frac{1}{\theta}\int_0^\infty \exp(-\delta s)(r_0-\rho)ds$ となる。したがって，これを r_0 で微分すれば $\frac{d\log C_0(i)}{dr_0} = -\frac{1}{\theta}\int_0^\infty \exp(-\delta s)ds$ となるから，右辺の積分部分の項は $-\frac{1}{\delta}\exp(-\delta s)\Big|_0^\infty = 0 - (-\frac{1}{\delta}) = \frac{1}{\delta}$ より，$\frac{d\log C_0(i)}{dr_0} = -\frac{1}{\theta\delta}$ が得られる。

270　第8章　ユーロ圏と最適政策スキーム

a　政策効果

通貨同盟 I に属する i 国（$\forall i \in I$）家計の最適消費関数 $C_t(\{r_t, Y_t(i), G_t(i)\}_{t \in T})$ に対し，定常状態に至る最適経路 $\{Y_t(i), G_t(i)\}_{t \in T}$ それ自体には変動はなく，政策利子率 r_t の変化による定常状態の周りでの摂動のみを考える。したがって，

$$(37) \qquad dC_0(i) = \int_0^\infty \frac{\partial C_0(i)}{\partial r_t} dr_t dt + \int_0^\infty \left(\frac{\partial C_0(i)}{\partial Y_t(i)} dY_t(i) + \frac{\partial C_0(i)}{\partial G_t(i)} dG_t(i) \right) dt$$

とすれば，補論で示されるごとく，

$$(38) \qquad d\log C_0(i) = -\frac{1}{\theta} \int_0^\infty \exp(-\rho t) dr_t dt - \frac{\rho}{\theta} \int_0^\infty \{\exp(-\rho t) \int_t^\infty dr_s ds\} dt$$

なる式が導ける。(38)式の右辺第1項は政策利子率の変化が i 国家計消費に及ぼす直接的影響であり，同じく右辺第2項は利子率変化が所得の変化をもたらすことにより生ずるところの消費への間接的影響を示している。上述(38)式はまた次のようなクローズド・フォーム，すなわちパラメータ表示解で表せる。

$$(39) \qquad -\frac{d\log C_0(i)}{dr_0} = \frac{1}{\theta\delta} \left(\frac{\delta}{\delta+\rho} + \frac{\rho}{\delta+\rho} \right)$$

この(39)式右辺の大カッコ内で，第1項は最適政策利子率変化の i 国家計消費に及ぼす全般的影響（$= \frac{1}{\theta\delta}$）に対する直接的影響への分解比率であり，第2項は間接的影響への分解比率である。

b　上位国・下位国グループ

つぎに，通貨同盟全体 $I=[0,1]$ に関し，経済成長率や所得水準が高く且つ経済の基礎的条件や経済パフォーマンスに優れた上位国グループ $I'=[0,n]$ とファンダメンタルズや活動成果が劣る下位国グループ $I''=(n,1]$ に分け，それぞれのグループに属する家計消費の利子率変化による影響を考える。一般に下位国グループに属する家計は貯蓄に乏しく，したがって消費支出に対して賃金から所得税を差し引いた可処分所得が不足する場合は政府からの移転所得給付により補填されると仮定する。他方，上位国グループに属する家計は，消費支出を上回る可処分所得部分に対しては期をまたがる価値保蔵手

段としての共通通貨建て利付国債を購入し貯蓄を目的に保有すると仮定する[27]。

通貨同盟の上位国グループ I' ならびに下位国グループ I'' に属する一家計当たり平均消費量は $C_t^H = \dfrac{1}{n}\displaystyle\int_0^n C_t(i)di$ および $C_t^L = \dfrac{1}{1-n}\displaystyle\int_n^1 C_t(i)di$ でそれぞれ表されるから[28]，通貨同盟全体 $I(=I'\bigcup I'')$ の t 期における一家計当たり平均消費量 C_t は

(40)　　　$C_t = nC_t^H + (1-n)C_t^L$

と書ける。また一家計当たり所得 Y_t は均衡状態では $Y_t = C_t$ である。

ところで，下位国グループ I'' に属する一家計の最適消費に対する予算制約式は，G_t^L を政府による移転所得給付金（プラス表示）と個人税（マイナス表示）の合計額とすれば，

(41)　　　$C_t^L = Y_t + G_t^L$

と毎期ごとの表現式であり，他方，上位国グループ I' に属する一家計の最適消費に対する予算制約式は，国債保有による価値保蔵を考慮して(29)式と同じく現在価値表示で

(42)　　　$\displaystyle\int_0^\infty \exp\left(-\int_0^t r_s ds\right)C_t^H dt = \int_0^\infty \exp\left(-\int_0^t r_s ds\right)\{Y_t + G_t^H\}dt + B_0^H$

と示せる。また政府の予算式は

(43)　　　$\displaystyle\int_0^\infty \exp\left(-\int_0^t r_s ds\right)\{nG_t^H + (1-n)G_t^L\}dt + B_0 = 0$

　　　　　$B_0 = nB_0^H$

---

27)　Campbell/Mankiw (1989) に倣えば，前者はいわゆる "その日暮らし"（rule-of-thumb or non-Ricardian type）家計と称されるものであり，後者はリカーディアン・タイプの家計と称されるものである。ただし本モデルでは下位グループの家計は必ずしも自由な意思決定のもとで rule-of-thumb type ないしは non-Ricardian type を選び取ったのではなく，リカーディアン・タイプ家計のように国債保有など貯蓄をしたくても所得水準が低くて出来ないだけということである。

28)　$I'' = (n,1]$ は片側開区間であるが，$I'' \subset R$（R：実数値直線）であるから，$\forall i \in I''$ に対し連続関数 $C(i)$ の積分値は $\varepsilon > 0$ として $\displaystyle\int_{n+\varepsilon}^1 C(i)di \to \int_n^1 C(i)di$（$\varepsilon \to 0$）と一定値に収束する（実数の連続性公理）。

272　第8章　ユーロ圏と最適政策スキーム

となる。

　ここで，中央銀行の設定する最適政策利子率が初期時点で何らかの構造ショックに遭遇したとき，通貨同盟に属する家計の最適平均消費関数 $C_t(\{r_t, Y_t, G_t\}_{t \in T})$ に対し，定常状態に至る最適経路 $\{Y_t, G_t\}_{t \in T}$ それ自体にはなんら変動はなく，政策利子率 r_t の変化による定常状態の周りでの摂動のみを取り上げる。かくしてこれら家計の定常状態に至る一家計当たり平均最適消費経路の変化は，補論で示されるごとく，$G_t^L = 0$ のケース[29]では

$$(44) \quad d\log C_0 = -\frac{n}{\theta} \int_0^\infty \exp(-\rho t) dr_t dt$$

$$-\frac{\rho n}{\theta} \int_0^\infty \{\exp(-\rho t) \int_t^\infty dr_s ds\} dt - (\frac{1-n}{\theta}) \int_t^\infty dr_s ds$$

として導ける。(44)式の右辺第1項は政策利子率の変化が通貨同盟に属する家計の消費に及ぼす直接的影響であり，同じく右辺第2項・第3項は利子率変化が所得の変化をもたらすことにより生ずるところの消費への間接的影響を示している。それゆえ，(34)式において $dr_t = \exp(-\delta t) dr_0$ であることを用いれば，併せて(44)式の政策変化に対するパラメータ表示解が

$$(45) \quad -\frac{d\log C_0}{dr_0} = \frac{1}{\theta\delta}\Big(n\frac{\delta}{\delta+\rho} + \{n\frac{\rho}{\delta+\rho} + (1-n)\}\Big)$$

として求まる。この(45)式右辺の大カッコ内で，第1項は最適政策利子率変化の家計消費に及ぼす全般的効果（$= \frac{1}{\theta\delta}$）に対する直接的影響への分解比率であり，第2項の中カッコ内は間接的影響への分解比率を表している。

　つぎに $G_t^L > 0$ のケースでは，同じく補論より

$$(46) \quad -\frac{d\log C_0}{dr_0} = \frac{1}{\theta\delta} + \omega\frac{B_0^H}{Y}$$

---

29)　下位国グループ家計の予算制約式は $C_t^L = Y_t + G_t^L$ であるから，$G_t^L = 0$（$\forall t \in T$）は個人税＝移転所得給付額を意味するゆえ，これは下位国グループの財政では税収入はすべて移転所得として家計に還元されていることを意味しつつ，ただし家計は税引き前所得以上の消費ができない状況にもあることを同時に示している。他方，$G_t^L > 0$ では，政府からの移転給付金の増額によって同グループの家計は税引き前所得を上回る消費が享受出来る状況にあることを示している。

なるパラメータ表示解が得られる。

上述(46)式において，ω は通貨同盟内での財政による上位国グループから下位グループへの富の移転比率を表している。中央銀行が政策利子率水準を高位に維持することがなければ上位国グループ政府による共通通貨建て国債の利払い負担が減じられて $\omega>0$ となり（補論参照），ここに財政の移転実行性が確保される。かくして，同盟内で財政移転システムにより富が移転されて所得格差が是正され，初期時点（$t=0$）で通貨同盟の中央銀行により設定される最適政策利子率が r_0 から $(r_0-\varDelta r_0)$ だけ引き下げられたとき，金利変化の家計消費への全般的影響（$=\dfrac{1}{\theta\delta}$）に財政移転に伴う金利変化の影響（$=\omega\dfrac{B_0^H}{Y}$）が加わり，通貨同盟全体の経済厚生（$=V_0$）は財政移転がなかった場合より一層高まると言える[30]。

3　カリブレーション

ここで，上述(46)式を基にした簡単なカリブレーションを試みてみる。(46)式は時点 $t\,(\in T)$ の関数として近似的に

$$(47)\qquad \frac{dC_t}{dr_t}=\exp\{(-\frac{1}{\theta\delta}-\omega\frac{B_0^H}{Y})\exp(\delta t)\}\ (\forall t\in T)$$

と書けるので[31]，これら各構造パラメータに以下のような値を代入する。

---

30)　利子率の引き下げにより有効需要が C_0 から $(C_0+\varDelta C_0)$ だけ拡大したとき，経済は完全雇用を仮定しているゆえ生産関数のフォーミュラ（i.e. $Y_0=L_0$）から厳密には産出量の増大 $\varDelta Y_0\,(=\varDelta C_0)$ は困難であると言わざるを得ない。しかしながら，ここでは労働の集約度（intensity）や生産性を高めるなどして可能であるととりあえず考えておく。

31)　(46)式のパラメータ表示解 $\dfrac{d\log C_0}{dr_0}=-\dfrac{1}{\theta\delta}-\omega\dfrac{B_0^H}{Y}$ はまた $d\log C_0=(-\dfrac{1}{\theta\delta}-\omega\dfrac{B_0^H}{Y})dr_0$ と書けるから，ここで $d\log C_0=(\log C_0)'dC_0\Rightarrow d\log C_0\approx\log(dC_0)$ という C_0 の微小近傍における近似式を当てはめれば，C_0 の微小変分を表す式として $dC_0\approx\exp\{(-\dfrac{1}{\theta\delta}-\omega\dfrac{B_0^H}{Y})dr_0\}$ が導ける。したがって $dr_0=\exp(\delta t)dr_t$ という関係式ならびに $e^{dr_t}\approx edr_t$ という近似式により，

$$\frac{dC_t}{dr_t}\approx\exp\{(-\frac{1}{\theta\delta}-\omega\frac{B_0^H}{Y})\exp(\delta t)\}\ (\forall t\in T)$$

なる計算式が求まる。

第1図 金融財政政策効果（乖離率）

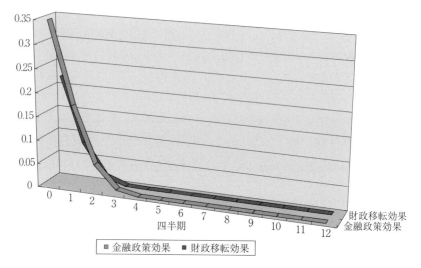

　上位国グループは当初定常状態で評価された GDP の 3 倍程度の資産を有し（$B_0^H/\overline{Y}=3.0$），共同体の構成国 $I=[0,1]$ において $n=0.5$ としてこの国数比に応じて下位国グループに財政移転されるものと考える（$\omega=0.5$）。残りは上位国グループが保持する。また，家計の異時点間消費代替弾力性の逆数を $\theta=1.9$ と置き，さらに最適利子率経路への復帰率を四半期あたり $\delta=0.5$ と設定する。したがって，復帰速度の四半期ベース自己相関は $\exp(-\delta)=0.61$ となる。これら構造パラメータを基に(47)式を計算すると，通貨同盟の中央銀行により設定される最適政策利子率が構造的ショックによって僅かばかり変化したとき，これら金利変化の家計消費に対する当初経路からの全般的乖離率と財政移転に伴う乖離率が第 1 図のようにして示される。

4　含　意

　かくして，共通通貨同盟に属する国々の経済活動を描写する開放経済動学的一般均衡モデルを基に思考実験すると，通貨同盟レベルで富の移転が財政

により行われることによって同盟国間の経済格差が是正されるならば，中央銀行の金融政策（e.g. 政策金利引き下げ）は，その直接的な政策的影響に財政移転に伴う影響が加わって通貨同盟全体の経済厚生を一層高めることが結論付けられる。

　経済成長率や所得水準が高く且つ経済の基礎的条件や経済パフォーマンスに優れた上位国メンバーだけの構成で制度設計された当初のユーロ圏に対し，ファンダメンタルズや活動成果の劣る下位国グループの参加を許したとき，まさにユーロ圏における各国財政の集権的で一元的に管理される移転機能を組み込むことの重要性がここに確認できるのである。すなわち，こうした財政による富の移転機能の組み込み＝経済格差是正という根源的な制度の見直しこそが全体的な有効需要を高め，今日ユーロ圏においてポスト・ユーロ危機で新たに深刻さを増した慢性型の危機とも言える不況，デフレーション，中核国・周縁国問題などの解決にも繋がってくるのである[32]。

4　結　び

　グローバル化の進展する世界経済において，単一基軸通貨に収斂するのでもなく，また多数国通貨が力に任せ群雄割拠するのでもなく，ユーロが米ドルと双曲的な立ち位置を確保しつつ健全で協調的で開かれた米欧アジアの"三極体制"を樹立することは，今や焦眉の急の課題となって来た[33]。かく

---

[32]　かつてユーロ危機の際，汗水垂らして働きつつ将来の豊かな生活を得るために今日の糧を倹約して政府に納めるドイツ国民の血税が，なぜ浪費的で明日を考えることなく"その日暮らし"を楽しむギリシャ国民のために使われなければならぬのか，というような，ともすれば感情論的な議論のあることを新聞記事は紹介していた。イソップ寓話のアリとキリギリスの比喩が使われた。しかしながら，本章における思考実験によれば，ドイツの税収入がギリシャ財政に投入されるならばギリシャ国民への移転所得給付金が増えて有効需要は拡大し，その結果，ドイツからの"財サービス輸出"も増大しドイツの国内生産が高まるとの結論に辿り着く。ただし本章の設定モデルではドイツのギリシャに対する交易条件は $S_t=1$ と仮定しているが，現実には $S_t>1$ なので，経済の開放度が $\alpha>0$ であることに鑑みて $S_t^\alpha>1$ が言えるゆえ，ドイツの輸出はさらに一層増加することが(25)式から見て取れる。いかなる制度改革にも痛みを伴うことは言わずもがなであるが，自国がより有利になるのは勿論のこと，ユーロ圏に属する国民一人一人の生活も豊かになる策であるならば一考に値しよう。

[33]　Eichengreen (2011) Chap.1.

276   第8章　ユーロ圏と最適政策スキーム

して，欧州において各国財政をユーロ圏レベルで集権的・一元的に管理するシステムを構築することが極めて重要となっている。すなわち，こうした共通通貨同盟全体で財政による富の移転機能を組み込み，通貨同盟各国間の経済格差是正をはかることこそが有効需要を高め，今日ユーロ圏でポスト・ユーロ危機において新たに深刻さを増した慢性型の危機とも言うべき不況，デフレーション，リージョナル・インバランス問題ないしは中核国・周縁国問題などを克服することにも繋がってくるのである。ドイツを初めとする北部欧州諸国は，自国の財政資金をそうしたシステムに注ぎ込むことに強く抵抗している[34]。しかしながら，本章の分析で明らかになったごとく，共通通貨同盟内で財政による富の移転が国境を跨って行われるならば，欧州中央銀行の金融政策効果を補強しつつ生産・消費は全般的に拡大し，通貨同盟全体の経済厚生を一層高めるのである。「英なき EU」の再構築が今後欧州の最重要問題となった。加えて，欧州にとり，ユーロ圏の制度改革を成功させ構造的脆弱さを克服することもまた喫緊の政策課題である。感情論的ないしは近視眼的議論から脱却し，利害の錯綜した現実の背後に在る理（ことわり）を透徹した論理で抉り出すことが今や強く望まれる。

補論　導出証明

本補論において，本文の(38)式・(39)式ならびに(44)式〜(46)式の導出を示す[35]。

1　政策金利変化

i 国家計の消費オイラー方程式を $t=0$ から順向きに解くと，

(A1)　　$C_t(i) = C_0(i) \exp \left(\frac{1}{\theta} \int_0^\infty (r_s - \rho) ds \right)$

---

34)　田中（素）（2016）p. iv。

35)　本補論の証明は Kaplan/Moll/Violante（2016）Appendix に依拠する。

補論　導出証明　*277*

となる。したがって，これを本文におけるi国家計の予算制約式(29)式に代入すると，

(A2)　$C_0(i)\int_0^\infty \exp\{-\int_0^t r_s ds + \frac{1}{\theta}\int_0^t (r_s-\rho)ds\}dt$

$\leq \int_0^\infty \exp(-\int_0^t r_s ds)\{Y_t(i)+G_t(i)\}dt + B_0(i)$

となるから，(A2)式はさらに

(A3)　$C_0(\{r_t,Y_t(i),G_t(i)\}) = \frac{1}{\chi}[\int_0^\infty \exp(-\int_0^t r_s ds)\{Y_t(i)+G_t(i)\}dt + B_0(i)]$

$\chi \equiv \int_0^\infty \exp\{-(\frac{\theta-1}{\theta})\int_0^t r_s ds - \frac{1}{\theta}\rho t\}dt$

と書ける。(A3)式を$Y_t(i)$で偏微分すると，$\frac{\partial C_0}{\partial Y_t(i)} = \frac{1}{\chi}\exp(-\int_0^t r_s ds)$であるから，定常状態で評価すると，

(A4)　$\frac{\partial C_0}{\partial Y_t(i)} = \rho\exp(-\rho t)$

を得る。$G_t(i)$に関しても同様である。

つぎに，$Y_t(i),G_t(i)$の時間経路$\{Y_t(i)\}_{t\in T},\{G_t(i)\}_{t\in T}$を$t=0$時点における割引現在価値表示でそれぞれ$y(i)\equiv\int_0^\infty \exp(-\int_0^\tau r_s ds)Y_\tau(i)d\tau$，$g(i)\equiv\int_0^\infty \exp(-\int_0^\tau r_s ds)G_\tau(i)d\tau$と置けば，(A3)式は

(A5)　$C_0(\{r_t,Y_t(i),G_t(i)\}) = \frac{1}{\chi}(y(i)+g(i)+B_0(i))$

と書けるから，この(A5)式をr_tで偏微分すると

(A6)　$\frac{\partial C_0}{\partial r_t} = \frac{1}{\chi}(\frac{\partial y(i)}{\partial r_t}+\frac{\partial g(i)}{\partial r_t}) - \frac{1}{\chi^2}\frac{\partial\chi}{\partial r_t}(y(i)+g(i)+B_0(i))$

となる。ところで，$\exp(-\int_0^\tau r_s ds)Y_\tau(i)$は$\tau<t$においては$r_t$には依存しないことから，

(A7)　$\frac{\partial y(i)}{\partial r_t} = \frac{\partial}{\partial r_t}\int_0^\infty \exp(-\int_0^\tau r_s ds)Y_\tau(i)d\tau$

278 第8章 ユーロ圏と最適政策スキーム

$$= \frac{\partial}{\partial r_t} \int_t^\infty \exp\left(-\int_0^\tau r_s ds\right) Y_\tau(i) d\tau$$

を得る。他方，$\tau > t$ においては，$\frac{\partial}{\partial r_t} \int_0^\tau r_s ds = 1$ となることに留意すれば，

(A8)　　　$\frac{\partial}{\partial r_t} \exp\left(-\int_0^\tau r_s ds\right)$

$$= -\exp\left(-\int_0^\tau r_s ds\right) \frac{\partial}{\partial r_t} \int_0^\tau r_s ds = -\exp\left(-\int_0^\tau r_s ds\right)$$

が求まるから，この(A8)式を(A7)式に代入すれば，

(A9)　　　$\frac{\partial y(i)}{\partial r_t} = -\int_t^\infty \exp\left(-\int_0^\tau r_s ds\right) Y_\tau(i) d\tau$

となる。同様にして，

(A10)　　　$\frac{\partial g(i)}{\partial r_t} = -\int_t^\infty \exp\left(-\int_0^\tau r_s ds\right) G_\tau(i) d\tau$

を得る。

　最後に，χ の r_t による偏微分に関しては，

(A11)　　　$\frac{\partial \chi}{\partial r_t} = \frac{\partial}{\partial r_t} \int_t^\infty \exp\left\{-\left(\frac{\theta-1}{\theta}\right) \int_0^\tau r_s ds - \frac{1}{\theta}\rho\tau\right\} d\tau$

$$= -\left(\frac{\theta-1}{\theta}\right) \int_t^\infty \exp\left\{-\left(\frac{\theta-1}{\theta}\right) \int_0^\tau r_s ds - \frac{1}{\theta}\rho\tau\right\} d\tau$$

となるから，これら(A9)式・(A10)式・(A11)式を(A6)式に代入することにより，

(A12)　　　$\frac{\partial C_0}{\partial r_t} = -\frac{1}{\chi} \int_t^\infty \exp\left(-\int_0^\tau r_s ds\right)(Y_\tau(i) + G_\tau(i)) d\tau$

$$+ \frac{1}{\chi^2}\left(\frac{\theta-1}{\theta}\right) \int_t^\infty \exp\left\{-\left(\frac{\theta-1}{\theta}\right) \int_0^\tau r_s ds - \frac{1}{\theta}\rho\tau\right\} d\tau \times \{y(i) + g(i) + B_0(i)\}$$

が導ける。さらにこの(A12)式を定常状態で評価すると，$\bar{\chi} = \frac{1}{\rho}$, $y(i) = \frac{\overline{Y(i)}}{\rho}$,

$g(i) = \frac{\overline{G(i)}}{\rho}$, ならびに $\int_t^\infty \exp(-\rho\tau) d\tau = \frac{1}{\rho}\exp(-\rho t)$ であることを考慮すれば，

補論　導出証明　*279*

(A13)　$\dfrac{\partial C_0}{\partial r_t} = -\exp(-\rho t)\{\overline{Y}(i)+\overline{G}(i)\}$

$\qquad\qquad +(\dfrac{\theta-1}{\theta})\exp(-\rho t)\{\overline{Y}(i)+\vec{G}(i)+\rho B_0(i)\}$

となる。したがって，本文 (30) 式の政府予算式は定常状態では
$\dfrac{1}{\rho}\overline{G}(i)+B_0(i)=0$ $(\Leftrightarrow g(i)=\dfrac{\overline{G}(i)}{\rho}=-B_0(i))$ となるゆえ，(A4)式と併せ，政策金利ショックの i 国家計の最適消費に及ぼす直接的影響・間接的影響を定常状態 $(\rho,\overline{Y}(i),\overline{G}(i))$ で評価するとき，

(A14)　$\dfrac{\partial C_0}{\partial r_t} = -\dfrac{1}{\theta}\exp(-\rho t)\overline{Y}(i)+\exp(-\rho t)\rho B_0(i)$

$\qquad\qquad \dfrac{\partial C_0}{\partial Y_t(i)} = \dfrac{\partial C_0}{\partial G_t(i)} = \rho\exp(-\rho t)$

が求まる。

2　政策的影響の分解

まず上述(A14)式を本文(37)式に代入すると，

(A15)　$dC_0(i) = \{-\dfrac{1}{\theta}\overline{Y}(i)+\rho B_0(i)\}\displaystyle\int_0^{\infty}\exp(-\rho t)dr_t dt$

$\qquad\qquad +\rho\displaystyle\int_0^{\infty}\exp(-\rho t)dY_t(i)dt+\rho\int_0^{\infty}\exp(-\rho t)dG_t(i)dt$

となる。ところで消費オイラー方程式に加え，$t\in T$ での i 国における財サービスの市場均衡式 $Y_t(i)=C_t(i)$ ならびに定常状態での均衡式 $\overline{Y}(i)=\overline{C}(i)$ を考慮すると，

(A16)　$d\log Y_t(i) = -\dfrac{1}{\theta}\displaystyle\int_t^{\infty}dr_s ds$ $\quad(\Leftrightarrow dY_t(i)=-\dfrac{1}{\theta}Y_t(i)\int_t^{\infty}dr_s ds)$

を得る。つぎに i 国政府の予算式を全微分すると，

(A17)　$\displaystyle\int_0^{\infty}\dfrac{\partial}{\partial r_t}\Big(\int_0^{\infty}\exp(-\int_0^{\tau}r_s ds)G_{\tau}(i)d\tau\Big)dr_t dt$

280 第8章 ユーロ圏と最適政策スキーム

$$+\int_0^\infty \exp\left(-\int_0^\tau r_s ds\right)dG_\tau(i)d\tau=0$$

であるから，定常状態では $-\dfrac{1}{\rho}\int_0^\infty \exp\left(-\rho t\right)\overline{G}(i)dr_t dt+$ $\int_0^\infty \exp\left(-\rho t\right)dG_\tau(i)d\tau=0$ となり，さらに $\overline{G}(i)=-\rho B_0$ であることを考慮して，

(A18)　　$\displaystyle\int_0^\infty \exp\left(-\rho t\right)dG_\tau(i)d\tau=-B_0(i)\int_0^\infty \exp\left(-\rho t\right)dr_t dt$

が得られる。したがって，(A16)式・(A18)式を(A15)式に代入すれば，

(A19)　　$dlog\,C_0(i)=\left\{-\dfrac{1}{\theta}+\rho\dfrac{B_0(i)}{\overline{Y}(i)}\right\}\displaystyle\int_0^\infty \exp\left(-\rho t\right)dr_t dt$

$$-\dfrac{\rho}{\theta}\int_0^\infty \left\{\exp\left(-\rho t\right)\int_t^\infty dr_s ds\right\}dt-\dfrac{\rho B_0(i)}{\overline{Y}(i)}\int_0^\infty \exp\left(-\rho t\right)dr_t dt$$

が求められる。かくして，これより最終的に本文の

(38)　　$dlog\,C_0(i)=-\dfrac{1}{\theta}\displaystyle\int_0^\infty \exp\left(-\rho t\right)dr_t dt-\dfrac{\rho}{\theta}\int_0^\infty \left\{\exp\left(-\rho t\right)\int_t^\infty dr_s ds\right\}dt$

が導ける。

3　クローズド・フォーム

上述(38)式はさらに次のようにしてクローズド・フォーム，すなわちパラメータ表示解として示される。

まず，本文(34)式において $dr_t=\exp\left(-\delta t\right)dr_0$ であるから，

(A20)　　$\displaystyle\int_0^\infty \exp\left(-\rho t\right)dr_t dt=\int_0^\infty \exp\left\{-(\delta+\rho)t\right\}dt dr_0=\dfrac{1}{\delta+\rho}dr_0$

ならびに

(A21)　　$\displaystyle\int_0^\infty \left\{\exp\left(-\rho t\right)\int_t^\infty dr_s ds\right\}dt$

$$=\int_0^\infty \left\{\exp\left(-\rho t\right)\int_t^\infty \exp\left(-\delta s\right)ds\right\}dt dr_0$$

$$=\frac{1}{\delta}\int_0^\infty \exp\left(-(\delta+\rho)t\right)dtdr_0=\frac{1}{\delta}\left(\frac{1}{\delta+\rho}\right)dr_0$$

が求まる。したがって，これら(A20)式・(A21)式を本文(38)式に代入すると

$$(39)\qquad \frac{d\log C_0(i)}{dr_0}=-\frac{1}{\theta\delta}\left(\frac{\delta}{\delta+\rho}+\frac{\rho}{\delta+\rho}\right)$$

なるパラメータ表示解が導ける。

4 上位国・下位国グループ

通貨同盟の一家計による最適平均消費量は，消費オイラー方程式と本文(40)式・(41)式とから

$$(A22)\qquad C_t=n\overline{C}\exp\left(-\frac{1}{\theta}\int_t^\infty (r_s-\rho)ds\right)+(1-n)(Y_t+G_t^L)$$

が得られる。したがって，$C_t=Y_t$ より

$$(A23)\qquad C_t=\overline{C}\exp\left(-\frac{1}{\theta}\int_t^\infty (r_s-\rho)ds\right)+\left(\frac{1-n}{n}\right)G_t^L$$

が求まる。

（ⅰ）　$G_t^L=0$ $(t\in T)$ のケース

ここで $G_t^L=0$ $(t\in T)$ と仮定すれば，(A23)式は

$$(A24)\qquad d\log Y_t=d\log C_t=-\frac{1}{\theta}\int_t^\infty dr_s ds$$

となる。

まず上位国グループに属する家計の最適消費への金利変化の直接的・間接的影響を考えると，本文(42)式・(43)式よりこれまでの議論と同じとなるゆえ，(A24)式は

$$(A25)\qquad d\log C_0^H=-\frac{1}{\theta}\int_0^\infty \exp\left(-\rho t\right)dr_t dt-\frac{\rho}{\theta}\int_0^\infty \{\exp\left(-\rho t\right)\int_t^\infty dr_s ds\}dt$$

となることが言える。他方，下位国グループに属する家計に関しては本文(41)式より $C_t^L=Y_t$ $(\Leftrightarrow G_t^L=0)$ であるから，(A24)式はまた

282 第8章 ユーロ圏と最適政策スキーム

（A26） $d\log C_t^L = d\log Y_t = -\dfrac{1}{\theta}\displaystyle\int_t^\infty dr_s ds$

となることが言える。かくして，通貨同盟（＝上位国グループ＋下位国グループ）に属する一家計当たり平均最適消費量に与える金利変化の直接的・間接的影響は，本文(40)式に(A25)式・(A26)式を代入することにより，

（44） $d\log C_0 = -\dfrac{n}{\theta}\displaystyle\int_0^\infty \exp(-\rho t)dr_t dt$

$$-\dfrac{\rho n}{\theta}\int_0^\infty \{\exp(-\rho t)\int_t^\infty dr_s ds\}dt - (\dfrac{1-n}{\theta})\int_t^\infty dr_s ds$$

が導ける。それゆえ，本文(34)式において $dr_t = \exp(-\delta t)dr_0$ であることを用いれば，併せて(44)式のパラメータ表示解が

（45） $\dfrac{d\log C_0}{dr_0} = -\dfrac{1}{\theta\delta}\Big(n\dfrac{\delta}{\delta+\rho} + \{n\dfrac{\rho}{\delta+\rho} + (1-n)\}\Big)$

として求まる。

（ⅱ） $G_t^L > 0$ $(t\in T)$ のケース

続いて $G_t^L > 0$ $(t\in T)$ のケースを考える。政府の予算式である本文(43)式は，フローベースでは

（A27） $\dot{B}_t = r_t B_t + nG_t^H + (1-n)G_t^L$

と書けるから， $B_t = B_0$ $(\Leftrightarrow \dot{B}_t = 0)$ という仮定のもとでは，(A27)式はさらに

（A28） $n(G_t^H - \overline{G}^H) + (1-n)(G_t^L - \overline{G}^L) + (r_t - \rho)B_0 = 0$

と書ける。ここで，定常状態での均衡式 $\overline{C}^L = \overline{Y}$ を考慮すると，これより $\overline{G}^L = 0$ となるから， $(\omega - 1) \equiv \dfrac{n(G_t^H - \overline{G}^H)}{(r_t - \rho)B_0}$ と置けば，本文(42)式の $B_0 = nB_0^H$ と併せ，(A28)式は

（A29） $(1-n)G_t^L = -\omega(r_t - \rho)nB_0^H$

となる。この(A29)式よりパラメータ $\omega\ (\equiv \dfrac{(1-n)G_t^L}{-(r_t-\rho)nB_0^H})$ は上位国グループから下位グループへの財政移転比率を表していることが分る。これより中央銀行が政策利子率 r_t の水準を高位に維持することなく $r_t < \rho$ $(\forall t\in T)$ であ

補論　導出証明　*283*

れば $\omega > 0$ となることが確認される。かくして(A23)式より，本文の

(46)
$$-\frac{d\log C_0}{dr_0} = \frac{1}{\theta\delta} + \omega\frac{B_0^H}{Y}$$

が求まる。

参考文献

磯貝孝/森下浩文/R.ルッファー（2002）「東アジアの貿易を巡る分析：比較優位構造の変化，域内外貿易フローの相互依存関係」『国際局ワーキング・ペーパー』02-J-1，日本銀行

伊藤成朗（2004）「途上国における利子率裁定の変遷—メキシコの事例—」『研究双書』No.536，アジア経済研究所，pp.115-135

伊藤隆敏（2005）「アジア通貨制度の今後」2005年度春季日本金融学会報告資料

岩田規久男（2011）『ユーロ危機と超円高恐慌』日本経済新聞出版社

鵜飼博史（2006）「量的緩和政策の効果：実証研究のサーベイ」『金融研究』2006年10月，日本銀行金融研究所，pp.1-45

大谷聡（2001）「新しい開放マクロ経済学について」『ディスカッション・ペーパー』No.2001-J-23，日本銀行金融研究所

大森祐浩（2007）「マルコフ連鎖モンテカルロ法」蓑谷千凰彦/縄田和満/和合肇編著『計量経済学ハンドブック』朝倉書店 pp.699-723

──/渡部敏明（2008）「MCMCとその確率的ボラティリティモデルへの応用」国友直人/山本拓監修『21世紀の統計科学 I：社会・経済の統計』東京大学出版会 pp.223-266

岡田義昭（2001）『国際金融：理論と政策』法律文化社

──（2006）『国際金融の新たな枠組み』成文堂

──（2009）『開放経済下の新マクロ経済分析』成文堂

──（2011a）『国際金融論攷』成文堂

──（2011b）「金融政策分析に対するひとつのマクロ経済学的枠組み：テクニカル・ノート」*mimeo*

──（2013）「東アジアの国際通貨制度：テクニカル・ノート」*mimeo*

──（2014a）『グローバル化への挑戦と開放マクロ経済分析』成文堂

──（2014b）『現代経済理論〈第3版〉』成文堂

──（2015a）「不完全競争労働市場と賃金の硬直性：テクニカル・ノート」*mimeo*

──（2015b）「量的緩和政策の理論的含意：動学的一般均衡モデル分析」『地域分析』第53巻第2号，愛知学院大学産業研究所

──（2016）「ユーロ圏と最適政策スキーム：テクニカル・ノート」*mimeo*

翁邦雄（2011）『ポスト・マネタリズムの金融政策』日本経済新聞出版社

小原篤次（2013）「世界金融危機後のフィリピン経済と持続性の可能性と課題」『日本国際経済学会第3回春季大会・報告論文』2013年6月，於福岡大学

嘉冶佐保子（2006）「ＥＵの経済政策」（田中俊郎/庄司克宏編（2006）『EU統合の軌跡とベクトル』慶応義塾大学出版会，第6章）

加藤涼（2007）『現代マクロ経済学講義—動学的一般均衡モデル入門—』東洋経済新報社

286 参考文献

――/水沼早央梨（2013）「グローバル化と日本経済の対応力」『ワーキング・ペーパー・シリーズ』No.13-J-13，日本銀行

鎌田康一郎/須合智広（2006）「政策金利ゼロ制約下における金融政策効果の抽出」『ワーキング・ペーパー・シリーズ』No.06-J-13，日本銀行

河合正弘（1994）『国際金融論』東京大学出版会

――（2005）「東アジア経済統合と通貨体制：通貨バスケット制が有効」『経済教室』日本経済新聞，2005.7.15

川口大司（2013）「日本の労働市場の変化と求められる政策」経済産業省 RIETI セミナー報告資料

河村小百合（2015）『欧州中央銀行の金融政策』金融財政事情研究会

関志雄（2015）『中国「新常態」の経済』日本経済新聞出版社

関税・外国為替審議会（2002）『アジア経済・金融の諸問題の取り組み』

北村行伸（2005）『パネルデータ分析』岩波書店

國宗浩三編（1998）『97/98 アジア経済危機』アジア経済研究所

経済企画庁（1992）『平成 4 年年次経済報告』

――（1998）『平成 10 年度年次世界経済報告』

――（2000）『平成 12 年度年次世界経済報告』

経済産業省（2004）『2004 年版通商白書』

――（2005）『2005 年版通商白書』

――（2012）『2012 年版通商白書』

高坂正堯（1966）『国際政治』中央公論社

厚生労働省（2012）『平成 24 年版 労働経済の分析』

古澄英男（2008）「マルコフ連鎖モンテカルロ法入門」国友直人/山本拓監修『21 世紀の統計科学Ⅲ：数理・計算の統計科学』東京大学出版会 pp.271-304

白川方明（2008）『現代の金融政策：理論と実際』日本経済新聞出版社

――（2009）「金融政策の実践と金融システム：思考様式を巡る変遷」『金融研究』2009 年 10 月号，日本銀行金融研究所，pp21-26

白塚重典（2010）「わが国の量的緩和政策の経験―中央銀行バランスシートの規模と構成を巡る再検証―」『フィナンシャル・レビュー』2010 年第 1 号，財務省財務総合政策研究所，pp.35-58

――/寺西勇生/中島上智（2010）「金融政策コミットメントの効果：わが国の経験」『金融研究』2010 年 7 月，日本銀行金融研究所，pp.239-266

高木信二（2002）「金融為替政策と資本流入」『経済分析』165 号，内閣府経済社会総合研究所，pp.60-81

滝井光夫／福島光丘編著（1998）『アジア通貨危機』日本貿易振興会

田中明彦（2009）『ポスト・クライシスの世界：新多極時代を動かすパワー原理』日本経済新聞出版社

田中素香（2002）『ユーロ：その衝撃とゆくえ』岩波書店

—— (2010)『ユーロ：危機の中の統一通貨』岩波書店

—— (2016)『ユーロ危機とギリシャ反乱』岩波書店

——/長部重康/久保広正/岩田健治 (2014)『現代ヨーロッパ経済〈第 4 版〉』有斐閣

田中俊郎 (1998)『ＥＵの政治』岩波書店

谷内満 (1997)『アジアの成長と金融』東洋経済新報社

谷崎久志 (1993)『状態空間モデルの経済学への応用』日本評論社

—— (2007)「状態空間モデル」箕谷千凰彦/縄田和満/和合肇編『計量経済学ハンドブック』朝倉書店，pp.621-642

鄭章淵 (1997)「『東アジア経済発展論』の構築とその射程—開発経済学の議論を中心に」『岐阜経済大学論集』第 31 巻第 2/3 号

豊田秀樹編著 (2008)『マルコフ連鎖モンテカルロ法』朝倉書店

中川満 (2007)「マルコフ・スイッチング・モデル」『日本統計学会会報』No.30，pp.8-10

日本銀行企画局 (2009「今次金融経済危機における主要中央銀行の政策運営について」*BOJ Reports & Research Papers*, 2009 年 9 月

西村和雄 (1990)『ミクロ経済学』東洋経済新報社

日本国際問題研究所編 (2012)「試練に直面する欧州経済」『国際問題』2012 年 5 月号

日本貿易振興機構アジア経済研究所編 (1998)『97 年アジア通貨危機—東アジア 9 カ国・地域における背景と影響を分析する』トピックリポート No.28

日本労働研究機構編集 (2001)『アメリカの陰と光—アメリカ経済の動向と雇用・労働の現状を探る（海外調査シリーズ 53）』日本労働研究機構

廣瀬康生 (2012)『ＤＳＧＥモデルによるマクロ実証分析の方法』三菱経済研究所

福田慎一/計聡 (2001)「通貨危機後の東アジアの通貨制度」『金融研究』2001 年 12 月，日本銀行金融研究所，pp.205-250

藤原清明 (2002)「アメリカの労働組合の現状」*mimeo*

堀内昭義 (2004)「長期停滞の原因と対応策」浜田宏一/堀内昭義/内閣府経済社会総合研究所編『論争日本の経済危機—長期停滞の真因を解明する』日本経済新聞社，pp.289-318

本多佑三/黒木祥弘/立花実 (2010)「量的緩和政策：2001 年から 2006 年にかけての日本の経験に基づく実証分析」『フィナンシャル・レビュー』2010 年第 1 号，財務省財務総合政策研究所，pp.59-81

松浦克己/コリン・マッケンジー (2009)『ミクロ計量経済学』東洋経済新報社

——/—— (2012)『EViews による計量経済分析 [第 2 版]』東洋経済新報社

吉富勝 (2003)『アジア経済の真実』東洋経済新報社

渡辺努/藪友良 (2010)「量的緩和期の外為介入」『ファイナンシャル・レビュー』第 99 号，財務省財務総合政策研究所，pp.97-114

渡辺利夫 (1996)『開発経済学　第 2 版』日本評論社

Altman, R. (1998), "The Nuke of the 90s," *The New York Times Magazine*, March 1, 1998, p.34

Alvarez, F., A. Atkeson and C. Edmond (2008), "Technical Appendix: Sluggish Responses

288 参考文献

of Prices and Inflation to Monetary Shocks in an Inventory Model of Money Demand,"
Research Department Staff Report, November 2008, Federal Reserve Bank of Minneapolis

——, —— and —— (2009), "Sluggish Responses of Prices and Inflation to Monetary
Shocks in an Inventory Model of Money Demand," *Quarterly Journal of Economics*, Vol.
124, No.3, pp.911-967

Andrews, D.W.K. (1993), "Tests for Parameter Instability and Structural Change with
Unknown Change Point," *Econometrica*, Vol.61, No.4, pp.821-856

Asian Development Bank (2004), *Monetary and Financial Integration in East Asia*,
Palgrave Macmillan

Baba, N., S. Nishioka, N. Oda, M. Shirakawa, K. Ueda, and H. Ugai (2005), "Japan's
Deflation, Problems in the Financial System, and Monetary Policy," *Monetary and
Economic Studies*, Vol.23, No.1, Bank of Japan, pp.47-111

Baltagi, B.H. (2005), *Econometric Analysis of Panel Data*, 3rd ed., John Wiley and Sons

Baumol, W.J. (1952), "The Transaction Demand for Cash: An Inventory Theoretical
Approach," *Quarterly Journal of Economics*, Vol.66, No.4, pp.545-556

Benhabib, J., S. Schmitt-Grohê and M. Uribe (2002), "Avoiding Liquidity Traps," *Journal
of Political Economy*, Vol.110, No.3, pp.535-563

Benk, S., M. Gillman and M. Kejak (2005), "Credit Shocks in the Financial Deregulatory
Era: Not the Usual Suspects," *Review of Economic Dynamics*, Vol.8, No.3, pp.668-687

——, —— and —— (2008), "Money Velocity in an Endogenous Growth Business Cycle
with Credit Shocks," *Journal of Money, Credit and Banking*, Vol.40, No.6, pp.1281-1293

Bhar, R. and S. Hamori (2004), *Hidden Markov Models: Application to Financial Economics*,
Kluwer Academic Publishers

Blanchard, O. and C.M. Kahn (1980), The Solution of Linear Difference Models under
Rational Expectations," *Econometrica*, Vol.48, pp.1305-1311

Brouwer, G.de and M. Dungey (2004), "Revealed Commonality: Linkage in Consumption,
Investment and Output in East Asia," in Brouwer, G.de and M. Kawai, eds. (2004).

—— and M. Kawai, eds. (2004), *Exchange Rate Regimes in East Asia*, Routledge Curzon

Brown, R.L., J. Durbin and J.M. Evans (1975), "Techniques for Testing the Constancy of
Regression Relationships over Time," *Journal of the Royal Statistical Society*, Series B,
Vol.37, No.2, pp.149-192

Bruderl, J. (2005), "Panel Data Analysis," *mimeo*

Calvo, G.A. (1983), "Staggered Prices in a Utility-Maximizing Framework," *Journal of
Monetary Economics*, Vol.12, pp.383-398

Campbell, J.Y. and N. Gregory Mankiw (1989), "Consumption, Income, and Interest Rates:
Reinterpreting the Time Series Evidence," *Working Paper* 2924, National Bureau of
Economic Research

Castelnuovo, E., L. Greco and D. Raggi (2008), "Estimating Regime-Switching Taylor

Rules with Trend Inflation," *Discussion Papers*, No. 20, Bank of Finland Research

Chinn, M.D. and Y. Zhang (2013), "Uncovered Interest Parity and Monetary Policy Near and Far from the Zero Lower Bound," *Working Paper* 21159, National Bureau of Economic Research

Chiu, J. (2007), "Endogenously Segmented Asset Market in an Inventory-Theoretic Model of Money Demand," *Working Paper* No.2007-46, Bank of Canada

Christiano, L. J., M. Eichenbaum and C. L. Evans (2005), "Nominal Rigidities and the Dynamic Effects of a Shock to Monetary Policy," *Journal of Political Economy*, Vol.113, pp.1-45

Coenen, G. and R. Straub (2004), "Non-Ricardian Households and Fiscal Policy in an Estimated DSGE Model of the Euro Area," *mimeo*

Coeure, B. (2004), "The Narrow Road to the Single Asian Currency: Lessons from Optimal Currency Area and the Euro," in Brouwer, G.de and M. Kawai, eds. (2004)

Cooley, T.F. and G.D. Hansen (1995), "Money and the Business Cycle," in *Frontiers of Business Cycle Research*, ed. by T.F. Cooley, Chap.7, Princeton University Press

Davig, T. and T. Doh (2008), "Monetary Policy Regime Shifts and Inflation Persistence," *Research Working Paper* 08-16, Federal Reserve Bank of Kansas City,

—— and E. Leeper (2007), "Generalizing the Taylor Principle," *American Economic Review*, Vol.97, No.3, pp.607-635

Devereux, M.B. and J. Yetman (2013), "Capital Controls, Global Liquidity Traps and the International Policy Trilemma," *Working Paper* 19091, National Bureau of Economic Research

—— and —— (2014), Globalisation, Pass-through and the Optimal Policy Response to Exchange Rates," *Working Paper* 20252, National Bureau of Economic Research

Dewachter, H. (2001), "Can Markov Switching Models Replicate Chartist Profits in the Foreign Exchange Market?" *Journal of International Money and Finance*, Vol. 20, pp. 25-41

Dixit, A. K. and J. E. Stiglitz (1977), "Monopolistic Competition and Optimal Product Diversity," *American Economic Review*, Vol.67, pp.297-308

Dornbush, R. (1980), *Open Economy Macroeconomics*, Basic Books

Durbin, J. and S.J. Koopman (2012), *Time Series Analysis by State Space Methods*, Second ed., Oxford U.P.

Eggertsson, G.B. and M. Woodford (2003), "The Zero Bound on Interest Rates and Optimal Monetary Policy," *Brookings Papers on Economic Activity*, pp.139-233

Eichengreen, B. (1995), "The Endogeneity of Exchange-rate Regimes," in P.B. Kenen, ed., *Understanding Interdependence: The Macroeconomics of the Open Economy*, Princeton U. P.

—— (1999), *Towards a New International Financial Architecture*, Institute for

290 参考文献

International Economics

―― (2011), *Exorbitant Privilege: The Rise and Fall of the Dollar and the Future of the International Monetary System*, Oxford University Press

Engel, C. (1994), "Can the Markov Switching Model Forecast Exchange Rates?" *Journal of International Economics*, Vol. 36, pp.151-165

―― (2013), "Exchange Rates and Interest Parity," *Working Paper* 19336, National Bureau of Economic Research

―― (2015), "Exchange Rates, Interest Rates and the Risk Premium," *Working Paper* 21042, National Bureau of Economic Research

―― and J.D. Hamilton (1990), "Long Swings in the Dollar: Are They in the Data and Do Markets Know It?" *American Economic Review*, Vol. 80, pp.689-713

Erceg, C.J., D.W. Henderson, and A.T. Levin (1999), "Optimal Monetary Policy with Staggered Wage and Price Contracts," *International Finance Discussion Paper* 640, Board of Governors of the Federal Reserve System

Farmer, R.E.A., T. Zha and D.F. Waggoner (2009), "Understanding Markov-Switching Rational Expectations Models," *Working Paper* 14710, National Bureau of Economic Research

――, ―― and ―― (2011), "Minimal State Variable Solutions to Markov- Switching Rational Expectations Models," *Working Paper* 2008-23, Federal Reserve Bank of Atlanta

Fisher, I. (1911), *The Purchasing Power of Money*, Macmillan & Co., Ltd. (downloaded from Website Library of the Liberty Fund)

Fischer, S. (2001), "Exchange Rate Regimes: Is the Bipolar View Correct?" *Journal of Economic Perspective*, Vol.15, No.2

Fleming, J.M. (1962), "Domestic Financial Policies under Fixed and Floating Exchange Rate," *International Monetary Fund Staff Paper*, Vol.9

Flood, R.P. and A.K. Rose (2002), "Uncovered Interest Parity in Crisis," *IMF Staff Papers*, Vol.49, No.2, International Monetary Fund

Frankel, J.A. (1979), "The Diversifiability of Exchange Risk," *Journal of International Economics*, Vol.9, No.3, pp.379-393

―― and S.J. Wei (1994), "Yen Bloc or Dollar Bloc: Exchange Rate Policies of the East Asian Economies," in Ito, T. and A.O. Krueger eds., *Macroeconomic Linkage*, University of Chicago Press, pp.295-329

Freeman, S. and G.W. Huffman (1991), "Inside Money, Output, and Causality," *International Economic Review*, Vol.32, No.3, pp.645-667

French and Japanese Staff (2001), "Exchange Rate Regimes for Emerging Market Economies," *http://www.mof.go.jp*

Fujiwara, I. (2006), "Evaluating Monetary Policy When Nominal Interest Rates are

Almost Zero," *Journal of the Japanese and International Economy*, Vol.20, pp.434-453

Gali, J. (2015), *Monetary Policy, Inflation, and the Business Cycle: An Introduction to the New Keynesian Framework*, Second ed., Princeton University Press

—— and M. Gertler (1999), "Inflation Dynamics: A Structural Econometric Analysis," *Journal of Monetary Economics*, Vol.44, pp.195-222

—— and T. Monacelli (2005), "Monetary Policy and Exchange Rate Volatility in a Small Open Economy," *Review of Economic Studies*, Vol.72, pp.707-734

—— and —— (2008), "Optimal Monetary and Fiscal Policy in a Currency Union," *Journal of International Economics*, Vol.76, pp.116-132

Giddens, A. (2013), *Turbulent and Mighty Continent*, Polity Press Ltd.

Gruss, B. and K. Mertens (2009), "Regime Switching Interest Rates and Fluctuations in Emerging Markets," *mimeo*

Hamilton, J.D. (1989), "A New Approach to the Economic Analysis of Nonstationary Time Series and the Business Cycle," *Econometrica*, Vol.57, pp.357-384

—— (1994), *Time Series Analysis*, Princeton U.P.

—— (2005), "Regime-Switching Models," *prepared for Palgrave Dictionary of Economics*

—— and B. Raj eds. (2002), *Advances in Markov-Switching Models*, Physica-Verlag

Harvey, A.C. (1989), *Forecasting, Structural Time Series Models and the Kalman Filter*, Cambridge U.P.

Herbst, E. and F. Schorfheide (2016), *Bayesian Estimation of DSGE Models*, Princeton University Press

Hnatkovska, V., A. Lahiri, and C.A. Vegh (2013), "Interest Rate and the Exchange Rate: A Non-monotonic Tale," *European Economic Review*, Vol.63, pp.68-93

——, ——, and —— (2016), "The Exchange Rate Response to Monetary Policy Innovations," *American Economic Journal: Macroeconomics*, Vol.8, No.2, pp.137-181

Ichiue, H. and K. Koyama (2007), "Regime Switches in Exchange Rate Volatility and Uncovered Interest Parity," *Working Paper Series* No. 07-E-22, Bank of Japan

Iiboshi, H., S. Nishiyama, and T. Watanabe (2006), "An Estimated Dynamic Stochastic General Equilibrium Model of the Japanese Economy: A Bayesian Analysis," *mimeo*

International Monetary Fund (2013a), *International Financial Statistics*, CD-ROM, October 2013

—— (2013b), *International Financial Statistics*, CD-ROM, November 2013

—— (2014), *International Financial Statistics*, CD-ROM, June 2014

—— (2015a), *International Financial Statistics*, CD-ROM, February 2015

—— (2015b), *International Financial Statistics*, CD-ROM, June 2015

—— (2015c), *International Financial Statistics*, CD-ROM, August 2015

Ito, S. (2002), "Identification and Anatomy of Currency Crises,"（国宗浩三編（2002）『開発途上国経済システムの中における金融』調査研究報告書，アジア経済研究所，第5

292 参考文献

章，pp.93-118)

Ito, T. (2005), "The Exchange Rate in Japanese Economy: The Past, Puzzles, and Prospect," *The Japanese Economic Review*, Vol.56, No.1

—— (2013), "Is Foreign Exchange Intervention Effective?: The Japanese Experiences in the 1990s," *Working Paper* 8914, National Bureau of Economic Research

—— and F. S. Mishkin (2006), "Two Decades of Japanese Monetary Policy and the Deflation Problem," in Ito, T. and A. Rose eds. *Monetary Policy with Very Low Inflation in the Pacific Rim*, The University of Chicago Press, pp.131-193

Jung, T., Y. Teranishi and T. Watanabe (2005), "Optimal Monetary Policy at the Zero-Interest-Rate Bound," *Journal of Money, Credit and Banking*, Vol.37, No.5, pp.813-835

Kaplan, G., B. Moll and G.L. Violante (2016), "Monetary Policy According to HANK," *Working Paper* 21897, National Bureau of Economic Research

Kato, R. and S. Nishiyama (2005), "Optimal Monetary Policy When Interest Rates are Bounded at Zero," *Journal of Economic Dynamics and Control*, Vol.29, pp.97-134

Kawai, M. (2002), "Exchange Rate Arrangements in East Asia: Lessons from the 1997-98 Currency Crisis," *Monetary and Economic Studies*, December 2002, Bank of Japan

—— (2004), "The Case for a Tri-polar Currency Basket System for Emerging East Asia," in Brouwer, G.de and M. Kawai, eds. (2004)

Kenen, P. (1969), "The Theory of Optimum Currency Areas: An Eclectic View," in Mundell/Swoboda eds. (1969), *Monetary Problems of the International Economy*, University of Chicago Press, pp.41-60

Keynes, J.M. (1936), *The General Theory of Employment, Interest and Money*, Macmillan & Co., Ltd. (reprinted in 1957)

Khan, A. and J.K. Thomas (2007), "Inflation and Interest Rates with Endogenous Market Segmentation," *Working Paper* No.07-1, Federal Reserve Bank of Philadelphia

Kim, C.J., J.M. Piger and R. Startz (2003), "Estimation of Markov Regime-Switching Regression Models with Endogenous Switching," *Working Paper* 2003-015C, Federal Reserve Bank of St. Louis

Kimura, T., H. Kobayashi, J. Muranaga, and H. Ugai (2003), "The Effect of the Increase in the Monetary Base on Japan's Economy at Zero Interest Rates: An Empirical Analysis," *Bank for International Settlements Conference Series*, 19, pp.276-312

King, R.G. and C.I. Plosser (1984), "Money, Credit, and Prices in a Real Business Cycle," *American Economic Review*, Vol.74, No.3, pp.363-380

Koopman, S.J., N. Shephard, and J.A. Doornik (1998), "Statistical Algorithms for Models in State Space Using SsfPack 2.2," *Econometrics Journal*, Vol.1, pp.1-55

——, E. Zivot, and J. Wang (2003), "State Space Modeling in Macroeconomics and Finance Using SsfPack for S + FinMetrics," *mimeo*

Krugman, P. (1998), "It's Baaack: Japan's Slump and the Return of the Liquidity Trap,"

Brookings Papers on Economic Activity, Fall 1998, pp.137-203

Kuhn, H.W. and A.W. Tucker (1951) "Nonlinear Programming," in *Proceedings of the Second Berkeley Symposium on Mathematical Studies and Probability*, University of California Press

Lane, P. R. (1999), "The New Open Economy Macroeconomics: A Survey," *Trinity Economic Paper Series*, No.3, Trinity College Dublin

Liu, Z., D.F. Waggoner and T. Zha (2011), "Sources of Macroeconomic Fluctuations: A Regime-Switching DSGE Approach," *Quantitative Economics 2* (2011), pp.251-301

Lucas, Jr., R.E. (1972), "Expectation and the Neutrality of Money," *Journal of Economic Theory*, Vol.4, pp.103-124

Luenberger, D.G. (1969), *Optimization by Vector Space Methods*, John Wiley & Sons, Inc

MacDougall, G.D.A. (1960), "The Benefits and Costs of Private Investment from Abroad: A Theoretical Approach," *Economic Review*, Vol.36, Issue 73, pp.13-35

Markovitz, H.Z. (1959), *Portfolio Selection: Efficient Diversification of Investments*, John Wiley & Sons, Inc

McCandless, G. (2008), *The ABCs of RBCs*, Harvard University Press

McKinnon, R.I. (1963), "Optimum Currency Areas," *American Economic Review*, Vol.53, No.4

—— (1996), *The Rule of the Game: International Money and Exchange Rate*, The MIT Press

—— (2004), "The East Asian Exchange Rate Dilemma and the World Dollar Standard," in Asian Development Bank ed. (2004)

Mundell, R.A. (1961), "A Theory of Optimum Currency Areas," *American Economic Review*, Vol.51, No.4

—— (1963), "Capital Mobility and Stabilization Policy under Fixed and Flexible Exchange Rates," *Canadian Journal of Economics and Political Science*, Vol.29, No.4

Nakajima, J. (2011), "Monetary Policy Transmission under Zero Interest Rates: An Extended Time-Varying Parameter Vector Autoregression Approach," *IMES Discussion Paper* No.2011-E-8, Bank of Japan

——, M. Kasuya and T. Watanabe (2009), "Bayesian Analysis of Time-Varying Parameter Vector Autoregressive Model for the Japanese Economy and Monetary Policy," *IMES Discussion Paper* No.2019-E-13, Bank of Japan

Obstfeld, M, (1998), "The Global Capital Market: Benefactor or Menace?" *Journal of Economic Perspectives*, Vol.12, No.4

—— and K. Rogoff (1995)," Exchange Rate Dynamics Redux," *Journal of Political Economy*, Vol.103, No.3, pp.624-660

—— and —— (1996), *Foundations of International Macroeconomics*, The MIT Press

Okamoto, S. (2005a), "Classification of Commodity Trade Goods according to the

294 参考文献

Production Stage: RIETI Trade Industry Database," *RIETI Discussion Paper*

—— (2005b), "Research on the Trade Structure in East Asia: Triangular Trade Structure as a Regional Manufacturing Platform," *RIETI Discussion Paper*

Okina, K. and S. Shiratsuka (2004), "Policy Commitment and Expectation Formation: Japan's Experience under Zero Interest Rates," *North American Journal of Economics and Finance*, Vol.15, No.1, pp.75-100

Pape, B. (2005), "Regime Switching Models," *mimeo*

Quandt, R.E. (1960), "Tests of the Hypothesis that a Linear Regressions System Obeys Two Separate Regimes," *Journal of American Statistical Association*, Vol.55, pp.324-330

Quantitative Micro Software (2013), "Switching Regression," in QMS *EViews 8: User's Guide* II, Chap.13

Roberts, J.M. (1995), "New Keynesian Economics and the Phillips Curve," *Journal of Money, Credit and Banking*, Vol.27, pp.975-984

Romer, D. (2012), *Advanced Macroeconomics*, Forth ed., McGraw-Hill

Rubio-Ramirez, J.F., D. Waggoner and T. Zha (2005), "Markov-Switching Structural Vector Autoregressions: Theory and Application," *Working Paper Series*, No.2005-27, Federal Reserve Bank of Atlanta

Sarno, L. (2001), "Towards a New Paradigm in Open Economy Modeling: Where Do We Stand?" *FRB of St. Louis Review*, May/June 2001

Shin, K. and Y. Wang (2004), "Sequencing Monetary and Trade Integration," in Brouwer, G.de and M. Kawai, eds. (2004)

Smets, F. and R. Wouters (2003), "An Estimated Dynamic Stochastic General Equilibrium Model of the Euro Area," *Journal of the European Economic Association*, Vol.1, pp. 1123-1175

—— and —— (2006), "Model Appendix," *mimeo*

—— and —— (2007), "Shocks and Frictions in US Business Cycles: A Bayesian DSGE Approach," *American Economic Review*, Vol.97, No.3, pp.586-606

Sudo, N. (2011), "Accounting for the Decline in the Velocity of Money in the Japanese Economy," *IMES Discussion Paper Series* No.2011-E-16, Institute for Monetary and Economic Studies, Bank of Japan

Takagi, S. and K. Hirose (2004), "A Multivariate Approach to Grouping Financially Integrated Economies," in Brouwer, G.de and M. Kawai, eds. (2004)

Taylor, J.B. (1993), "Discretion versus Policy Rules in Practice," *Carnegie- Rochester Conference Series on Public Policy*, Vol.39, pp.195-214

Tobin, J. (1956), "The Interest-Elasticity of Transactions Demand for Cash," *Review of Economics and Statistics*, Vol.38, No.3, pp.241-247

Tokyo Center for Economic Research (2002), *Report on the Study Group on Exchange Rate Regimes for Asia*

参考文献　*295*

Uhlig, H. (1999), "A Toolkit for Analyzing Nonlinear Dynamic Stochastic Models Easily," in R. Marimon and A. Scott eds. *Computational Methods for the Study of Dynamic Economics*, Oxford University Press

―― (2003), "Quantitative Macroeconomics and Numerical Methods," *mimeo*

Urata, S. et al. (2002), "Exchange Rate Regimes for Asia," *http://www.mof.go.jp*

Végh, C. A. (2013), *Open Economy Macroeconomics in Developing Countries*, The MIT Press

Walsh, C.E. (2010), *Monetary Theory and Policy*, Third ed., The MIT Press

Wickens, M. (2008), *Macroeconomic Theory: A Dynamic General Equilibrium Approach*, Princeton University Press

Williamson, J. (1999), "Crawling Bands or Monitoring Bands: How to Manage Exchange Rates in a World of Capital Mobility," *International Economics Policy Briefs*, 99-3, Institute for International Economics

―― (2000a), *Exchange Rate Regimes for Emerging Markets: Reviving the Intermediate Option*, Institute for International Economics

―― (2000b), "Development of the Financial System in Post-Crisis Asia," *Working Paper* No.8, Asian Development Bank Institute

―― (2001), "The Case for a Basket, Band and Crawl (BBC) Regime for East Asia," in D. Gruen and J. Simon eds. *Future Direction for Monetary Policy in East Asia*, Reserve Bank of Australia

Woodford, M. (2003), *Interest and Prices*, Princeton University Press

World Bank (1993), *The East Asian Miracle*, Oxford U.P.

Yano, K. (2009), "Dynamic Stochastic General Equilibrium Models under a Liquidity Trap and Self-organizing State Space Modeling," *ESRI Discussion Paper Series*, No.206

――, Y. Iida and H. Wago (2010), "Estimating New Keynesian DSGE Models in A Liquidity Trap Using the Monte Carlo Particle Filter: An Application to the Japanese Economy," *Paper presented for the Econometric Society World Congress 2010*

Yoshitomi, M. and S. Shirai (2001), "Designing a Financial Market Structure in Post-Crisis Asia," *Working Paper* No.15, Asian Development Bank Institute

―― and ADBI Staff (2003), *Post-Crisis Development Paradigms in Asia*, Asian Development Bank Institute

論文初出一覧

　本書は，2014～16 年度愛知学院大学産業研究所・個人研究プロジェクト「ポスト・ク
ライシス時代の国際金融(1)(2)(3)」の助成を受け，愛知学院大学商学会『愛知学院大学
論叢・商学研究』ならびに愛知学院大学産業研究所所報『地域分析』に掲載された論文
（すべて単著）を基に加筆・訂正したものである。その初出一覧を示せば以下のごとくで
ある。なお転載を認められた商学会長ならびに産業研究所長にはここに感謝申し上げる次
第である。

第1章　金融政策の為替レートへの伝達メカニズム
　　　　※「金融政策の為替レートへの伝達メカニズム」『愛知学院大学論叢・商学研究』
　　　　　第 57 巻第 1 号，2016 年 9 月受理（2016 年 12 月公刊予定）
第2章　非伝統的金融緩和政策の有効性
　　　　※「非伝統的金融緩和政策の有効性」『地域分析』第 54 巻第 1 号，愛知学院大学産
　　　　　業研究所，2015 年 10 月
第3章　デフレ期における日本の金融政策
　　　　※「デフレ期における日本の金融政策：マルコフ・スイッチング回帰分析」『地域分
　　　　　析』第 53 巻第 1 号，愛知学院大学産業研究所，2014 年 9 月
　　　　※「量的緩和政策の理論的含意：動学的一般均衡モデル分析」『地域分析』第 53 巻
　　　　　第 2 号，愛知学院大学産業研究所，2015 年 3 月
第4章　不完全競争労働市場と賃金の硬直性
　　　　※「不完全競争労働市場と賃金の硬直性：日米欧経済の事例分析」『愛知学院大学論
　　　　　叢・商学研究』第 56 巻第 1・2 号，2016 年 1 月
第5章　東アジア経済の通貨金融分析
　　　　※「東アジア経済の通貨金融分析」『愛知学院大学論叢・商学研究』第 55 巻第 1 号，
　　　　　2014 年 12 月
第6章　東アジア経済圏の国際通貨制度
　　　　※「東アジアの国際通貨制度：新 *IS-LM* モデルと実証分析」『愛知学院大学論叢・
　　　　　商学研究』第 54 巻第 2・3 号，2014 年 3 月
第7章　東アジア新興市場への国際資本流入
　　　　※「東アジア新興市場への国際資本流入」『地域分析』第 54 巻第 3 号，愛知学院大
　　　　　学産業研究所，2016 年 3 月
第8章　ユーロ圏と最適政策スキーム
　　　　※「ユーロ圏と最適政策スキーム」『地域分析』第 55 巻第 1 号，愛知学院大学産業
　　　　　研究所，2016 年 9 月

事 項 索 引

あ 行

域内（経済金融）統合……6,
137,138-40,144,146,150,
167,168,180-1
一物一価の法則……10,13-4,
26,195,256,259
インデクセーション・ルール
（ウッドフォード型——）
……………………104-5,108
インパルス応答………11,29,
30-2,39,46,49-52,116-8,
204-5
オープンエコノミー・トリレ
ンマ（開放経済の——）
………………138,167,181
オイラー方程式
消費——……16,45,47,48,
64,68,113,172,188-9,200,
261,268-9,276,279,281
生産——………………20
欧州連合……1,3,7,181,252

か 行

開放経済動学的一般均衡モデ
ル……4,6,7,9,137-9,141,
168-9,183,221,255,257,
274
価格
——改定…37,66-7,108-9,
174,191,193
——設定（式）27,66,109,
113,130,132,137,168,
173-4,190-2
——遷移式（集計的——）
………67,109,131,174,192
確率分布
事後——…………119,223
事前——……119,120,223

過剰反応（オーバーシューティ
ング）………8,183,243
貨幣
——の流通速度…5,38-40,
43,46,48-9,51-2
——の交換方程式………38
カリブレーション……5,11,
27-32,39,45-6,52,112,
115,118,200,204-5,273
カルボ型粘着価格モデル（確
率的な価格改定モデル）…37,
65,104,107,173,191
カルマン・フィルター（・ア
ルゴリズム）…6,56,206,
235,239,241,242,249-51
為替レート（外国——）
…1,2,4-7,8-12,14,25-6,
29-33,137-8,140-4,154,
160,165-8,171,175,181-4,
186,193,195-7,200-5,
207-9,215-22,234-7,
240-5,248,254
完全競争（市場）…………8,
12-4,22,26,62,67,95,100,
110-1,119,140,169,175-7,
182,184,190,196-7,199,
234,236,256,259-60,262,
265
技術水準………17,28-30,65,
107,112,114-5,118,172,
189
ギブス・サンプラー・アルゴ
リズム………77,119,123,
207-9,225
逆ガンマ分布…77,119,206,
224
共通通貨（——同盟，——建
て）………7,254-60,
262-76,281-2

金利裁定　→　金利平価
金利平価……6,8,33,175-6,
196-7,202-4,206-7,209,
215-17,221,227,234-5,
237,241,245
金融政策（非伝統的——）
2,4,5,7,9,11,23,33-5,39,
46,49,52-9,61-2,69-71,
74,77,80,87,91,93-4,110,
114-5,138,141-2,167,175,
181,193,203-4,206,215-7,
221,254,263,266,269,
275-6
クリーン・フロート…10,159
グローバル・サプライチェー
ン………137,167,168
グローバル・バリューチェー
ン………137,167,168
ケインズ経済理論（ケインジ
アン・モデル）…………37
コール・レート（銀行間無担
保・翌日物）…34,53-4,
57-9,62,74,165
交易条件（実効——）…142,
194,196,198,201-4,206,
208-9,216-7,221,254,256,
259,264-5,267,275
口座間振替（サイクル）・46,
48,51-2
構造ショック……11,29,30,
32,115,118,204,269,272,
274
構造パラメータ…11,29,30,
39,45,49,52,115,204-5,
273-4
購買力平価（説）……9,195,
202,204,206,209,215-7,
221
効用関数

相対的危険回避度一定型
——………13, 63, 101, 169,
185, 257, 267
合理的予想（形成）…12, 15,
19, 21, 95, 100, 102, 108,
125, 184, 188, 191, 204, 206,
237, 256, 260

さ　行

財サービス需要（個別——）
…………100, 171, 184, 187
最適化行動 → 主体的均衡
最適金融政策…………55, 71,
91-3, 267-70
財政（支出）…7, 9, 22-3, 97,
110, 114, 145, 164, 174, 181,
184, 193-4, 252-5, 272-6,
282
財政収支（式）……22-3, 25,
42, 109-10, 174, 193
財政（金融）政策……23, 33,
39, 52, 95, 110, 174, 255,
263, 266,
最大化（最小化）問題
制約条件付き——…15, 19,
43, 55, 64, 66, 70, 102, 105,
109, 172, 188, 191-2, 236,
261
市場（需給）均衡……12, 43,
100, 114, 184, 256, 257, 267,
279
主体的均衡（条件）………8,
12, 15-6, 19, 22, 24, 26, 64,
66, 68, 95, 100, 102, 106,
109-11, 113, 127, 130,
171-2, 174, 176, 184, 188,
192, 199, 200, 236, 257,
260-1, 267
消費オイラー方程式 → オイ
ラー方程式
消費・余暇トレードオフ条件
式……16, 17, 64, 68,
172, 189, 199, 201, 261
新　IS-LM（理論）体系

（——モデル）…5, 6, 68,
71, 87, 183, 203, 205, 221
新開放マクロ経済学（——モ
デル）…4, 6, 9, 183, 205, 221
正規分布………45, 56, 72-3,
77, 88, 119, 206, 224, 240
生産オイラー方程式 → オイ
ラー方程式
生産関数…………17, 19, 65,
68, 99, 107, 111, 114, 172,
184, 189-91, 199, 201, 257,
262, 267, 273
全要素生産性 → 技術水準
ソロー残差 → 技術水準

た　行

対数線形
——化……27-8, 112, 126-32,
200-4
——・線形近似（式）…5, 11,
27-30, 39, 45-8, 52, 68-9,
71, 112-4, 118, 126-32, 140,
142, 150, 200-4
大数の法則…66, 104, 108, 191
代替弾力性
価格に対する異時点間の消
費……13, 63, 77, 101,
139, 203, 258, 269, 274
価格に対する財サービス需
要の——63, 67, 101, 111,
170, 185, 189, 258
価格に対する自国・外国財
サービス需要の——……13,
170, 185, 198, 258
賃金に対する異時点間労働
供給の——…13, 63, 101,
203, 258
賃金に対する労働需要の
——………………104
ダミー変数……146, 149-50,
単位根検定
拡張 Dickey-Fuller——
………………74,
120, 154, 241

パネル——……………146
賃金
——の硬直性（係数）…5,
95-6, 119, 124
——率設定（式）……104-6,
113, 127-30
——率遷移式（集計的
——）……………106, 128
通貨バスケット・ペッグ
（制）……138, 141, 144,
162-4, 178, 182, 216, 218-22
定常均衡解 → 定常状態
定常状態………5, 11, 24, 28, 30,
39, 45-8, 52, 68, 107, 112,
114, 118, 126-32, 200-4,
208, 268-74, 277-82
テイラー展開（近似）…68,
126, 176, 190, 194-5, 197,
200, 236, 264
テイラー・ルール型金融政策
………5, 23, 53-6, 71-2, 74,
76-7, 80, 87, 92-3, 110, 114,
141, 175, 193, 203, 215-7,
263, 266
動学
——過程…11, 28, 30, 46, 49,
112, 204
——的 IS 曲線…55, 68-71,
77, 92, 200-1, 203, 206, 209,
221
——的（確率的）一般均衡
モデル（——理論）…4-6,
11-2, 26, 28, 30, 37-8, 56,
62, 87, 95, 100, 112, 124-5,
183, 205
——的ラグランジュ関数
………………15, 19, 70, 102
独占的競争（市場）…4, 27,
62-3, 65, 67, 71, 99, 101,
103-4, 107, 110-1, 113, 119,
125, 169-70, 173, 184, 186,
190-1
トランスミッション（メカニ
ズム）……5, 10, 11, 30, 164

事項索引　　*299*

は　行

パス・スルー率……132,168

バックワード・ルッキング
……………………113,132,202

バブル……8,34,54,57,62,87,
98,125,165,183,243

非伝統的金融政策 → 金融政
策

フィリップス曲線式
　新ケインジアン――…55,
68-9,71,77,113,130,132,
201-3,206,209,221,
　伝統型――……27,113,202

フォワード・ルッキング…4,
9,27,113,132,202

不完全競争（市場）……4,5,
95-6,124-5

不胎化オペレーション（非
　――）……6,137,138,
142-3,161-4,166-8

ブレトン・ウッズ体制……8,
143,182

米ドル・ペッグ（制）……6,
138,141,162-3,166-8

ペソ問題（為替レートの
　――）……8,183,243

ポートフォリオ・バランス・
　モデル……………………9

ま　行

マルコフ・スイッチング・モ
　デル（――回帰式）……5,
55-6,71-3,74-7,80,87-91

マルコフ連鎖モンテカルロ法
　によるベイズ推定法……55,
77,95,119-20,125,207-8,
221,222-6

マンデル-フレミング（-ドー
　ンブッシュ）・モデル……9

ミクロ的基礎（付け）……4,5,
9,27,52

ミス・アラインメント（為替
　レートの――）…………8

や　行

ユーロ（圏）……3,4,7,35,
53,181,218-20,222,252-6,
266,275-6

予算制約式
　家計の――…………14-5,
63-4,99,101-2,171,186,
188,259-60,267,271-2,277
　政府の――…………43,267

ら　行

乱高下（為替レートの――）
………8,138,141,161,183,
215-6,243

流動性の罠……35,54-5,57,
80,88

量的緩和政策……2,5,34-5,
52,54,57-9,61-2,80,88,
94,161

レジーム・スイッチング・モ
　デル → マルコフ・スイッ
　チング・モデル

ロピタルの定理……13,170,
194,258

A－Z

Blanchard-Kahn の条件…29,
115,204

credit-in-advance 条件式
………………17-8,20,29

CUSUM 検定（CUSUMSQ
検定）……75,120,237,249

Dixit-Stiglitz 型集計指標
…………101,104,185,258

Hodrick-Prescott フィルタ
ー……74,120,159,208

Kuhn-Tucker の定理……16,
19,44,70,102

no-Ponzi-game 条件式
……16,20,64,103,261

人名索引
（アルファベット順）

Altman, R. ……… 178, 245
Alvarez, F. ……… 40, 46, 49
Andrews, D.W.K. ……… 75
Atkeson, A. ……… 40, 46, 49
Baba, N. ……… 61
Baltagi, B.H. …… 146, 149-50
Baumol, W.J. ……… 41
Benhabib, J. ……… 55
Blanchard, O. …… 29, 115, 204
Brouwer, G.de ……… 181
Brown, R.L. ……… 75
Bruderl, J. ……… 146
Calvo, G.A. … 65, 104, 107, 191
Campbell, J.Y. ……… 271
Chiu, J. ……… 40, 51-2
Christiano, L.J. ……… 12, 100
Coeure, B. ……… 181
Cooley, T.F. ……… 37
Davig, T. ……… 56
Devereux, M.B. ……… 140
Dixit, A.K. … 101, 104, 185, 258
Doh, T. ……… 56
Doornik, J.A. ……… 251
Dornbush, R. ……… 9
Dungey, M. ……… 181
Durbin, J. ……… 75, 241, 250
Edmond, C. ……… 40, 46, 49
Eggertsson, G.B. ……… 55
Eichenbaum, M. ……… 12, 100
Eichengreen, B. …… 1, 182, 275
Engel, C. ……… 235
Erceg, C.J. ……… 12, 100
Evans, C.L. ……… 12, 100
Evans, J.M. ……… 75
Farmer, R.E.A. ……… 56
Fischer, S. ……… 182
Fisher, I. ……… 38
Fleming, J.M. ……… 9
Frankel, J.A. ……… 163, 234

Freeman, S. ……… 37
Fujiwara, I. ……… 56
藤原清明 ……… 96
福田慎一 ……… 163
福島光丘 ……… 145
Gali, J. ……… 4, 9, 12, 100,
113, 184, 257
Gertler, M. ……… 113
Giddens, A. ……… 3, 253
Hamilton, J.D. …… 88, 241, 250
Hansen, G.D. ……… 37
Harvey, A.C. ……… 241
Henderson, D.W. ……… 12, 100
Hirose, K. ……… 181
廣瀬康生 ……… 126
Hnatkovska, V. ……… 12
本多佑三 ……… 61
堀内昭義 ……… 61
Huffman, G.W. ……… 37
Iiboshi, H. ……… 100
磯貝孝 ……… 136, 180
伊藤成朗 ……… 240, 243
Ito, S. ……… 240
伊藤隆敏 ……… 182
Ito, T. ……… 61, 141, 182
岩田規久男 ……… 252
Jung, T. ……… 55
Kahn, C.M. …… 29, 115, 204
鎌田康一郎 ……… 61
関志雄 ……… 3
Kaplan, G. …… 257, 266, 276
加藤涼 ……… 100, 137
Kato, R. ……… 55
川口大司 ……… 98
河合正弘 …… 141-2, 181-2
Kawai, M. ……… 182
河村小百合 ……… 253
計聡 ……… 163
Kenen, P. ……… 254

Keynes, J.M. ……… 37, 41, 95
Khan, A. ……… 51-2
Kimura, T. ……… 56, 61
King, R.G. ……… 37
北村行伸 ……… 146
Koopman, S.J. …… 241, 250-1
高坂正堯 ……… 2
Krugman, P. ……… 38
Kuhn, H.W. ……… 16, 19, 44,
70, 102, 261
國宗浩三 ……… 145
Lahiri, A. ……… 12
Lane, P.R. ……… 4
Leeper, E. ……… 36
Levin, A.T. ……… 12, 100
Liu, Z. ……… 56
Lucas, Jr., R.E. ……… 37
Luenberger, D.G. …… 241, 250
MacDougall, G.D.A. ……… 234
Mankiw, N.G. ……… 271
Markovitz, H.Z. ……… 234
松浦克己 …… 146, 150, 237
McCandless, G. ……… 126
McKenzie, C. …… 146, 150, 237
McKinnon, R.I. …… 181-2, 254
Mishkin, F.S. ……… 61
水沼早央梨 ……… 137
Moll, B. …… 257, 266, 276
Monacelli, T. ……… 184, 257
森下浩文 ……… 136, 180
Nakajima, J. ……… 56
西村和雄 ……… 195, 258
Nishiyama, S. ……… 55, 100
小原篤次 ……… 164
Obstfeld, M. …… 4, 9, 12, 138, 169
Okamoto, S. ……… 136, 180
翁邦雄 ……… 58
Okina, K. ……… 61
大谷聡 ……… 4

人名索引　*301*

Pape, B. ……………………88
Plosser, C.I. ………………37
Quandt, R.E. ………………75
Roberts, J.M.……… 113,202
Rogoff, K. ………4,9,12,169
Romer, D. ‥‥4,9,12,100,257
Rose, A.K. …………………181
Sarno, L. ……………………4
Shephard, N.………………251
Shin, K.……………………181
白川方明……………34,57-8
白塚重典…………………56-7
Smets, F. …………12,100,126
Stiglitz, J.E. ‥‥101,104,185,
　258
Sudo, N.……………40,49,52
須合智広…………………61
高木信二…………………142

Takagi, S.…………………181
滝井光夫…………………145
田中明彦…………………3
田中素香……3,97,253-5,276
田中俊郎…………………254
谷内満……………………233
谷崎久志………90,241,250
Taylor, J.B. ………………53
鄭章淵……………………233
Thomas, J.K.………………51-2
Tobin, J.……………………41
Tucker, A.W.……… 16,19,44,
　70,102,261
鵜飼博史…………………58,61
Uhlig, H. …………………126
Urata, S. …………………182
Végh, C.A. ………………12,257
Violante, G.L. ‥‥ 257,266,276

Waggoner, D.F. ……………56
Walsh, C.E.………………4,9,12
Wang, Y.……………………181
Watanabe, T. ………………100
渡辺利夫…………………233
渡辺努……………………161
Wei, S.J.……………………162
Wickens, M.………………4,9,12
Williamson, J.……………182
Woodford, M.……55,104,108
Wouters, R. ………12,100,126
藪友良……………………161
Yano, K.……………………56
Yetman, J.…………………140
吉富勝…………………136,145,180
Yoshitomi, M. ………145,180
Zha, T. ……………………56

著者紹介
岡田義昭（おかだ　よしあき）
愛知学院大学商学部・大学院商学研究科教授
博士(商学)，国際金融論専攻。
1969年早稲田大学商学部卒業，1971年同大学院修士課程修了，1975年同大学院博士課程単位取得退学，1980-82年英国ロンドン・スクール・オブ・エコノミクス大学院留学，1995-97年米国アジア太平洋研究センター特別研究フェロー，2000年9月中国上海財経大学金融学院交換教授。

主要著書
『国際金融研究』(十一房出版，1997年)
『マネーマーケットの大潮流』(共著)(東洋経済新報社，1999年)
『国際金融：理論と政策』(法律文化社，2001年)
『現代経済理論』(成文堂，2003年)
『国際金融の新たな枠組み』(成文堂，2006年)
『現代経済理論［第2版］』(成文堂，2008年)
『開放経済下の新マクロ経済分析』(成文堂，2009年)
『国際金融論攷』(成文堂，2011年)
『現代経済理論［第3版］』(成文堂，2014年)
『グローバル化への挑戦と開放マクロ経済分析』(成文堂，2014年)

マクロ経済分析の地平

2017年1月20日　初版第1刷発行

著　者　　岡　田　義　昭

発行者　　阿　部　成　一

〒162-0041　東京都新宿区早稲田鶴巻町514番地

発行所　　株式会社　成　文　堂

電話03(3203)9201（代）　FAX03(3203)9206
http://www.seibundoh.co.jp

製版・印刷　藤原印刷　　製本　佐抜製本　　　　　　検印省略
☆乱丁・落丁本はおとりかえいたします☆
©2017　Y. Okada　Printed in Japan

ISBN 978-4-7923-4261-6 C3033

定価(本体6000円＋税)